THE OFFICIAL®
PRICE GUIDE TO
CARS &
TRUCKS

T5-BSG-706

**FROM THE EDITORS OF
THE HOUSE OF COLLECTIBLES**

THIRD EDITION

**THE HOUSE OF COLLECTIBLES
NEW YORK, NEW YORK 10022**

Important Notice. The format of *The Official Price Guide Series,* published by *The House of Collectibles,* is based on the following proprietary features: *All facts and prices are compiled through a nationwide sampling of information* obtained from noteworthy experts, auction houses, and specialized dealers. *Detailed "indexed" format* enables quick retrieval of information for positive identification. *Encapsulated histories* precede each category to acquaint the collector with the specific traits that are peculiar to that area of collecting. *Valuable collecting information* is provided for both the novice and the seasoned collector: how to begin a collection; how to buy, sell, and trade; care and storage techniques; tips on restoration; grading guidelines; lists of periodicals, clubs, museums, auction houses, dealers, etc. *An average price range* takes geographic location and condition into consideration when reporting collector value. *An inventory checklist system* is provided for cataloging a collection.

All of the information, including valuations, in this book has been compiled from the most reliable sources, and every effort has been made to eliminate errors and questionable data. Nevertheless the possibility of error, in a work of such immense scope, always exists. The publisher will not be held responsible for losses which may occur in the purchase, sale, or other transaction of items because of information contained herein. Readers who feel they have discovered errors are invited to *write* and inform us, so they may be corrected in subsequent editions. Those seeking further information on the topics covered in this book are advised to refer to the complete line of Official Price Guides published by The House of Collectibles.

Published by: The House of Collectibles
201 East 50th Street
New York, New York 10022

Distributed by Ballantine Books, a division of Random House, Inc., New York and simultaneously in Canada by Random House of Canada Limited, Toronto.

Manufactured in the United States of America

ISBN: 0-87637-544-1

10 9 8 7 6 5 4 3 2

TABLE OF CONTENTS

ACKNOWLEDGMENTS

The House of Collectibles would like to extend sincere gratitude to the following: Rob Burchill of White Post Restorations; Gar Rosenthal of Philadelphia, Pennsylvania; and Martin Foner, Florida Publishers Group, Mount Dora, Florida, as well as Henry Austin Clark; Edwin K. Niles of Van Nuys, California; Cadillac Convertible owners of Thistle, New York; and Paul Marchetti of Silver Springs, Maryland.

We would also like to thank Von Reece Auctioneers of Austin, Texas and Harrah's Automobile Collection in Reno, Nevada.

On the Cover: 1967 Ford Shelby Mustang 500 G.T. Fastback.

MARKET REVIEW

Events in the past year have repeatedly confirmed the fact that some people will pay almost anything for the best cars. A world record was broken at Harrah's on June 27, 1986 for a Bugatti Royale—one of only seven made—when a $6.5 million bid by shopping-center magnate Jerry L. Moore triumphed over such competitors as the Schlumpf Brothers Museum (currently owned by the French government) and Mr. Thomas Monaghan, owner of the Detriot Tigers and Domino's Pizza. Earlier in the year, Mr. Monaghan had himself broken a record when he shelled out one million dollars for a '29 Duesenberg Murphy-bodied roadster. The market for Classic cars has gone through the roof, although it seems likely that it is near a peak and may begin to level off.

In the field of Vintage automobiles, also on the rise, $29,000 was recently paid for a 1908 Cadillac Model G; a 1917 Marmon Model 34, a five-passenger touring car, brought $27,000; and a 1922 Mercedes-Benz Targa Florio race car was sold by the Blackhawk collection for $300,000. There will certainly be more records broken in the field of Vintage cars as they become increasingly popular with collectors and investors.

While it is clear that old cars are back in vogue, another trend in car sales during the past year has been the renaissance of post-War vehicles. Cars of the 1960s are becoming especially attractive to collectors, especially the muscle cars. The Ford Mustang has become one of the most popular cars in the entire field; for example, 1965 Shelby G.T. can now be expected to bring as much as $20,000 in prime original condition. Early Camaros, Z-28s and Firebirds are also appreciating quickly. A 1966 Ford Cobra sold at a Barrett-Jackson auction last year for $95,000—a price almost inconceivable in the '70s. Auctioneer

Mitchell Kruse, owner of Kruse International, offered an explantion for this phenomenon by commenting recently: "The people of the '50s, '60s, and '70s now have money and are buying the cars, especially the convertibles, from that era."

With the door rapidly closing on collectors of Classic automobiles, it appears that on the whole, collectors are turning to the more affordable cars of the post-World War II era, especially those from the late '50s and early '60s. While the cars of the '70s are yet to begin to appreciate as collectibles, it seems certain that eventually their time will come.

THE HISTORY OF CARS

How do you construct a self-propelled vehicle? Although not fully solved until the 19th century, mankind has pondered this question for thousands of years. Researchers believe that the Chinese had an advanced knowledge of steam power as far back as three thousand years ago. Da Vinci, certainly one of the greatest minds of all time, theorized several self-propelled vehicles, including a primitive form of the helicopter. His insights helped develop several advancements in transportation including the spoked wheel which was much more efficient than the slab wheel.

In 1698, Thomas Severy, an Englishman, developed an atmospheric steam engine. It was not the first, but it is notable as being the first dependable as well as financially successful steam engine. His engine was used primarily as a water pump in Britain's copper mines.

The military was also responsible for much research into this area. A French army engineer, Nicholas Cugnot, is credited with building the first steam-powered vehicle. It was designed to carry large artillery pieces. It did so, at a very low speed and often not very dependably, but it was an incredible achievement for the time.

In 1776, Jeremiah Wilkinson discovered how to handle material in a metalworking machine so that each part was interchangeable. In 1792 the first toll roads opened in Pennsylvania and Connecticut, and in 1886 Germany produced the first internal combustion powered motor vehicle.

Charles E. Duryea developed America's first workable gasoline-engine vehicle with a four-wheel design in 1893. James Ward Packard finished the design for his first car, and by 1894 Ransom E. Olds had sold a steam car overseas and built his first gasoline powered vehicle. The following year yielded J. Frank Duryea's "Duryea Machine," featuring water cooled four-stroke engine, three forward speeds and a reverse. It weighed 700 pounds and went 18 m.p.h. It was considered an advanced, dependable car. In 1897, the Duryea Motor Wagon Company was established and thirteen cars were produced before business stopped.

Henry Ford operated his first car in 1896—a twin-cylinder, four-horse power quadricycle. The first independent automobile dealership and the first franchised dealership began in 1898.

1900–1910

The twentieth century began with James Gordon Bennett sponsoring his first international cup races. The race was won by a French entrant. It was a competition of endurance as well as speed. The course was 341 miles long, and one must remember that was a considerable strain on the automobiles of the day. There were at least four major showings of automobiles in the United States and the typical American vehicle either had high buggy wheels for the country or light bike-wheels for city use.

European vehicles were more advanced. They had custom crafted bodies, sported steering wheels and no longer had a "motorized carriage" look.

The Olds Motor Works plant was destroyed by fire in 1901 and only one vehicle, the experimental curved dash, survived. Prior to this disaster, the heads of the Olds company couldn't agree on what kind of car to build. Several of them wanted to build smaller cars for local trips, others wanted bigger, more versatile, but also more expensive cars. Since they only had one auto left after the fire, their problem was solved. They went with the curved dash model.

Because most of their facilities were in ruin, they had to sub-contract the manufacture of many parts of their cars. They were located in Detroit, and since they offered business opportunities to a wide variety of industries, many new companies sprang up or relocated in the Detroit area. This, then, was the beginning of the Detroit based, American automobile industry.

A new Olds car was assembled and driven over 800 miles in about seven days. This test drive encouraged orders for more than 1,000 vehicles.

Thomas B. Jeffery, producer of the Rambler Bicycle, produced Rambler cars in Kenosha, Wisconsin. Henry B. Joy took over Packard and moved the business to Detroit. In 1903, the Ford Motor Company was formed. All Fords were made in Dodge machine shops. The first model A weighed more than 1,200 pounds and cost about $850. Ford produced the Model T in 1908—15 million were built before the model was discontinued 19 years later. Organized in 1903, the Buick Car Company sold 16 vehicles their first year, then sold 37 vehicles the following year. The first American coast-to-coast road trip was made in 1903. It took over a month. It's important to note, however, that in addition to low speeds and low dependability, the motorists had to deal with a scarcity of good road conditions.

Most of the country still had dirt roads. A Frenchman broke the 100 m.p.h. barrier in 1904 by going 103 m.p.h.

Between the years 1905 and 1909, Cadillac's one-cylinder and four-cylinder engines began to outsell both Olds and Ford. U.S. cars were following European styles with the engine forward, followed by the transmission and then the drive. In 1906, the Rolls-Royce "Silver Ghost" was introduced and sold for close to $5,000. Howard Marmon introduced America's first air-cooled V-8 engine.

Other developments included the formation of the American Automobile Association, the Society of Automobile Engineers and the Association of Licensed Automobile Manufacturers who brought suits against Ford and others for infringing on the Selden patent. Perhaps the most famous antique car of all time was introduced in 1908. The Model T or "Tin Lizzy" became America's most popular car. It was easy to fix, ran well, was dependable, and at about 30 m.p.h. cruising speed, got you where you were going in good time.

By the end of the decade, the top American car makers included Buick, Ford, Maxwell-Briscoe and REO.

1910–1919

In 1910, General Motors Company owned twenty car and accessory makers in America. Overall vehicle production was more than 180,000, including 6,000 trucks and buses. Almost half a million cars were registered in the United States. In 1911, Billy Durant formed the Chevrolet Motor Company and Walter Chrysler became the plant manager for Buick. California offered the first school bus system. Ford's first moving assembly line was developed in 1912. Both the Duesenberg Motor Company and the Stutz Motor Company began production that year also.

An important legal milestone was passed in 1911 when the United States Appellate Court ruled that Ford and other motor companies had not infringed upon the Selden patent. The court went on to say that the Selden patent covered only two-cycle engines, not the four-cycle models then being used by Ford. This safeguarded auto production from any threat of a monopoly.

Cadillac's innovation of a dependable starter did away with the unwieldy crank start. This development also put down the electric automobile whose one advantage over the gas powered cars was that it had been easier to start. The story goes that Byron Carter, an auto pioneer himself, was killed by a faulty crank. Henry Leland, the head of Cadillac, decided that enough was enough and started his drive to develop a safe, dependable ignition system.

It was discovered in 1915 that Chevrolet was gaining large masses of General Motors stock. Dodge was doing well with "dependability" as its trademark and Packard introduced a V-12 engine that featured aluminum pistons. Nash took over the Thomas B. Jeffery Company and it became Nash Motors Company.

World War I produced shortages of necessary vehicle building materials. Oregon imposed the first gasoline tax, and all states qualified for assistance under the Federal Highway Act. Headlamps were also introduced at this point, making night driving possible.

1920–1929

During this period, many relatively unknown car makers emerged, and quickly disappeared, while larger firms continued to grow.

Walter P. Chrysler left Buick to head Willys Overland, and

Charles Kettering became the head of General Motors research laboratories. During this decade more new cars had enclosed bodies, ethyl gasoline was available to buy, quick drying spray finishes were put to use, Buick offered four-wheeled brakes and Dodge produced the first all-steel closed body.

Every state began a gas tax, and house trailers made their way to the market. European automobiles were expensive, hand-crafted and in greater variety than American cars but American production outstripped the Europeans by far. The American auto industry had by now become the largest industry in the nation. One very important step was taken by the government. They began to develop the U.S. highway system. More and more money was being channeled into roads, which obviously helped to increase auto sales.

Production figures retreated slowly in the early and mid-1920s but they bounced back as 1930 approached. A record 5,337,097 automobiles were produced in 1929. It wasn't until 1949 that this record would be broken. The approaching depression would hit the auto industry hard, but only stunned, it would quickly bounce back.

1930–1939

The auto industry chugged along during the Depression, though the 1932 vehicle production of more than one million was the lowest number in seventeen years. The automobile had become a part of American life. Many families, hard hit by the economic depression, travelled across the country in search of better conditions. Whether they found them or not, the search was usually conducted in a car or truck. Trains, which had formerly been the standard mode of American travel, would never again challenge the automobile in popularity. Even if they were poor, the American family looked upon the car as a virtual necessity.

In 1934 Nash sold its one-millionth model. "Airflow" models were introduced by DeSoto and Chrysler, but these streamlined production cars did not attract many buyers. The first Lincoln-Zephyr with a twelve-cylinder engine was introduced in 1935. During the same year, Chevrolet produced an all-steel station wagon.

An important step was taken in 1937 when G.M. and Chrysler both recognized the United Auto Workers union as the official representative of their workers. The car companies directly or indirectly, through contractors, employed hundreds of thousands of workers. The U.A.W. resolved to work for better conditions and wages for the workers.

The Fiat 500A Coupe was the most famous car in Europe, while in the United States Stutz went bankrupt and Hupp declined. By 1938, due to economic stress, car makers pushed their lower-priced merchandise.

In 1938, many Americans saw WW II approaching. Many also thought, with wartime production, it wouldn't be easy to get a new car. They were right. So many people bought their new cars in the late 1930s. Production went up by 800,000 cars in 1938 alone. Statistics showed that by this time, there was an average of just under one car per family in the United States. But the car industry wouldn't be the same in the 1940s. The war changed just about everything.

1940–1949

With German troops in France, Belgium and the Netherlands, William S. Knudsen resigned as president of General Motors to head the Council on National Defense. General Motors produced its 25-millionth car; Olds produced the first reliable automatic transmission; and car size became more massive. By 1941, Chrysler was mass-producing Army tanks, and soon other companies became involved. In 1942 auto tires became rationed items, production of civilian passenger cars and trucks was stopped, speed limits were posted, and gasoline stamp rationing was imposed. Only 139 passenger cars came off the production line in 1943, but more than $13 billion worth of wartime items had been produced. By 1944, gas rationing was down to two gallons each week. Strict speed limits were also imposed to conserve fuel.

"Rosie the Riveter" became a popular figure as more women joined the work force than ever before. With so many men lost to the war effort, women had to take up the slack in manufacturing and the automobile companies were no exception. Their factories turned out everything from PT boat engines to tanks. There is no doubt that the tremendous manufacturing capability of the United States played as major a role in defeating the axis powers than any other factor. The car companies were instrumental in that effort.

By 1945, automobile companies became concerned with how to convert the auto industry back to peacetime production. Two new corporations were announced: Kaiser-Frazer Corporation which immediately launched into series production, and Tucker Corporation which had an advanced design.

Passenger car production was increased by almost 1,300,000 by 1947 and assembly plants began to pop up everywhere. Packard produced its one-millionth car. The first tail fins on Cadillacs were on the market in 1948. They also sported 160 horse power and a V-8 high compression engine. Olds also had a high compression V-8. Fewer than 50 Tuckers were on the road.

In Europe the noted car was the Citroen 2CV with a 375-cc flat twin engine. Production couldn't keep up with the sales. The soldiers were all back from Europe. The G.I. Bill was helping to educate them. The country was more affluent than it had ever been before. The baby boom was on and people were moving to the suburbs. Everyone had a car, they expected it. There was an incredible optimism in the air. The 1950s were going to be even better. The car, now nearly as integral to the American family as the home, was moving into the 1950s more popular than ever before.

1950–1959

More than eight million civilian vehicles were produced in 1950, along with heavy contracts for military supplies for the Korean War. Chrysler celebrated its silver anniversary and Mack its golden. Looking for public opinion about small cars, Kaiser-Frazer introduced the Henry J., a compact four-seater, and Nash-Kelvinator introduced the NXI, a small two-seat personal car. Ford introduced automatic transmission and Buick produced non-glare tinted glass.

Car styles changed some in the 1950s. Tail fins became popular, along with double-curvature windshields. Grilles became wider, windows became larger, air conditioning and automatic transmission were more frequently available. Dodge offered its first V-8 engine in 1953. Chevrolet began work on the Corvette, a plastic laminated, fiber glass body sports car. Experimental cars were shown at auto shows, including Hudson Italia, DeSoto Adventurer, Packard Balboa, and Buick Wildcat.

A sad aspect of driving started to impress itself on the American public. Automobile deaths rose to nearly 40,000 in the mid–1950s. Seat belts were still optional equipment and would be for a long time. Speeding regulations were strictly enforced, but the public's fascination with the automobile and the new high-performance models combined to make irresponsible driving a very deadly thing. There's a well-known story that in the early 1910s, there were only two cars in the state of Kansas and they had an accident. In those days, with the low speeds, an accident was not much of a problem. But times had changed. The standard family car of the 1950s could reach 100 m.p.h. Handled unwisely, this made cars very dangerous.

Kaiser-Frazer bought Willys Overland to form Kaiser Motors Corporation. Ford and Buick celebrated their 50th anniversaries.

Hard tops became popular, along with wraparound windshields and safety padding on instrument panels.

Although it was constantly being improved, the automobile was becoming more and more short-lived. It's difficult to say whether this was because of failing workmanship or because, with increased prosperity, the public could buy a new automobile more often. In any case, the average life of a car was just over five years.

The Thunderbird was introduced in 1954 as Ford's answer to the Corvette. The 1955 Buicks and Oldsmobiles featured four-door hardtops. Other new features included seat belts and safety door latches. The Edsel, produced by Ford, was introduced in 1957. Not popular, it was the wrong car at the wrong time. Buick offered aluminum brake drums with cooling fins and a dual-headlight system. American Motors dropped the Nash and Hudson in 1958, and the Continental was introduced by Lincoln. More compact cars were introduced.

1960–1969

Close to eight million vehicles were produced in 1960 and it marked the last year for the DeSoto. Much work was done on radiator coolant to prevent freezing in the winter and boil overs in the summer. New cars were introduced to combat foreign imports. Factory installed seat belts were offered in 1961 by American Motors. Sporty cars such as the Mustang and Barracuda were introduced in 1964. Belt radial designs for U.S. tires were developed in 1965 and many experimental and show cars were seen.

The Department of Transportation was formed in 1966 to insure safety standards. There was a renewed interest in electric cars as a result of worries about air pollution. Safety items became more important and emission control systems and seat belts were required by 1968.

1970–1975

By 1970 one out of every four car buyers selected a foreign car. The year 1971 marked the collapse of the Rolls-Royce. Vehicle production in 1975 reached close to 9,000,000.

1975–1985

Compact cars (especially imports from Japan) became more popular, especially during the energy crisis. New innovations meant steady competition for American auto makers. American auto makers were also plagued with union strikes and severe quarterly losses. Lee Iacocca saved the Chrysler corporation from collapse.

COLLECTOR CARS: ANTIQUE OR CLASSIC?

Since it seems very unfitting to refer to a 1926 Rolls or a 1932 Duesenberg as an "old car" or "secondhand car," collectors have evolved a variety of more appropriate terminology. In Britain the term "veteran car" is all-encompassing. Americans prefer terms such as collector car, antique car, and Classic car.

There's just one problem: they tend to get misused and inter-changed to mean the same thing, by persons who aren't really informed on the subject. There is actually a distinct set of guide-lines to determine whether a car falls into the category of collec-tor, antique or Classic . . . or possibly into more than one of them.

The term *collector car* is the loosest. Technically a collector car is ANY car in which a collector might take an interest. This includes the early models that have obvious collector appeal as well as fairly recent ones, which aren't scarce or rare but have certain intriguing qualities. When a major manufacturer takes a model out of its line, after producing and successfully selling it for a number of years, it's on the way to becoming a collector car. The model was popular in its day and there is good reason to believe it will gain popularity with collectors in time. Just *how much time* is hard to say. Even if a model is a sure-shot for future collector stardom (for one reason or another, such as marking the introduction of some special feature later adopted through-out the industry), it's going to be extremely plentiful on the used car market for a while. If the company made 50,000 per year for five years, that's a quarter of a million cars. Granted, some go to the junkheap in less than five years. Even so, in this kind of situation the collectors aren't going to move in immediately. In fact there will usually be an adjustment period, for several years after the model is discontinued, in which the market value goes down. Why? Because more and more are coming on the market, from owners who bought them new, have driven them a few years and are trading them in. With each passing year the cars become a year older—and that counts in the value of a *used* car which hasn't yet acquired collector interest. But then, eight or ten or twelve years after discontinuance, collectors are apt to start taking an interest in it. By that time, the total in existence has dropped somewhat; it may be down to one-third the quantity manufactured or less, depending on circumstances. Gradually, it becomes something more than just a used car. Designing has changed considerably in the meantime. So have construction and interior detailing. Now that the car can be seen in retrospect, it takes on a different kind of character than it had originally, when you were hearing ads for it on radio and TV. All the "hype" is gone. The sticker price and the rebates and the idea of being "right in style" are forgotten. So you notice the workmanship more than you did originally, and you begin to think in terms of *what this car means today.* It wasn't built for the 1980s. Its manufacturer and its original owner were not concerned in the least about whether it would survive to the present time. But since it HAS survived, what does it have to offer the buyer of today? If all it has to offer is a low price, it can't be termed a collector car, regardless of its age. The mere fact that a car will provide transportation does not elevate it into the collector category. What about the body design? Does it typify the mood, the taste of its era? Is there a little hunk of the American Dream wrapped up in it? Does the styling represent some bold forward step of its day—which possibly turned a lot of Auto Industry heads and led to further, bolder steps? The tailfins on '50s Caddies are long gone now, to the point where we might forget their original significance and impact. Caddy fins were supposed to make the cars look like rockets. It was an era when rockets were in the news and car manufacturers tried numerous ways to achieve tie-ins. (Remember the Rocket V-8 engine?) The concept, of course, was that your car was more than just a car. It was a powerful, magical machine, in which all sorts of wonderful things happened. Most makers tried to imitate the Caddy fins in one way or another.

Whenever a car has something interesting or appealing to recommend it, even if it isn't superior in performance, it has the potential to become a collector car. Sooner or later its market value will rise, as collector car enthusiasts begin seeking it out. It may never become really valuable. Obviously it won't get into the class of early Pierce-Arrows or Bugattis, because they have a lot more going for them: super styling, a high scarcity factor, and loads of accumulated glamor from years and years of being driven by celebrities. But not every collector can afford one of those. And, even if they could, there wouldn't be enough to go around. Growth of the hobby, and its spread into various economic classes, is partly responsible for so many cars of the '60s gaining collector ranking. And that's the beautiful part . . . you don't need to be rich to own a collector car. The listings in this book will reveal many makes and models which you can acquire for less than the sticker price on showroom cars.

Collector cars also include all cars that are reasonably old, but which cannot be credited with fine workmanship, significant styling, or important performance features. The passage of time, just by itself, has elevated them into that category. Whether it will eventually elevate them any higher is questionable.

ANTIQUE CAR. This classification includes makes and models from the earliest years of commercial auto manufacturing, up to about 1925. Those from the 1890s to about 1907 or 1908 are normally referred to as "vintage" cars, while models from 1908 to 1925 are called "Brass Era." These distinctions are drawn because of changes in design that occurred in or about the years indicated.

The earliest antique cars (up to 1907–08) are museum pieces in the true sense of the term, and it was actually these "vintage" cars that got the hobby started; originally, collectors were more interested in them than in Classics (see page 12). There's a high rarity factor, as they were not only manufactured in limited numbers but destroyed in very large numbers. If the historical side of motoring intrigues you, they may be for you. They're available but, of course, quite expensive—and you won't be able to take one on the freeway. For local driving on city roads, though, they're entirely serviceable if restored to top running condition. Since the usual state of condition is rather low, fully restored specimens command large premiums.

The somewhat later "Brass Era" antiques are from the era of brass components and trim, usually featuring brass mounted headlamps and brass radiators (1907–1908 to about 1925). In the early teens, all American auto makers were producing "brassy" cars. Following World War I, which ended in 1918, some continued using brass while others made changes and tried to take new directions. By 1925 nickel components had taken the place of brass throughout the industry and body designs had drastically changed.

Antique autos of the "Brass Era" are available, both in restored and unrestored condition. Prices are sometimes very temptingly low on unrestored specimens, but restoring a "brassy" is quite expensive. It usually runs higher than restoring a car of later vintage, especially if you try to get all original replacement parts. You can generally save some money by getting a Brass Era car that was fully restored five-ten years ago when restoration costs were much lower. This is almost certain to be cheaper than buying a newly restored specimen, or restoring one yourself. Of course, you'll want to make sure that the car was well cared for in the meantime and is not in need of further labor.

CLASSIC CAR. A Classic is a car which is not extremely old —not in the antique category—but merits ranking as a Classic because of workmanship, reputation, scarcity, or other factors. The Classic Car Club of America has drawn up a detailed list of Classic cars. It sets the beginning of the "classic" era at 1925 and the end of 1948. By 1925 the last vestiges of "Brass Era" manufacturing had disappeared from the auto industry. Putting the cutoff date at 1948 makes sense, too, as another epochal period began with the postwar auto boom. While antique (pre–1925) cars are significant and often very valuable, they fall far short of the Classics in performance. The Classic cars can be driven under present traffic conditions, if restored to top working order. Of course, the earlier ones won't attain super-high speeds and you might miss the power steering, if you learned to drive in the age of power steering. However, the oft-repeated warnings that you need enormous muscle power to maneuver a Classic really aren't true. Driving them just takes getting used to.

Not every car made from 1925 to 1948 is regarded as a Classic. The lower-priced American makes are excluded from this ranking in most instances. For example, no Buicks qualify, except those with custom bodies. In the case of makes with glamorous reputations—Bugatti, Duesenberg, Cord, Pierce-Arrow and others—all models are deemed Classics. The relatively low output plays a role, along with the esteem in which these makes are held.

Of course, values vary a great deal. The designation into which a car falls does not automatically determine its cash value. A Classic is not always worth more than a non-Classic. This is why it's imperative to know the values before you buy or sell.

What cars of fairly recent years will be the Classics of the future? This is never easy to say, but it's certain that many, many makes and models of the '50s and '60s, being restored and driven today, will gain that distinction in time. This book will show you which ones have already attained much higher retail values than others.

CHART OF CLASSIC CARS, 1925–1948*

*The following listing is registered "Classic" automobiles as defined by the Classic Car Club of America, P.O. Box 443, Madison, New Jersey 07940.

A.C.—All
ADLER—Application required
ALFA-ROMEO—All, except application required for 1946–1948
ALVIS—Speed 20, 25 and 4.3 litre
AMILCAR—Supercharged Sports Model only—application required for others
ARMSTRONG-SIDDELEY—Application required
ASTON-MARTIN—All 1927–1939—application required for others
AUBURN—All 8 and 12 cylinder models
AUSTRO-DAIMLER—All
BALLOT—Application required
BENTLEY—All, except application required for 1946–1948
BLACKHAWK—All
BMW—327, 328, 335 only
BREWSTER—Heart Front Fords and one Heart Front Buick—others, application required
BUCCIALI—All
BUGATTI—All
BUICK—NO, except individual custom bodied—application required
CADILLAC—All 1925 through 1935, all 12 and 16 cylinder, 1938–1941–60 Special, 1936–1948–all 70, 72, 75, 80, 85, 90 series, custom bodies on other series require application

CHRYSLER—1926 through 1930 Imperial 80, 1931 Imperial 8 Series C.G., 1932 C.G. and C.L., 1933 C.L., 1934 C.W., 1935 C.W., 5 Newport and 6 Thunderbolts, custom bodies, application required

CORD—All

CUNNINGHAM—All

DAGMAR—25–70 Model only

DAIMLER—Application required

DARRACQ—8-cylinder cars, and 4-litre, 6-cylinder cars only

DELAGE—Model D-8, others please apply (4-cylinder NO)

DELAHAYE—4 cylinders NO, application required for others

DELAUNEY BELLEVILLE—6-cylinder cars only

DOBLE—All

DORRIS—All

DUESENBERG—All

Du PONT—All

EXCELSIOR—Application required

FARMAN—Application required

FIAT—Application required

FRANKLIN—All models except 1933 and 1934 Olympic Six

FRAZER NASH—Application required

GRAHAM PAIGE—Custom bodied only, and individual application required

HISPANO SUIZA—All

HORCH—All

HOTCHKISS—Application required

HUDSON—Custom bodied only, and individual application required

HUMBER—Application required

INVICTA—All

ISOTTA FRASCHINI—All

ITALA—All

JAGUAR—See SS Jaguar

JENSEN—Application required

JORDAN—Speedway Series 'Z' only

KISSEL—1925 and 1926–all models, 1927–8–85, 1928–8–90 and 8–90 White Eagle, 1929–8–126 and 8–90 White Eagle, 1930–8–126, 1931–8–126

LAGONDA—All except Rapier

LANCHESTER—Application required

LANCIA—Application required

LaSALLE—1927 through 1933 only

LINCOLN—All L, K, KA and KB, 1941–168 H, 1942–268 H

LINCOLN CONTINENTAL—All

LOCOMOTIVE—All models 48 and 90, 1927–8–80, 1928–8–80, 1929–8–80

MARMON—All 16-cylinder, 1925–74, 1926–74, 1927–75, 1928–E 75, 1930–Big 8, 1931–88 and Big 8

MAYBACH—All

McFARLIN—All

MERCEDES BENZ—All 230 and up, and S, SS, SSK, SSKL, Grosser and Mannheim, except application required for 1946–1948

MERCER—All

MG—6 cylinder models with custom bodies considered on individual application

MINERVA—All except 4-cylinder

MOON—Custom bodies only, and individual application required

PACKARD—All sizes and eights 1925 through 1934, all twelve-cylinder models, 1935 Models 1200 through 1208, 1936 Models 1400 through 1408, 1937 Models 1500 through 1508, 1938 Models 1603 through 1608, 1939 Models 1703 through 1708, 1940 Models 1803 through 1808, 1941 Models 1923, 1904, 1905, 1906, 1907 and 1908, 1942 Models 2023, 2004, 2005, 2006, 2007 and

2008, 1946 and 1947 Models 2106 and 2126, custom bodied cars in other series require application

PEERLESS—1926–1928, Series 60, 1930 and 1931, Custom 8, 1932, Deluxe Custom 8

PEUGEOT—Application required

PIERCE-ARROW—All

RAILTON—Application required

RENAULT—45 H.P. Application required for others

REO—1931 through 1933 Royale 8–35, Royale 8–52, and Royale Custom 8 only

REVERE—All

RILEY—Application required

ROAMER—1925–8–88, 6–5e and 4–75, 1926–4.7e and 8–88, 1927, 1928, 1929–8–88, 1929–8–125, 1930–8–125

ROHR—All

ROLLS-ROYCE—All, except application required for 1946–1948

RUXTON—All

SQUIRE—All

S.S. JAGUAR—SSI, SS90, SS100. Application required for 1946–1948

STEARNS KNIGHT—All

STEVENS DURYEA—All

STEYR—Application required

STUTZ—All

SUNBEAM—8-cylinder and 3-litre twin-cam only

TALBOT—105, 110, 150c models only

TATRA—Application required

TRIUMPH—Dolomite 8 and Gloria 6 models only

VAUXHALL—25/70 and 30/98 only

VOISIN—All

WILLS SAINTE CLAIRE—All 1925 and 1926 models

GLOSSARY

AIR-COOLED. A process whereby an engine is cooled directly by a flow of air rather than a water-radiator system.

AIR INTAKE. An opening located at the front or side of the car; permits air in for the cooling of water, oil or brakes

ANTIQUE. An antique car is one manufactured before 1935. An antique car may be ugly, rundown, or poorly made.

ATMOSPHERIC ENGINE. An early form of the steam engine.

AUTOMATIC TRANSMISSION. A transmission that shifts according to speed and the road.

BATTERY. A storage device for electrical energy. In automobiles, it is used to start the engine and to operate all electrical devices when the engine is shut off.

BLOWN ENGINE. An engine that is supercharged.

BODY. The part of the vehicle that carries the cargo, driver and/or passengers.

BONNET. Hood of car in British English.

BRASS ERA. The earliest age of commercial auto manufacturing includes cars made before World War I. Components were made of solid brass in these cars. Later, brass was abandoned because of rising costs and the belief that it was outdated.

CABRIOLET. An auto with a collapsible top. Sometimes called a drop-head coupe and most often, a convertible.

CATALYTIC CONVERTER. An anti-pollution device in the auto's exhaust system.

CHASSIS. The auto frame, includes the engine, suspension, wheels, brakes and drive train.

CHOKE. Restriction in the carburetor that results in a reduction of air flow that helps in starting the car.

CLUTCH. A device that uses friction to connect the engine to the drive train.

COMPACT CAR. A passenger car that has a wheelbase measure of 100–111".

CONVERTIBLE. Any car with a collapsible roof. *(Also called drop-head coupe.)*

COUPE. Smaller than a sedan, has a capacity of two to five passengers.

CUSTOM CAR. A restyled automobile.

CYCLE CAR. A small car made mostly from motorcycle parts. Usually had a one- or two-cylinder engine. Made prior to 1922.

DISC (Disk) BRAKE. Two friction pads attached to steel disc to form a brake.

DOS-A-DOS. A four passenger car in which the seats face each other or are back-to-back.

DROPHEAD COUPE. See CONVERTIBLE.

FASTBACK. A car designed so the rear window slopes at less than a 45 degree angle and has an unbroken curved line from the top of the roof roughly to the rear bumper.

FOUR-WHEEL DRIVE. A drive system on four wheels instead of the usual two.

G.T. Grand Touring (from the Italian Gran Turismo) car combines characteristics of both sedans and sports cars.

HAND CRANK. A device used to start gas powered engines. Not used anymore due to modern ignition systems.

HATCHBACK. Follows the design of the fastback but the rear seats fold out for trunk space and the rear window opens out.

HORSEPOWER. A unit used to measure the power output of a given engine. The term is believed to have been originated by Captain Thomas Savery, the British military engineer who developed an atmospheric steam engine that enjoyed widespread success in 18th century England.

HOT ROD. A vehicle that has undergone modifications in speed capabilities.

LANDAU. A cabriolet limousine.

LIMOUSINE. An automobile in which the driver is separated from the passengers by glass.

MANUAL TRANSMISSION. The driver is responsible for the lever and the clutch in order to change from gear to gear.

MONOCAR. Single seat cycle cars, c. 1915.

PHAETON. An open, two-, three-, or four-seat motorcar with spoked wheels.

PONY CAR. A car which is capable of better performance and handling than the average automobile, but is not a sports car (i.e. Z-28 or Mustang).

ROADSTER. A sporty, two seat pasenger car, c. 1920–1940.

RUNABOUT. An open, sporty and lightweight vehicle with two seats, c. 1900s.

SALOON. The British term for a sedan.

SEDAN. A closed car with the capacity of four or more passengers.

SPORTS CAR. Easily managed, tightly sprung vehicle.

SPYDER. Two-seater car, c. early 1900s.

SUPERCHARGER. An air compressor fitted to an engine to further increase the power of the engine.

TACHOMETER. A device that gauges the number of revolutions per minute that the engine is turning. Commonly referred to as a "tach."

TORPEDO. A long sports car, c. 1910–20.

TURBOCHARGER. A supercharging device.

VICTORIA. An open vehicle with a large, collapsible hood, two seats, c. 1900.

HOW TO USE THIS BOOK

Listings in this book are arranged alphabetically by manufacturer with origin and production dates included. Within the listing for each manufacturer, models are listed chronologically. Model number or name, engine type and size, and body style are included.

Three price columns are listed for fair, good and excellent condition. Fair indicates a car that is running and drivable but in need of either mechanical or cosmetic repair.

Good means a car in average condition. It should be serviceable, attractive and suitable for everyday use.

The excellent category is for cars restored to top condition or cars that require no restoration work. These cars are potential prize winners.

The prices in this book are averages based on sales throughout the country, and should be used strictly as a guide.

The reader is referred to the large-size, *The Official Price Guide to Collector Cars,* 7th edition, for additional listings and complete information on buying and selling, safety tips, weatherizing, and much more. Production figures for U.S. cars produced since 1897 are also included in our larger-size guide. For ordering information, see the back of this book.

A

YEAR	MODEL	ENGINE	BODY	F	G	E
ABBOTT-DETROIT (United States, 1909–18)						
1909		4 cyl.	Touring	2100	5000	10500
1911		6 cyl.	Touring	2500	5000	10500
1913		8 cyl.	Touring	2600	8000	14000
1918		8 cyl.	Touring	2600	8000	14000
A.B.C. (United States, 1906–10)						
1906	High-wheel	2 cyl.	Buggy	2500	6600	10300
1910	High-wheel	2 cyl.	Buggy	2600	6800	10800
ABINGDON (Great Britain, 1902–03)						
1902	Meredith	2 cyl.	Tonneau	3000	6000	9000
1903	Abington	1 cyl.	Voiturette	2500	5000	8000
1922	Dorman	4 cyl.	Dickey	3000	5500	8500
A.C. (Great Britain, 1908–1966)						
1910	Sociable	1 cyl.	2 Passenger	2200	4400	8500
1913		4 cyl.	Light	2300	4700	9000
1927		2 Litre	2 Passenger	2200	4000	7300
1936		80 hp	Sport Roadster	8000	15000	28000
1937	1680	60 hp	Touring	5400	10400	18800
1938		70 hp	Cabriolet	5400	10400	16800
1947		74 hp	Sedan	4000	8200	12500
1957		6 cyl.	Convertible	3900	6100	10300
1958		85 hp	Roadster	3000	6300	10700
1965	Cobra 289 (V)	8 cyl. (Ford)	Roadster	10000	32000	75000
1966	Cobra 427 (V)	8 cyl. (Ford)	Roadster	15000	45000	85000
ACME II (United States, 1908–09)						
1908	High-wheel		Buggy	2500	6000	10000
ADAMS-FAREWELL (United States, 1904–13)						
1904		3 cyl. (Radial)	Brougham	3000	8000	15000
1906	40/45	5 cyl.	Touring	2500	7000	14000
1907	40/45	5 cyl.	Touring	2500	7000	14000
1908	40/45	5 cyl.	Touring	2500	7000	14000
1909	40/45	5 cyl.	Touring	2500	7000	14000
1910	40/45	5 cyl.	Touring	2200	7000	14000
1911	40/45	5 cyl.	Touring	2200	7000	14000

YEAR	MODEL	ENGINE	BODY	F	G	E
1912	40/45	5 cyl.	Touring	2200	7000	14000
1913	40/45	5 cyl.	Touring	2200	7000	14000

ADELPHIA (United States, 1920)

1920	Export	4 cyl.	Touring	2200	5000	10000

ALFA-ROMEO (Italy, 1910-to-date)

YEAR	MODEL	ENGINE	BODY	F	G	E
1910		4 cyl. 4.1 Litre	Sport	4400	8000	17000
1911		4 cyl. 2.4 Litre	Touring	4100	8100	16000
1912			Touring	4100	8100	16000
1913	40/60	6.1 Litre	Sport	6000	12500	41000
1914	GP	4 cyl. 4.5 Litre	Sport	5800	9300	18000
1921	ES-SP	6 cyl. 3 Litre	Racing	5000	9300	27000
1921	G-1	6 cyl.	Racing	5000	9300	27000
1922	RL	6 cyl. 3 Litre	Touring	4800	8500	25000
1923	RM	4 cyl. 2 Litre	Sport	3800	7700	23000
1923	P1	6 cyl.	Sport			
			Roadster	4400	8100	26000
1924	P2	8 cyl. (Supercharged)	Sport	6100	11000	38000
1925	RLSSS	3 Litre	Drop Head Coupe	3600	7400	14500
1926	RLT	3 Litre	Touring	3600	6900	16000
1926	GS 1750	6 cyl. 1500cc	Sport	3700	6800	22000
1931		8 cyl. (Supercharged)	Sport 2 Passenger	6400	11000	38000
1932	BP3 GP 1750	2.65 Litre	Roadster	5500	9900	19000
1933	Bogato	2.6 Litre	Roadster	6000	10400	20000
1933	8 C 2300	2.6 Litre	Touring	5500	9900	19000
1934	1750	6 cyl. 2.9 Litre	Roadster	6000	10400	22000
1935	P3	3.8 Litre	Touring	5500	9300	30000
1936	GP	8 cyl.	Roadster	5500	13000	40000
1937	8 C	8 cyl. 2.9 Litre	Cabriolet	4400	8700	27000
1938	GP	(V) 12 cyl.	Racing	8800	24000	66000
1939	GP 2500	(V) 12 cyl.	Roadster	10400	22000	60000
1939	Tipo 158	8 cyl. 1.5 Litre	Racing	4600	9900	24000
1943		8 cyl. 1.5 Litre	Racing	4400	9400	22000
1947	6 C-2500	2½ Litre	Sport Convertible	6600	13000	24000
1949	Super Sport	4 cyl.	Convertible	8800	22000	38000
1950	2500		Cabriolet	2600	5200	10200
1950	1900	4 cyl.	Sedan	2400	4800	8800
1951	'159'	6 cyl.	Sport	2600	5200	10600

YEAR	MODEL	ENGINE	BODY	F	G	E
1953		3 Litre	Sport	3300	6600	10400
1954	Giulietta	1300cc	Racing	3300	8800	17000
1955	1900	4 cyl.	Coupe	3000	5000	9000
1955		4 cyl.	Coupe	2200	3000	4400
1957		3 Litre	Coupe	1600	3300	6600
1959		3 Litre	Coupe	1600	3300	6600

AMPHICAR (Germany, 1961–68)

1961	Amphibian	4 cyl.	Cabriolet	2000	6000	10000
1963	Amphibian	4 cyl.	Convertible	2500	6000	12000
1967	Amphibian	4 cyl.	Convertible	3000	6500	13000

AMX (United States, 1968–70)

1968		(V) 8 cyl. (390 cid)	2 Passenger Coupe	2200	5000	7000
1969		(V) 8 cyl. (390 cid)	2 Passenger Coupe	2000	5000	7000
1970		(V) 8 cyl. (401 cid)	2 Passenger Coupe	3000	6500	11000

ARBENZ (United States, 1911–18)

1911		4 cyl.	Touring	3000	6000	15000

ARDEN (Great Britain, 1912–16)

1913		2 cyl.	2 Passenger	1200	4000	10000
1914	Alph	4 cyl.	4 Passenger	1400	6000	16000

ARGONAUT (United States, 1959–63)

1959	State	12 cyl.	Limousine	2500	7000	17500

ARGYLL (Great Britain, 1899–1932)

1899		2 cyl.	Runabout	1200	2500	7750
1905	16/20	4 cyl.	Touring	1400	3000	9000
1911	15	6 cyl.	Touring	2000	6900	14000

ARIEL (Great Britain, 1898–1915, 1922–25)

1906		4 cyl.	Touring	1600	3000	11000
1924		4 cyl.	Touring	1200	2400	7500

ARTES (Spain, 1966-to-date)

1966	Racer	1100cc (Gordini)	Gran Turismo Coupe	4000	8000	20000

ASCOT (Great Britain, 1928–30)

1928			Sedan	2500	6500	13000
1930	18/50	6 cyl.	Sedan	3000	7000	15000

YEAR	MODEL	ENGINE	BODY	F	G	E
ASHLEY (Great Britain, 1958–61)						
1958			Coupe	1000	2000	7000
1961	Sportiva	100 E	Coupe	1000	2000	7000
1961	GT 4 S	100 E	Sedan	1200	2400	7800
ASTON (United States, 1908–09)						
1908		25 hp	Custom	6000	12000	30000
1909		40 hp	Custom	8500	15500	38000
ASTON MARTIN (Great Britain, 1922-to-date)						
1922		1½ Litre	Sport	3000	7500	15000
1923		1½ Litre	Sport	3000	7500	15000
1931		1½ Litre	Sedan	3500	7000	12000
1931	LeMans	1½ Litre	Touring	4500	12000	28000
1932	LeMans	1½ Litre	Roadster	7000	12500	32000
1934	Aston Martin Mark II		Roadster	17000	38000	70000
1935		2 Litre	Roadster	8000	18000	40000
1935		6 cyl.	Roadster	8000	17000	29000
1936		2 Litre	Roadster	8000	13000	29000
1936		2 Litre	Sport Touring	7000	12000	29000
1937		2 Litre	Touring	6000	11000	25000
1938		2 Litre	Roadster	7000	11000	26000
1939		2 Litre	Sport Roadster	7000	12000	24000
1949		6 cyl. 2.6 Litre	Coupe	2000	4000	9000
1950	DB2	6 cyl.	Coupe	2000	4000	9000
1952	DB3 LeMans	2.9 Litre	Sport	3000	8000	18000
1952	DB3	2.9 Litre	Coupe	2000	4000	9000
1953	DB	2.9 Litre	Coupe	2400	5000	12000
1956	DB2	2.5 Litre	Coupe	1500	3000	9800
1957	DB 2/4	2.9 Litre	Convertible	6000	12000	25000
1958	DB	3.7 Litre	Coupe	4000	9000	18000
1958	Mark III	2.9 Litre	Coupe	2000	3000	9800
1958	Mark III BD 2/4	2 cyl. 3 Litre	Coupe	2000	6000	11000
ASTRA (Romania, 1922–24)						
1922	45/60	4 cyl.	Roadster	2000	4000	7000

YEAR	MODEL	ENGINE	BODY	F	G	E
A.T.S. (Italy, 1962–64)						
1962		(V) 8 cyl. 2.5 Litre	Gran Turismo Coupe	2500	4800	9800
AUBURN (United States, 1900–37)						
1904	A	2 cyl.	Touring	7400	11200	25200
1905	B	2 cyl.	Touring	7200	11200	25200
1906	C	2 cyl.	Touring	7200	11200	25200
1907	D	4 cyl.	Touring	7200	11200	25200
1908	G	2 cyl.	Touring	7200	12000	24200
1908	H	2 cyl.	Touring	7200	12000	24200
1908	K	2 cyl.	Runabout	7500	11500	25500
1909	G	2 cyl.	Touring	7200	12000	24200
1909	H	2 cyl.	Touring	7400	12400	25400
1909	K	2 cyl.	Runabout	7500	13000	24750
1909	B	4 cyl.	Touring	7200	12000	24200
1909	C	4 cyl.	Touring	7800	13200	25500
1909	D	4 cyl.	Runabout	8200	14000	28000
1910	G	2 cyl.	Touring	7000	12000	24000
1910	H	2 cyl.	Touring	7500	13000	24750
1910	K	2 cyl.	Runabout	7750	13200	25500
1910	B	4 cyl.	Touring	7750	13200	25500
1910	C	4 cyl.	Touring	7500	13000	24750
1910	D	4 cyl.	Runabout	7800	13200	25500
1910	X	4 cyl.	Touring	7800	13200	25500
1910	R	4 cyl.	Touring	8000	13700	27500
1910	S	4 cyl.	Runabout	8000	13700	27500
1911	G	2 cyl.	Touring	7000	12000	24000
1911	K	2 cyl.	Runabout	7500	13250	24750
1911	L	4 cyl.	Touring	7500	13000	24750
1911	F	4 cyl.	Touring	7500	13000	24750
1911	N	4 cyl.	Touring	7700	12750	25500
1911	Y	4 cyl.	Touring	7500	13000	24750
1911	T	4 cyl.	Touring	7500	13000	24750
1911	M	4 cyl.	Roadster	8000	13700	27500
1912	30L	4 cyl.	Touring	7000	12250	24000
1912	30L	4 cyl.	Roadster	7500	13000	24750
1912	40H	4 cyl.	Touring	7500	13000	24750
1912	40M	4 cyl.	Roadster	7250	12500	26000
1912	40N	4 cyl.	Touring	7750	13000	26500
1912	6–50	6 cyl.	Touring	8000	13700	27500
1913	33L	4 cyl.	Touring	7000	12000	24000

YEAR	MODEL	ENGINE	BODY	F	G	E
1913	33M	4 cyl.	Roadster	7500	13000	26000
1913	40A	4 cyl.	Roadster	7750	13500	26500
1913	40L	4 cyl.	Touring	7250	12250	25500
1913	45	6 cyl.	Touring	7750	13500	26000
1913	45B	6 cyl.	Town Sedan	7250	12500	25250
1913	45B	6 cyl.	Coupe	7000	12000	24000
1913	45B	6 cyl.	Roadster	7750	13250	26250
1913	50	6 cyl.	Touring	8000	13700	27500
1914	4–40	4 cyl.	Touring	7750	13250	25500
1914	4–40	4 cyl.	Coupe	7000	12000	24000
1914	4–40	4 cyl.	Roadster	7750	13200	25500
1914	4–41	4 cyl.	Touring	8000	13700	27500
1914	6–45	6 cyl. (Testor)	Touring	8000	13700	27500
1914	6–45	6 cyl.	Roadster	8250	14250	28500
1914	6–46	6 cyl.	Touring	8500	14500	28500
1915	4–43	4 cyl.	Touring	7750	13100	26500
1915	4–43	4 cyl.	Roadster	8000	13700	27250
1915	4–36	4 cyl.	Touring	7750	13100	26500
1915	4–36	4 cyl.	Roadster	8000	13700	27500
1915	6–40	6 cyl.	Touring	7500	13000	25500
1915	6–40	6 cyl.	Roadster	8000	13700	27750
1915	6–40	6 cyl.	Coupe	7500	12000	24500
1915	6–47	6 cyl.	Touring	7800	13200	26750
1915	6–47	6 cyl.	Roadster	8000	13700	27250
1916	4–36	6 cyl.	Touring	8100	13500	26000
1916	4–38	4 cyl.	Touring	7500	13000	24750
1916	4–38	4 cyl.	Roadster	7800	13200	25500
1916	6–38	4 cyl.	Touring	7800	13200	25500
1916	6–38	4 cyl.	Roadster	7800	13200	25500
1916	6–40	6 cyl.	Touring	8250	14250	28500
1916	6–40	6 cyl.	Roadster	8250	14250	28500
1917	4–36	4 cyl.	Touring	7800	13200	25500
1917	4–36	4 cyl.	Roadster	8250	14250	28500
1917	6–39	6 cyl.	Touring	8250	14250	28500
1917	6–39	6 cyl.	Roadster	8250	14250	28500
1917	6–44	6 cyl.	Touring	8500	14500	28500
1917	6–44	6 cyl.	Roadster	8500	14500	28500
1918	6–39	6 cyl.	Sport Touring	8250	14250	28500
1918	6–39	6 cyl.	Touring	8250	14250	28500
1918	6–39	6 cyl.	Roadster	8250	14250	28500
1918	6–44	6 cyl.	Sport Touring	8500	14500	28500
1918	6–44	6 cyl.	Touring	8250	14250	28500

YEAR	MODEL	ENGINE	BODY	F	G	E
1918	6–44	6 cyl.	Roadster	8250	14250	28500
1918	6–44	6 cyl.	Sedan	6000	10000	16500
1919	6–39	6 cyl.	Touring	8500	14500	28500
1919	6–39	6 cyl.	Roadster	8500	14500	28500
1919	6–39	6 cyl.	Coupe	6000	10000	16500
1919	6–39	6 cyl.	Sedan	6000	10000	16500
1920	6–39	6 cyl.	Sport Touring	8500	14500	28500
1920	6–39	6 cyl.	Touring	8500	14500	28500
1920	6–39	6 cyl.	Roadster	8500	14500	28500
1920	6–39	6 cyl.	Coupe	6000	10000	16500
1920	6–39	6 cyl.	Sedan	6000	10000	16500
1921	6–39	6 cyl.	Sport Touring	9000	16000	32500
1921	6–39	6 cyl.	Touring	8500	14500	28500
1921	6–39	6 cyl.	Roadster	9000	16000	32500
1921	6–39	6 cyl.	Coupe	6000	10000	16500
1921	6–39	6 cyl.	Sedan	6000	10000	16500
1921	6–39	6 cyl.	Cabriolet	9000	16000	32500
1922	6–51	6 cyl.	Sport Touring	9000	16000	32500
1922	6–51	6 cyl.	Touring	8500	14500	28500
1922	6–51	6 cyl.	Roadster	9000	16000	32500
1922	6–51	6 cyl.	Coupe	6000	10000	16500
1922	6–51	6 cyl.	Sedan	6000	10000	16500
1923	6–43	6 cyl.	Touring	9000	16000	32500
1923	6–43	6 cyl.	Sedan	6000	10000	16500
1923	6–51	6 cyl.	Sport Touring	10000	17000	34500
1923	6–51	6 cyl.	Touring	9250	16500	33500
1923	6–51	6 cyl.	Sedan	6000	10000	16500
1923	6–51	6 cyl.	Brougham	6000	10000	16500
1923	6–51	6 cyl.	Phaeton	10000	17000	34500
1923	6–63	6 cyl.	Sport Touring	10000	17000	34500
1923	6–63	6 cyl.	Touring	9250	16500	33500
1923	6–63	6 cyl.	Sedan	6000	10000	16500
1923	6–63	6 cyl.	Brougham	6000	10000	16500
1924	6–43	6 cyl.	Sport Touring	10000	17000	34500
1924	6–43	6 cyl.	Touring	9000	16000	32500
1924	6–43	6 cyl.	Coupe	6000	10000	16500
1924	6–43	6 cyl.	Sedan	6000	10000	16500
1924	6–43	6 cyl.	2 Door	5500	9000	15500
1924	6–63	6 cyl.	Sport Touring	10000	17000	34500
1924	6–63	6 cyl.	Touring	9250	16500	33500
1924	6–63	6 cyl.	Sedan	6000	10000	16500
1924	6–63	6 cyl.	Brougham	6000	10000	16500

YEAR	MODEL	ENGINE	BODY	F	G	E
1925	6–43	6 cyl.	Coupe	6000	10000	16500
1925	6–43	6 cyl.	Phaeton	10000	17000	34500
1925	6–43	6 cyl.	Sport Phaeton	11000	18000	35500
1925	6–43	6 cyl.	Sedan (2 Door)	5500	9000	15500
1925	6–43	6 cyl.	Sedan (4 Door)	6000	10000	16500
1925	6–66	6 cyl.	Touring	10000	17000	34500
1925	6–66	6 cyl.	Roadster	10000	17000	34500
1925	6–66	6 cyl.	Brougham	5500	9000	15500
1925	6–66	6 cyl.	2 Door	5500	9000	15500
1926	4–44	4 cyl.	Touring	10000	17000	34500
1926	4–44	4 cyl.	Roadster	10000	17000	34500
1926	4–44	4 cyl.	Coupe	5500	9000	15500
1926	4–44	4 cyl.	4 Door	5500	9000	15500
1926	6–66	6 cyl.	Touring	11000	18000	35500
1926	6–66	6 cyl.	Roadster	11500	18500	36500
1926	6–66	6 cyl.	Coupe	6000	10000	17000
1926	6–66	6 cyl.	Brougham	5500	9000	15500
1926	6–66	6 cyl.	4 Door	5500	9000	15500
1926	8–88	8 cyl.	Touring	11500	18500	36500
1926	8–88	8 cyl.	Roadster	12000	19000	38000
1926	8–88	8 cyl.	Brougham	6200	10400	17600
1927	6–66	6 cyl.	Touring	12000	19000	38000
1927	6–66	6 cyl.	Roadster	12400	19600	39500
1927	6–66	6 cyl.	Sedan	6000	10000	16500
1927	6–66	6 cyl.	Brougham	5500	9000	15500
1927	6–66	6 cyl.	Cabriolet	11000	18000	35000
1927	8–88	8 cyl.	Touring	12000	19000	38000
1927	8–88	8 cyl.	Roadster	12400	19600	39500
1927	8–88	8 cyl.	Coupe	6000	10000	16500
1927	8–88	8 cyl.	Sedan	5500	9000	15500
1928	6–66	6 cyl.	Roadster	12000	19000	38000
1928	6–66	6 cyl.	Sedan 5 Passenger	5500	9000	15500
1928	6–66	6 cyl.	Sport Sedan 5 Passenger	6000	10000	16500
1928	6–66	6 cyl.	Cabriolet	11000	18000	35500
1928	8–88	8 cyl.	Touring	12700	20000	41000
1928	8–88	8 cyl.	Roadster	13000	21000	42500
1928	8–88	8 cyl.	Sedan	6000	10000	16500

YEAR	MODEL	ENGINE	BODY	F	G	E
1928	8–88	8 cyl.	Cabriolet	12400	19600	39500
1928	76	6 cyl.	Roadster	12400	19600	39500
1928	76	6 cyl.	Sedan 5 Passenger	6000	10000	16500
1928	76	6 cyl.	Sport Sedan 5 Passenger	6400	10700	18000
1928	76	6 cyl.	Cabriolet	12000	19000	38000
1928	88	8 cyl.	Roadster	13000	21000	42500
1928	88	8 cyl.	Sedan	6000	10000	16500
1928	88	8 cyl.	Sport Sedan	6400	10700	18000
1928	88	8 cyl.	Cabriolet	12700	20000	41000
1928	115	8 cyl.	Roadster	13500	22500	45000
1928	115	8 cyl.	Sedan	6700	11200	19000
1929	6–80	6 cyl.	Sedan 5 Passenger	7000	11000	19500
1929	6–80	6 cyl.	Sport Sedan 5 Passenger	6400	10700	18000
1929	6–80	6 cyl.	Cabriolet	13500	22500	45000
1929	6–80	6 cyl.	Victoria	6200	10400	17600
1929	6–90	8 cyl.	Touring	13000	21000	42500
1929	6–90	8 cyl.	Sedan	6000	10000	16500
1929	6–90	8 cyl.	Phaeton	15000	30000	50000
1929	6–90	8 cyl.	Victoria	11000	18000	35500
1929	6–90	8 cyl.	Boattail Speedster	25000	50000	80000
1929	76	6 cyl.	Touring	13000	21000	42500
1929	76	6 cyl.	Roadster	13500	22500	45000
1929	76	6 cyl.	Sedan	6000	10000	16500
1929	76	6 cyl.	Cabriolet	12700	20000	41000
1929	88	8 cyl.	Touring	13000	21000	42500
1929	88	8 cyl.	Roadster	13500	22500	45000
1929	88	8 cyl.	Sedan	6200	10400	17600
1929	88	8 cyl.	Cabriolet	13000	21000	42500
1929	115	8 cyl.	Roadster	15000	30000	50000
1929	115	8 cyl.	Cabriolet	14500	28000	47500
1929	115	8 cyl.	Victoria	10500	17800	35200
1929	120	8 cyl.	Sedan 5 or 7 Passenger	6000	10000	16500
1929	120	8 cyl.	Cabriolet	14500	28000	47500
1930	6–85	6 cyl.	Sedan	6000	10000	16500

YEAR	MODEL	ENGINE	BODY	F	G	E
1930	6–85	6 cyl.	Cabriolet	14000	27000	46500
1930	8–95	8 cyl.	Sedan	6400	10700	18000
1930	8–95	8 cyl.	Cabriolet	14000	27000	46500
1930	8–95	8 cyl.	Phaeton	15000	30000	50000
1930	125	8 cyl.	Sedan	6400	10700	18000
1930	125	8 cyl.	Cabriolet	15000	30000	50000
1931	8–98	8 cyl.	Sedan 5 or 7 Passenger	6400	10700	18000
1931	8–98	8 cyl.	Coupe	6400	10700	18000
1931	8–98	8 cyl.	Cabriolet	13500	22500	45000
1931	8–98	8 cyl.	Phaeton	17500	35000	55000
1931	8–98 (custom)	8 cyl.	Coupe	7500	13000	24750
1931	8–98 (custom)	8 cyl.	Cabriolet	14000	27000	46500
1932	8–100	8 cyl.	Sedan 5 or 7 Passenger	6400	10700	18000
1932	8–100	8 cyl.	Coupe	7500	13000	24750
1932	8–100	8 cyl.	Cabriolet	13500	22500	45000
1932	8–100	8 cyl.	Brougham	6000	10000	16500
1932	8–100A	8 cyl.	Sedan 5 or 7 Passenger	7250	12500	26000
1932	8–100A	8 cyl.	Coupe	7500	13000	24750
1932	8–100A	8 cyl.	Cabriolet	14000	27000	46500
1932	8–100A	8 cyl.	Phaeton	13000	21000	42500
1932	12–160	12 cyl.	Sedan	7500	13000	24750
1932	12–160	12 cyl.	Coupe	10000	17000	34500
1932	12–160	12 cyl.	Cabriolet	15000	30000	50000
1932	12–160	12 cyl.	Brougham	7500	13000	24750
1932	12–160A	12 cyl.	Sedan	7500	13000	24750
1932	12–160A	12 cyl.	Coupe	10500	17800	35200
1932	12–160A	12 cyl.	Cabriolet	15000	30000	50000
1932	12–160A	12 cyl.	Brougham	7500	13000	24750
1932	12–160A	12 cyl.	Phaeton	17500	35000	55000
1933	8–101	8 cyl.	Sedan 5 or 7 Passenger	7500	13000	24750
1933	8–101	8 cyl.	Coupe	7500	13000	24750
1933	8–101	8 cyl.	Cabriolet	17500	35000	55000

YEAR	MODEL	ENGINE	BODY	F	G	E
1933	8–101	8 cyl.	Brougham	6000	10000	16500
1933	8–101A	8 cyl.	Sedan 5 or 7 Passenger	7000	12000	24000
1933	8–101A	8 cyl.	Coupe	7500	13000	24750
1933	8–101A	8 cyl.	Cabriolet	17500	35000	55000
1933	8–101A	8 cyl.	Phaeton	17500	35000	55000
1933	8–105	8 cyl.	Sedan	6200	10400	17600
1933	8–105	8 cyl.	Phaeton	17500	35000	55000
1933	12–161	12 cyl.	Sedan	8000	13700	27250
1933	12–161	12 cyl.	Coupe	8000	13700	27500
1933	12–161	12 cyl.	Cabriolet	17500	35000	55000
1933	12–161	12 cyl.	Brougham	6400	10700	18000
1933	12–161A	12 cyl.	Sedan	7500	13000	24750
1933	12–161A	12 cyl.	Coupe	8000	13700	27250
1933	12–161A	12 cyl.	Brougham	7200	12000	24200
1933	12–161A	12 cyl.	Phaeton	20000	42000	70000
1933	12–165	12 cyl.	Sedan	7800	13200	25500
1933	12–165	12 cyl.	Cabriolet	17500	35000	55000
1933	12–165	12 cyl.	Brougham	7500	13000	24750
1933	12–165	12 cyl.	Phaeton	18000	37500	60000
1934	652X	6 cyl.	Sedan	5500	9000	15500
1934	652X	6 cyl.	Cabriolet	14500	28000	47500
1934	652X	6 cyl.	Brougham	5500	9000	15500
1934	652X	6 cyl.	Phaeton	17500	30000	55000
1934	850X	8 cyl.	Sedan	6200	10400	17600
1934	850X	8 cyl.	Cabriolet	17500	35000	55000
1934	850X	8 cyl.	Brougham	6200	10400	17600
1934	850X	8 cyl.	Phaeton	18000	37500	60000
1934	1250	12 cyl.	Sedan	6200	10400	17600
1934	1250	12 cyl.	Cabriolet	15000	30000	50000
1934	1250	12 cyl.	Brougham	6200	10400	17600
1934	1250	12 cyl.	Phaeton	19000	40000	64000
1935	653	6 cyl.	Sedan	6000	10000	16500
1935	653	6 cyl.	Coupe	5500	9000	15500
1935	653	6 cyl.	Cabriolet	14500	28000	47500
1935	653	6 cyl.	Brougham	5500	9000	15500
1935	653	6 cyl.	Phaeton	17500	35000	55000
1935	851	8 cyl.	Sedan	6200	10400	17600
1935	851	8 cyl.	Coupe	6000	10000	16500
1935	851	8 cyl.	Cabriolet	15000	30000	50000
1935	851	8 cyl.	Brougham	6000	10000	16500

YEAR	MODEL	ENGINE	BODY	F	G	E
1935	851	8 cyl.	Phaeton	18000	37000	60000
1936	654	6 cyl.	Sedan	6200	10400	17600
1936	654	6 cyl.	Coupe	6000	10000	16500
1936	654	6 cyl.	Cabriolet	22000	43500	76000
1936	654	6 cyl.	Brougham	6000	10000	16500
1936	654	6 cyl.	Phaeton	20000	42000	70000
1936	852	8 cyl.	Sedan	7500	13000	24750
1936	852	8 cyl.	Coupe	7000	12000	24000
1936	852	8 cyl.	Cabriolet	22000	43500	76000
1936	852	8 cyl.	Brougham	7000	12000	24000
1936	852	8 cyl.	Phaeton	20000	42000	70000

AUBURN (United States, 1967–to-date)

YEAR	MODEL	ENGINE	BODY	F	G	E
1967	866 GP	(V) 8 cyl. (Ford)	Speedster	14000	19000	28000
1968	866 GP	(V) 8 cyl. (Ford)	Speedster	14000	19000	28000
1969	866 GP	(V) 8 cyl. (Ford)	Speedster	14000	19000	28000
1970	866 GP	(V) 8 cyl. (Ford)	Speedster	14000	19000	28000
1970	866 GP	(V) 8 cyl. (Pontiac)	Speedster	14000	19000	28000
1971	866 GP	(V) 8 cyl. (Lincoln)	Speedster	15000	20000	29000
1971	866 GP	(V) 8 cyl. (Pontiac)	Speedster	14500	19500	28500
1972	866 GP	(V) 8 cyl. (Lincoln)	Speedster	15000	20000	29500
1972		(V) 8 cyl. (Pontiac)	Speedster	14000	18000	30000
1980		(V) 8 cyl. (Ford)	Speedster	16000	24000	36000

AUDI (Germany, 1910–39)

YEAR	MODEL	ENGINE	BODY	F	G	E
1910	B	2612cc	Sport Touring	4500	9000	16000
1912	C		Sport Touring	4750	9500	16500
1914	D		Coupe	3000	8000	11000
1916	E		Coupe	3000	8000	11500
1924	M	6 cyl.	Cabriolet	4000	10000	18000
1928	R	8 cyl.	Cabriolet	6000	13000	20000
1937	Zwickau	8 cyl.	Drop Head Coupe	5000	8000	15500
1939	Dresden	6 cyl.	Sedan	4000	7000	13000

AUSTIN (United States, 1901–21)

YEAR	MODEL	ENGINE	BODY	F	G	E
1901		2 cyl.	Touring	3500	8000	16000
1915	48	(V) 12 cyl.	Touring	6500	14000	32000

AUSTIN-AMERICAN (United States, 1931–1940)

YEAR	MODEL	ENGINE	BODY	F	G	E
1931	Austin	4 cyl.	Coupe	2000	5000	10000

Auburn — 1935 "Boattail Speedster"
Courtesy of White Post Restorations, White Post, Virginia

YEAR	MODEL	ENGINE	BODY	F	G	E
1931	Austin	4 cyl.	Roadster	2500	5500	11000
1932	Austin	4 cyl.	Roadster	2700	5800	12000
1933	Austin	4 cyl.	Roadster	2800	6000	12000
1934	Austin	4 cyl.	Roadster	2800	6500	13000
1935	Bantam	4 cyl.	Roadster	2500	9000	16000
1936	Bantam	4 cyl.	Roaster	2700	9000	16000
1938		4 cyl.	Coupe	2300	8000	12000
1938	Bantam	4 cyl.	Roadster	3000	9000	16000

YEAR	MODEL	ENGINE	BODY	F	G	E
1939	Bantam	4 cyl.	Roadster	3000	9000	16000
1940	Bantam	4 cyl.	Roadster	3000	9000	16000

AUSTIN–HEALEY (Great Britain, 1953–71)

YEAR	MODEL	ENGINE	BODY	F	G	E
1953	100	4 cyl.	Roadster	3500	7000	11000
1954	100	4 cyl.	Roadster	3300	6800	10500
1955	100	4 cyl.	Roadster	3000	6500	10000
1956	100	4 cyl.	Roadster	3000	6500	10000
1957	100	6 cyl.	Roadster	3000	6500	10000
1958	100	6 cyl.	Roadster	3000	6500	10000
1958	Sprite	4 cyl.	Roadster	2500	5500	8000
1959	100	6 cyl.	Roadster	3000	6500	10000
1959	Sprite	4 cyl.	Roadster	2500	5500	8000
1960	3000	6 cyl.	Roadster	3000	6500	10000
1960	Sprite	4 cyl.	Roadster	2500	5500	8000
1961	3000 MK I	6 cyl.	Roadster	2750	6000	9000
1961	3000 MK II	6 cyl.	Roadster	3000	6500	10000

Austin–American — 1938 "Bantam Roadster"

YEAR	MODEL	ENGINE	BODY	F	G	E
1961	Sprite MK I	4 cyl.	Roadster	2500	5500	8000
1961	Sprite MK II	4 cyl.	Roadster	1500	4000	6500
1962	3000 MK II	6 cyl.	Roadster	3000	6500	10000
1962	Sprite MK II	4 cyl.	Convertible	2500	5500	8000
1963	3000 MK II	6 cyl.	Roadster	3000	6500	10000
1963	Sprite MK II	4 cyl.	Convertible	2500	5500	8000
1964	3000 MK II	6 cyl.	Convertible	3000	6500	10000
1964	3000 MK III	6 cyl.	Convertible	3300	6800	10500
1964	Sprite MK II	4 cyl.	Roadster	2500	5500	8000
1964	Sprite MK III	4 cyl.	Convertible	2000	5000	7250
1965	3000 MK III	6 cyl.	Convertible	3000	6500	10000
1965	Sprite MK III	4 cyl.	Convertible	2000	5000	7250
1966	3000 MK III	6 cyl.	Convertible	3000	6500	10000
1966	Sprite MK III	4 cyl.	Convertible	2000	5000	7250
1967	3000 MK III	6 cyl.	Convertible	3000	6500	10000
1967	Sprite MK III	4 cyl.	Convertible	2000	5000	7250

AUSTRO–DAIMLER (Austria, 1899–1936)

YEAR	MODEL	ENGINE	BODY	F	G	E
1899			Runabout	3500	6500	14000
1910	22/80	4 cyl.	Touring	4500	9500	18000
1914	ADV	6 cyl.	Town	4500	9500	18000
1932	ADR–8	8 cyl.	Drop Head Coupe	10000	20000	36000

AUTOCAR (United States, 1897–1911)

YEAR	MODEL	ENGINE	BODY	F	G	E
1897	4	1 cyl.	Buggy	2400	6000	14000

YEAR	MODEL	ENGINE	BODY	F	G	E
1901	4	2 cyl.	Buggy	2600	6000	15000
1905	4	4 cyl.	Buggy	2800	6000	16000

B

YEAR	MODEL	ENGINE	BODY	F	G	E
BABCOCK (United States, 1909–13)						
1909		2 cyl.	Buggy	2000	3600	9500
		4 cyl.	Touring	2400	4000	10000
BADGER (United States, 1909–12)						
1908	4–Wheel Drive	4 cyl.	Touring	3500	9500	25000
1909	4–Wheel Drive	4 cyl.	Touring	3000	9000	24000
BAILEY (United States, 1907–15)						
1907	20/24	4 cyl.	Touring	4500	7000	13000
1911		Electric	Victoria	4600	9200	18000
1913		Electric	Runabout	4000	8200	17000
BAKER (United States, 1899–1924)						
1899		1 cyl.	Buggy	3500	6800	12900
1903		Electric	Runabout	5800	8800	16000
1910		Electric	Phaeton	8800	14000	28000
1913		Electric	Coupe	6600	8700	14000
1917		Steam	Roadster	9000	16500	33000
BALBOA (United States, 1925)						
1925		Rotary Valve	Touring	3500	9500	25000
1926		Rotary Valve	Brougham	2800	8500	15500
BALL (United States, 1902)						
1902		Steam	Touring	6500	15200	30000
BAMBINO (Netherlands, 1955–56)						
1955	3–Wheel	1 cyl.	Minicar	2000	4000	9000

YEAR	MODEL	ENGINE	BODY	F	G	E
BANKER (United States, 1905)						
1905		4 cyl.	Tonneau	2800	10000	22000
1905		4 cyl.	Limousine	2500	9000	20000
BANKER JUVENILE ELECTRIC (United States, 1905)						
1905		Electric	Roadster	4800	10000	20000
BARLEY (United States, 1922–24)						
1922		6 cyl.	Touring	3000	6500	13000
1923	Standard	6 cyl.	Sedan	2600	6000	12000
BARRON-VIALLE (France, 1923–29)						
1923		2 cyl.	Open	1800	4800	7000
BARTLETT (Canada, 1914–17)						
1914		LeRoi	Touring	2200	4800	11000
1917		LeRoi	Roadster	2600	5200	14500
BEACON (Great Britain, 1912–24)						
1912	Mark VI	(V)2 cyl.	Sport			
			Roadster	4200	8000	16500
BEAN (Great Britain, 1919–29)						
1922		4 cyl.	2 Sport	2000	4800	10000
1924		4 cyl.	Saloon			
			Sedan	1200	4200	10500
1927	18/50	4 cyl.	Saloon			
			Sedan	1400	4500	9000
1929	14/70	4 cyl.	Salon			
			Sedan	1600	5000	10000
BEARDMORE (Great Britain, 1920–28)						
1920			Touring	2200	5200	12500
1923	Type D		Touring	2300	5400	11500
BEATRIX (France, 1907)						
1907	30/40	6 cyl.	Touring	2000	5000	12750
BEATTIE (Great Britain, 1969–to–date)						
1969			Sport	2400	4900	9500
BEAUFORD (Germany, 1901–06)						
1901		2 cyl.	Runabout	1800	4700	8900
1902		2 cyl.	Touring	2200	4900	9900
1903		2 cyl.	Touring	2600	5700	10500
BEAVER (United States, 1916–23)						
1916		6 cyl.	Touring	3700	8700	17000

YEAR	MODEL	ENGINE	BODY	F	G	E
BENTLEY (Great Britain, 1920–to–date)						
1920		3 Litre	Sport			
			Roadster	12500	18000	35000
1924	Speed Model	3 Litre	Sport			
			Roadster			
			Touring	10200	20000	40000
1925	Red Label	3 Litre	Roadster	10200	20000	42000
1925		3 Litre	Sport			
			Touring	7800	21000	40000
1926		3 Litre	Convertible			
			Coupe	6000	14000	22000
1926		3 Litre	Coupe	6200	12000	24000
1927		3 Litre	Touring	9800	23000	42000
1928		3 Litre	Touring	9800	23000	42000
1929		4.5 Litre	Speedster	12000	24000	60000
1929		4.5 Litre	Touring	12000	24000	60000
1929		4.5 Litre	Sedan	8500	12000	22000
1930	Speed 6	4.5 Litre	Sedan	9800	13000	23000
1931		6 cyl. 8 Litre	Cabriolet	11000	30000	62000
1931		4.5 Litre	Touring	11000	26000	35000
1934		4.5 Litre	Dual Cowl			
			Phaeton	14000	32000	60000
1934		4.5 Litre	Convertible			
			Coupe	14000	24000	45000
1934		4.5 Litre	Sedan	6000	8400	18000
1934		4.5 Litre	Sedan	7000	8600	17000
1934		3.5 Litre	Dual Cowl			
			Phaeton	10500	21000	42000
1934		3.5 Litre	Drop Head			
			Coupe	8000	19000	32000
1935		4.5 Litre	Cabriolet	10500	18000	40000
1935	Speed 6	4.5 Litre	Touring	10500	18000	41000
1935		3.5 Litre	Coupe	10500	18000	32000
1936		4.5 Litre	Sedanca			
			Coupe	12000	25000	38000
1936		4.5 Litre	Sport Sedan	6000	9500	22000
1936		4.5 Litre	Cabriolet	5500	12000	22000
1936		4.5 Litre	Convertible			
			Victoria	8000	18000	38000
1937		4.5 Litre	Sedan	4000	8000	17000
1937		4.5 Litre	Cabriolet	6000	15000	32000

YEAR	MODEL	ENGINE	BODY	F	G	E
1937	Continental	4.5 Litre	Cabriolet	5000	16000	35000
1937		4.5 Litre	Sport Sedan	4000	9000	18000
1937		4.5 Litre	Coupe	4200	6500	16000
1938		4.5 Litre	Sedan	4200	8000	15000
1938		4.5 Litre	Drop Head Coupe	7000	16000	40000
1939		4.5 Litre	Coupe	4000	6500	22000
1939		4.5 Litre	Cabriolet	5500	9000	32000
1940	MK–V	4.5 Litre	Convertible	8000	13000	38000
1947	Frannay	4.5 Litre	Convertible	6500	12000	39000
1948	MK–VI	4.5 Litre	Sedan	3900	8000	16000
1949	Park Ward	4.5 Litre	Convertible	12000	27000	52000
1950	MK–VI	4.5 Litre	Sedan	4000	7000	16000
1951	MK–VI	4.5 Litre	Sedan	4000	7000	16000
1951	Abbott	6 cyl.	Coupe	7500	15000	30000
1952	James Young	6 cyl. 4.6 Litre	Coupe	7000	14000	28000
1952	James Young	6 cyl. 4.6 Litre	Saloon	6500	13000	26000
1952	MK–VI	4.6 Litre	Sedan	4000	7000	15000
1952	Park Ward Left–Hand Drive	4.6 Litre	Coupe	10000	18000	32000
1952	Park Ward Right–Hand Drive	4.6 Litre	Coupe	9000	17000	30000
1952	Park Ward	4.6 Litre	Saloon	8000	15000	27500
1953	Sun Roof	4.6 Litre	Sedan	5000	7500	16000
1953	Park Ward	4.6 Litre	Convertible	12000	32000	50000
1954	R Type	4.6 Litre	Sedan	4500	6900	14000
1954		4.6 Litre	Convertible	8900	18000	50000
1954	R Type	4.6 Litre	Continental 2 Door	8500	5000	35000
1954	Bertone	6 cyl.	Saloon	10000	21000	33000
1954	Mulliner	6 cyl.	Coupe	8500	18000	31500
1955	S-1 Continental	4.9 Litre	Fast Back	13000	26000	40000
1955	R Type	4.9 Litre	Special Sedan	4900	9600	24000
1955	R Type	4.9 Litre	Sedan	4900	9600	24000
1956		4.9 Litre	Sedan	4900	9600	24000
1956	Freestone & Webb	6.2 Litre	Sedan	8400	14000	35000

Bentley — 1954 "R Type" with James Young Saloon Body
Courtesy of White Post Restorations, White Post, Virginia

YEAR	MODEL	ENGINE	BODY	F	G	E
1956	Hooper	6.2 Litre	Sedan	8300	9900	18000
1957	Mulliner	6.2 Litre	Sedan	8300	8600	22000
1957	Park Ward	6 cyl.	Fixed Head			
			Coupe	15000	30000	45000
1958	James Young	6 cyl.	Saloon	7500	15000	30000
1958	S I	6 cyl.	Convertible	12000	36000	52000

YEAR	MODEL	ENGINE	BODY	F	G	E
1958	S I	6 cyl.	Sedan	7200	12000	32000
1958	S I Park Ward	6 cyl.	Continental Coupe	7200	13000	36000
1959	Park Ward	6 cyl.	Coupe	15000	30000	45000
1959	S I	6 cyl.	Limousine	8600	18000	36000
1959	S I	6 cyl.		7500	15000	30000
1960	S II	8 cyl.	Sedan	5900	15000	24000
1960	S II	8 cyl.	Continental Convertible	12000	36000	63000
1960	S II	8 cyl.	Coupe	15000	30000	45000
1961	S II	8 cyl.	Coupe	17500	35000	55000
1961	S II Left-Hand Drive	8 cyl.	Convertible	12000	21000	46000
1962	S II	8 cyl.	Sedan	7600	11000	30000
1962	S II	8 cyl.	Drop Head Coupe	11500	21000	42000
1962	S III Left-Hand Drive	8 cyl.	Sedan	8700	12000	28000
1963	S III Right-Hand Drive	8 cyl.	Sedan	7600	11000	26000
1964	S III	8 cyl.	Convertible	9700	36000	70000
1964	S III	8 cyl.	Sedan	7600	18000	35000
1965	S III	8 cyl.	Sedan	7600	19800	38000
1965	James Young	8 cyl.	Coupe	7500	15000	30000
1965	Mulliner-Park Ward	8 cyl.	Flying Spur	15000	30000	45000
BENZ (Germany, 1885–1926)						
1885	3–Wheel	1 cyl.	Vis-a-vis	11500	22000	36000
1893	Sociable	1½ hp	Velo	32000	50000	78000
1903	Parsifal	2 cyl.	Tonneau	11000	19000	36000
1906	Daimler Benz		Touring	40000	80000	120000
1908	Racer	12 Litre	Race Car	35000	70000	100000
1910	8/20	2 Litre	Tonneau	9800	15000	30000
1911	39/100	10.1 Litre	Touring	40000	86000	155000
1912		4 cyl.	Touring	15000	30000	45000
1914		4 cyl.	Touring	16000	28000	36000
1914	25/55	6 cyl.	Limousine	16000	35000	65000
1914	Racer	6 cyl.	Race Car	36000	35000	65000

Benz — 1893 "1½ HP Velo Sociable"

YEAR	MODEL	ENGINE	BODY	F	G	E
B.M.W. (Germany, 1928–to–date)						
1953	501	6 cyl.	Sedan	3000	5000	7500
1954	501	6 cyl.	Sedan	3000	5000	7500
1954	502	8 cyl.	Sedan	4000	6000	8500
1955	501	6 cyl.	Sedan	3000	5000	7500
1955	502	8 cyl.	Sedan	4000	6000	8500
1956	501	6 cyl.	Sedan	3000	5000	7500
1956	502	8 cyl.	Sedan	4000	6000	8500
1957	501	6 cyl.	Sedan	3000	5000	7500
1957	502	8 cyl.	Sedan	4000	6000	8500
1957	503	8 cyl.	Coupe	8000	19000	27000
1957	507	8 cyl.	Roadster	20000	40000	65000

YEAR	MODEL	ENGINE	BODY	F	G	E
1958	501	6 cyl.	Sedan	3000	5000	7500
1958	502	8 cyl.	Sedan	4000	6000	8500
1958	503	8 cyl.	Convertible	10000	20500	31500
1959	501	8 cyl.	Sedan	4000	6000	8500
1959	502	8 cyl.	Sedan	4400	6600	9200
1959	503	8 cyl.	Convertible	10000	20500	31500
1959	503	8 cyl.	Coupe	8000	19000	27000
1959	600	2 cyl.	Sedan	1400	2500	3900
1960	501	8 cyl.	Sedan	4000	6000	8500
1960	502	8 cyl.	Sedan	4000	6000	8500
1961	300	1 cyl.	Sedan			
			1 Door	1500	2800	4400
1961	501	8 cyl.	Sedan	4000	6000	8500
1961	502	8 cyl.	Sedan	4000	6000	8500
1961	2600	8 cyl.	Sedan	5000	7200	9500
1962	300	1 cyl.	Sedan			
			1 Door	1500	2800	4400
1962	1500	4 cyl.	Sedan	2500	4000	6000
1962	2600	8 cyl.	Sedan	4000	6000	8500
1962	3200					
	(both styles)	8 cyl.	Sedan	4000	6000	8500
1963	700	2 cyl.	Coupe	1500	2800	4400
1963	700	2 cyl.	Sedan	1200	2300	3200
1963	1500	4 cyl.	Sedan	2500	4000	6000
1964	1800	4 cyl.	Sedan	3000	4000	7500
1965	1600	4 cyl.	Sedan	3000	5000	7500
1965	2000	4 cyl.	Coupe	5000	7200	9500
1966	2000	4 cyl.	Sedan	3500	5400	8000
1966	2000	4 cyl.	Coupe	5000	7200	9500
1967	3000	8 cyl.	Coupe	7000	11000	15000
1968	1600	4 cyl.	Sedan	3000	5000	7500
1968	1600	4 cyl.	Cabriolet	6500	10000	13000
1968	1800	4 cyl.	Sedan	3000	5000	7500
1968	2000	4 cyl.	Sedan	3000	5000	7500
1968	2002	4 cyl.	Sedan			
			2 Door	4000	6000	8500
1969	2800	6 cyl.	Sedan	2750	4600	7000
1969	2800	6 cyl.	Coupe	5600	7700	10100
1970	2000	4 cyl.	Coupe	5600	7700	10100
1970	3.0CS	6 cyl.	Coupe	8000	13400	17000
1970	3.0/CSL	6 cy.	Coupe	9000	15000	21500
1971	1600	4 cyl.	Cabriolet	6500	10000	13000

YEAR	MODEL	ENGINE	BODY	F	G	E
1971	2002	4 cyl.	Cabriolet	8000	13400	17000
1971	Barvaria	6 cyl.	Sedan	3000	5000	7500
1971	3.0S	6 cyl.	Sedan	3000	4000	7500
1972	2000	4 cyl.	Touring	3000	5000	7500
1972	2002ti	4 cyl.	Sedan	3000	5000	7500
1972	2002tii	4 cyl.	Sedan	3500	5400	8000
1973	2002 turbo	4 cyl.	Sedan	7000	11000	15000
1973	3.0CSA	6 cyl.	Coupe	6500	10000	13000
1973	3.0CSi	6 cyl.	Coupe	8000	13400	17000
1973	3.0CSL	6 cyl.	Coupe	9000	15000	21000
1974	2002	4 cyl.	Sedan	3500	5400	8000
1974	2800	6 cyl.	Sedan	3000	5000	7500
1974	3.0CS	6 cyl.	Sedan	8000	13400	17000
1975	530i	6 cyl.	Sedan	3500	5400	8000
1976	3.0Si	6 cyl.	Sedan	4500	6600	9100
1976	630CS	6 cyl.	Sedan	7000	11000	15000

BOBBI-KAR (United States, 1945–47)

1945		Air-cooled	Minicar	2600	4600	11000

BOCAR (United States, 1958–60)

1958	SP–4	(V) 8 cyl.				
		(Corvette)	Roadster	3800	6900	14000

BOLIDE (United States, 1969–to–date)

1969		(V) 8 cyl.	Coupe	3600	6900	9800

BREWSTER (United States, 1915–25; 1934–36)

1914	Town Car	4 cyl.	Limousine	12000	27000	36000
1915		4 cyl.	Town-Carriage	9000	18000	30000
1917		4 cyl.	Roadster	9000	18000	30000
1934		4 cyl.	Four Door Convertible	9000	19000	25000
1934	Limousine	(V) 8 cyl. (Ford)	Town	9500	28000	40000

BRICKLIN (United States, 1968–76)

1971			Gullwing Coupe	4500	9800	16000
1975	SV–1		Gullwing Coupe	5000	10000	18000

BROWNIE (United States, 1916–17)

1916		4 cyl.	Roadster	2800	6000	14000

Bricklin — 1975 "SV–1 Gullwing Coupe"

YEAR	MODEL	ENGINE	BODY	F	G	E
BRUNSWICK (United States, 1916)						
1916		4 cyl.	Roadster	3200	7400	15000
BRUSH (United States, 1906–1912)						
1907		1 cyl.	Runabout	3000	8800	15000
1908		1 cyl.	Roadster	3500	7000	11000
1909		1 cyl.	Roadster	3500	7000	11000
1911		2 cyl.	Runabout	4000	9000	16000
1912		1 cyl.	Landaulet	3500	7500	14500
BUGATTI (Italy, 1909–56)						
1909	Deutz	4 cyl. 1327cc	Racing	8650	16400	36000
1910	Type 13	4 cyl. 1327cc	Sport	9200	17500	7000
1911	Type 13	4 cyl. 850cc	Racing	9200	17500	41700
1912	Baby					
	Peugeot	4 cyl. 850cc	Racing	6800	14200	21000
1913	Black Bess	4 cyl. 5 Litre	Sport	13100	23000	39500
1913	Type 13	4 cyl.	Racing	9000	16400	34500
1914	Type 22	4 cyl.	Racing	13000	21600	40000
1914	Type 13	4 cyl.	Racing	15300	28500	47200

YEAR	MODEL	ENGINE	BODY	F	G	E
1915	Type 25/26	4 cyl. 1.5 Litre	Racing	17500	34600	54000
1916	Type 13	4 cyl.	Racing	9250	16400	25200
1917	Type 22	8 cyl.	Racing	17500	34600	54000
1918	Type 13	16 cyl. 29 Litre	Racing	33500	100000	210000
1919	Type 30	8 cyl.	Racing	17500	34000	92000
1919	Type 22/23	4 cyl.	Racing	8900	20800	58600
1920	Type 22/23	8 cyl.	Racing	18600	37200	95000
1921	Type 22	4 cyl.	Sport	8900	18600	36200
1921	Type 23	4 cyl.	Racing	10000	19700	28500
1921	Type 23	4 cyl.	Super Sport	8350	17500	26300
1922	Type 30	8 cyl. 2 Litre	Racing	14200	31250	52700
1922	Type 13	8 cyl.	Sport	11450	21350	32250
1922	Type 28	8 cyl. 3.1 Litre	Sport	25750	51500	91200
1922	Type 29/30	8 cyl. 2.1 Litre	Sport	23000	34000	53800
1923	Type 30	8 cyl. 2.1 Litre	Touring	13100	27750	39500
1923	Type 32	8 cyl. 2.1 Litre	Grand Prix Racing	24000	34000	54000
1924	Type 33	8 cyl. 2.1 Litre	Touring	14200	26300	41700
1924	Type 35	8 cyl. 2 Litre	4 Passenger Touring	13100	23750	40000
1924	Type 35–A	8 cyl. 2 Litre	Grand Prix Racing	21900	36750	64000
1924	Type 35	8 cyl. 2 Litre	Grand Prix Racing	18600	31250	64000
1925	Type 37	4 cyl.	Grand Prix Racing	11450	21350	33000
1925	Type 30	8 cyl.	Sedan	12000	24000	53800
1925	Type 23	8 cyl.	Sedan	1000	21350	42800
1926	Type 35–B	8 cyl. 2.3 Litre	Grand Prix Racing	21900	36750	72500
1926	Type 35–T	8 cyl. 2.3 Litre	Grand Prix Racing	23000	34000	56000
1926	Type 38	8 cyl. 2 Litre	Touring	14200	27300	50000
1926	Type 39	8 cyl. 1.5 Litre	Grand Prix Racing	12000	24000	46100
1926	Type 40	4 cyl. 1.5 Litre	Grand Prix Racing	12000	28500	61000
1926	Type 36	8 cyl. 1.1 Litre (Supercharged)	Racing	13200	31800	72000
1926	Type 39–C	8 cyl. 1.5 Litre	Touring	10000	20250	45000
1926	Type 39–D	8 cyl. 1.5 Litre	Touring	10000	20250	45000

YEAR	MODEL	ENGINE	BODY	F	G	E
1927	Type 44	8 cyl. 3 Litre	Touring	16400	42800	82800
1927	Type 43	8 cyl. 2.3 Litre (Supercharged)	Royal			
1927	Type 41	8 cyl.				
1927	Type 35–C	8 cyl. 2 Litre	Convertible	27400	54000	105000
1927	Type 37–A	4 cyl.	Grand Prix Racing	17500	34000	60000
1927	Type 38–A	8 cyl. 2 Litre	Touring	31000	37000	78500
1927	Type 38–A	8 cyl. 2 Litre	Grand Sport	17500	34000	74000
1927	Type 39–A	8 cyl. 1.5 Litre	Grand Prix	12000	23000	48000
1928	Type 35–B	8 cyl. 2.3 Litre (Supercharged)	Racing	24100	37000	79000
1928	Type 40		Roadster	23000	38500	82800
1928	Type 40	4 cyl. 1.5 Litre	Coupe	16400	28500	45000
1928	Type 44	8 cyl. 3 Litre	Touring	23000	42800	75000
1928	Type 43	8 cyl. 2.3 Litre		17500	34000	65000
1929	Type 43	8 cyl. 2.3 Litre	Sport	13100	25200	52300
1929	Type 44	8 cyl. 3 Litre	Sedan	10900	21000	36700
1929	Type 35–B	8 cyl. 2.3 Litre (Supercharged)	Racing	12000	24100	52500
1929	Type 46	8 cyl. 5.3 Litre	Touring	20800	61500	125000
1929	Type 50	8 cyl. 4.9 Litre	Racing	23000	56000	105000
1929	Type 46–S	5.3 Litre (Supercharged)	Touring	20000	40600	76700
1930	Type 46–S	5.3 Litre	4 Passenger Touring	18600	35100	72000
1930	Type 46	5.3 Litre	Sedan	10000	21000	31700
1930	Type 35–B	2.3 Litre (Supercharged)	Racing	9000	18600	42500
1930	Type 49	3.3 Litre	Touring	14200	38400	62500
1930	Type 50	8 cyl. 5 Litre	Sport Saloon	20800	62600	167500
1930	Type 40–A	4 cyl. 1.6 Litre	Touring	13100	27400	40500
1931	Type 55	8 cyl. 2.3 Litre	Super Sport Roadster	13100	38400	76000
1931	Type 51–A	8 cyl. 1.5 Litre (Supercharged)	Grand Prix Racing	14200	28500	55000
1931	Type 54	8 cyl. 4.9 Litre (Supercharged)	Grand Prix Racing	27400	62500	110000
1931	Type 40–A	4 cyl. 1.5 Litre	2 Passenger	13100	26000	46000
1931	Type 40–A	4 cyl. 1.6 Litre	Touring	14200	26300	52400

YEAR	MODEL	ENGINE	BODY	F	G	E
1931	Type 46–S	8 cyl. 5 Litre	Touring	17500	34000	96500
1931	Type 51	8 cyl. 2.3 Litre (Supercharged)	Grand Prix Racing	13100	26000	65000
1932	Type 46	8 cyl. 5 Litre	Sport Saloon Sedan	19700	36200	77500
1932	Type 50–T	8 cyl.	Sport Racing	16400	43800	67250
1932	Type 50–T	8 cyl. 4.9 Litre	Touring	15000	39500	76700
1932	Type 53	8 cyl. 4.9 Litre	Touring	16400	41000	80000
1932	Type 55	8 cyl. 2.3 Litre	2 Passenger Roadster	21900	32800	80000
1932	Type 50	8 cyl. 5 Litre	Sport Racing	20000	46000	120500
1932	Type 54	8 cyl. 5 Litre	Grand Prix Racing	17500	46000	110500
1932	Type 57	8 cyl. 3 Litre	Touring	18600	37000	80800
1933	Type 59	8 cyl. 2.8 Litre	Grand Prix Racing	17500	34000	70000
1933	Type 54	5 Litre	Grand Prix Racing	18600	47200	100000
1933	Type 60	8 cyl. 4 Litre	Racing	17700	65400	104800
1934	Type 57	8 cyl.	Convertible	18600	34000	84000
1934	Type 57	8 cyl. 3 Litre	Sport Sedan	21900	39500	72000
1934	Type 57	8 cyl. 3 Litre	Roadster	18600	42800	96000
1934	Type 57–C	8 cyl. 3.3 Litre	Sport	17500	36000	96000
1934	Type 57–S	8 cyl. 3.3 Litre	Speedster	25200	55500	110800
1934	Type 57–SC	8 cyl. 3.3 Litre	Grand Prix Racing	26000	50000	105000
1935	Type 57	8 cyl. 3 Litre	Sedan Convertible	22000	42000	88000
1935	Type 57 Ventoux	8 cyl.	Coupe	14200	25200	60000
1935	Type 57–T	8 cyl.	Racing	17500	31800	78900
1935	Type 57–S	8 cyl.	Sport	14200	27400	72000
1936	Type 57–SC	8 cyl.	Sport	14200	27400	72000
1936	Type 57–SC	8 cyl. 3.3 Litre	Grand Prix Racing	18600	36200	93000
1936	Type 57–C	8 cyl.	Sport	20800	41700	105000
1937	Type 57	8 cyl. 3.3 Litre	Atalante Coupe	18600	36200	85800

YEAR	MODEL	ENGINE	BODY	F	G	E
1937	Type 57	8 cyl. 3.3 Litre	Speedster	18600	36200	85800
1937	Type 44	8 cyl. 3.3 Litre	Speedster	14200	28500	65800
1937	Electron	8 cyl. 3.3 Litre	Coupe	19700	36200	70200
1937	Type 59	8 cyl. 3.3 Litre	Grand Prix Racing	13100	29600	65000
1938	Type 50–B	8 cyl. 4.7 Litre	Racing	13100	40600	75800
1938	Type 64	8 cyl. 4.5 Litre	Racing	12000	31800	68000
1938	Type 50–B/III	8 cyl. 3 Litre (Supercharged)	Racing	12000	27400	62500
1938	Type 57–C	8 cyl. 3 Litre (Supercharged)	Touring	17500	34000	65800
1939	Type 57	8 cyl. 3.3 Litre	Coupe	18600	31800	60000
1939	Type 57–C	8 cyl. 3.3 Litre (Supercharged)	Grand Prix Racing	21900	39500	77500
1939	Type 57	8 cyl. 3.3 Litre	Sport Sedan	10900	29600	44900
1940	Type 57	8 cyl. 3.3 Litre	Sedan	10900	20800	42400
1940	Type 57	8 cyl. 3.3 Litre	Cabriolet	17500	34000	52400
1940	Type 57–C	8 cyl. 3.3 Litre	Grand Touring	18500	36000	52400
1940	Type 57–C	8 cyl. 3.3 Litre	Grand Sport	18500	45000	94800
1946	Type 101	8 cyl.	Convertible	6950	8900	22000
1947	Type 101	8 cyl. 3 Litre	Convertible Coupe	7800	16400	35000
1947	Type 101	8 cyl. 3 Litre	Close-Coupled Sedan	7800	16400	27500
1948	Type 102	1.5 Litre	Sedan	5050	10500	17500
1949	Type 101	8 cyl. 3 Litre	Convertible Coupe	7800	20800	40000
1951	Type 101	8 cyl. 3.3 Litre	Convertible Coupe	7800	20800	40500
1951	Type 101–C	8 cyl. 3.3 Litre	Roadster Convertible	10400	27500	56500
1952	Type 101	8 cyl. 3.3 Litre	Convertible Coupe	6700	18500	38500
1952	Type 101–C	8 cyl.	Roadster	7800	28500	66000
1956	2-Door	8 cyl.	Convertible	22000	70000	115000

BUICK (United States, 1903–to–date)

YEAR	MODEL	ENGINE	BODY	F	G	E
1903	Model B	2 cyl.	Touring Runabout	28500	66000	125000
1904	Model B	2 cyl.	Touring	12000	34000	83000
1905	Model C	2 cyl.	Touring	7000	10200	24200

YEAR	MODEL	ENGINE	BODY	F	G	E
1906	Model G	2 cyl.	Runabout	4940	11100	30700
1906	Model F	2 cyl.	Touring	5100	9200	19500
1907	Model F or G	4 cyl.	Runabout	5500	9450	24000
1907	Model D or S	4 cyl.	Touring	7000	14000	21000
1908	Model S	4 cyl.	Roadster	7000	11300	26000
1908	Model F	2 cyl.	Touring	4500	11700	30000
1909	Model F or G	2 cyl.	Touring	8000	16000	24000
1909	Model F or G	2 cyl.	Roadster	8500	17000	25500
1909	Model 10	4 cyl.	Roadster	3525	6770	15200
1909	Model 17	4 cyl.	Touring	8350	17000	40000
1910	Model 14	2 cyl.	Roadster	7000	11300	26000
1910	Model 10	4 cyl.	Surrey	5000	11400	31000
1910	Model 10	4 cyl.	Touring	3525	6770	15200
1910	Model F	2 cyl.	Runabout	2900	9600	24500
1910	Model 16 or 17	4 cyl.	Roadster	8000	16000	24000
1911	Model 33	4 cyl.	Touring	4450	7500	12500
1911	Model 33	4 cyl.	Roadster	4650	7250	12375
1911	Model 21	4 cyl.	Touring	3525	6770	15200
1911	Model 38	4 cyl.	Touring	7000	10200	24200
1911	Model 38	4 cyl.	Roadster	7000	11300	26000
1912	Model 35	4 cyl.	Touring	7000	11300	26000
1912	Model 34	4 cyl.	Roadster	3600	8900	29000
1912	Model 28 or 29	4 cyl.	Touring	6000	9550	14550
1912	Model 28 or 29	4 cyl.	Roadster	6550	10000	15000
1913	McLaughlin	4 cyl.	Touring	2800	9450	24000
1914	Model 24	4 cyl.	Roadster	5100	9200	19500
1914	B–25	4 cyl.	Touring	2900	9600	24700
1914	B–37	4 cyl.	Touring	2900	9600	24500
1914	B–55	6 cyl.	Touring	4000	9500	16200
1915	C–55	6 cyl.	7 Passenger Touring	3900	12500	27000
1915	C–54	4 cyl.	Roadster	6550	9550	16550
1915	C–25	4 cyl.	Touring	6000	9550	14550
1916	D–35	6 cyl.	Touring	4500	10900	26600
1916	D–45	6 cyl.	Touring	4500	6575	13000
1916	D–49	6 cyl.	Touring	4500	10900	26600
1916	D–55	6 cyl.	Roadster	6550	10000	16500
1916	D–45	6 cyl.	Sedan	4000	9800	16500
1917	D–45	6 cyl.	Touring	4300	7000	13575

YEAR	MODEL	ENGINE	BODY	F	G	E
1917	D-34	4 cyl.	Roadster	4300	7000	13500
1917	D-34	4 cyl.	Touring	4000	7000	12575
1917	D-44	6 cyl.	Roadster	4300	7500	13500
1918	E-34 or E-35	4 cyl.	Touring	4000	9800	16500
1918	E-34 or E-35	4 cyl.	Roadster	3000	6000	17100
1918	G-47	6 cyl.	Sedan	4000	7000	13000
1918	E-49	6 cyl.	7 Passenger			
			Touring	4000	7000	13000
1918	E-44	6 cyl.	Roadster	4000	9800	16500
1919	H-45	6 cyl.	Touring	4000	6500	12700
1919	H-44	6 cyl.	Roadster	4000	6575	13000
1919	H-46 or					
	H-50	6 cyl.	Sedan	4450	7500	12500
1919	H-46 or					
	H-50	6 cyl.	Coupe	4000	9500	16200
1919	H-46 or H-50	6 cyl.	Sedan			
			7 Passenger	4450	7500	12500
1920	K-50	6 cyl.	Touring	4000	6575	13000
1920	K-45	6 cyl.	Touring	4000	6575	13000
1920	K-46	6 cyl.	Coupe	3400	5000	11500
1920	K-47	6 cyl.	Sedan	3400	5000	11500
1920	K-44	6 cyl.	Roadster	4000	9800	16500
1921	21-49	6 cyl.	7 Passenger			
			Touring	4300	7500	13500
1921	21-44	6 cyl.	Roadster	3900	10000	25200
1921	21-46	6 cyl.	Coupe	3400	9200	14500
1921		6 cyl.	Sedan	2300	3600	9000
1922	22-44	6 cyl.	Sport			
			Roadster	5000	11400	28500
1922	22-36					
	4 Passenger	4 cyl.	Opera			
			Coupe	3700	8500	15000
1922	30	4 cyl.	Touring	3525	6770	15200
1922	30	4 cyl.	Roadster	4000	9500	16200
1922	40	6 cyl.	Touring	5100	9200	19500
1922	40	6 cyl.	Roadster	5500	9800	20500
1922	40	6 cyl.	Sedan	2300	3600	9000
1922	40	6 cyl.	Coupe	2300	3600	9000
1923	23-44	4 cyl.	Roadster	3900	10000	28000
1923	23-54	6 cyl.	Sport			
			Touring	5000	11400	28500

YEAR	MODEL	ENGINE	BODY	F	G	E
1923	23–44	6 cyl.	Sport Roadster	4200	11700	24500
1923	23–35	4 cyl.	Touring	3150	6900	14500
1923	23–36	4 cyl.	3 Passenger Coupe	2800	6700	12900
1923	40	6 cyl.	Touring	3000	6000	17100
1923	40	6 cyl.	Roadster	4700	9400	18000
1923	40	6 cyl.	Sedan	1400	3300	6300
1923	40	6 cyl.	Coupe	1800	4000	7300
1924	Master	6 cyl.	Touring	4700	13500	29500
1924	24–35	4 cyl.	Touring	3400	7200	16000
1924	24–33	4 cyl.	Coupe	2500	4500	13500
1924	24–48	6 cyl.	4 Passenger Coupe	2500	5300	13900
1924	50	6 cyl.	Sport Touring	4700	10000	29500
1924	50	6 cyl.	Sport Roadster	5300	14000	30500
1924	50	6 cyl.	Cabriolet	5100	9200	19500
1924	50	6 cyl.	Brougham Sedan	2300	3600	9000
1925	Standard 20	6 cyl.	Coach	3900	7100	22000
1925	Standard 20	6 cyl.	Sedan	3200	6900	14800
1925	Standard 20	6 cyl.	Touring	4500	8300	20800
1925	Standard 20	6 cyl.	Coupe	2900	6700	14500
1925	Master 50	6 cyl.	Sport Touring	5100	9200	19500
1925	Master 50	6 cyl.	Sport Roadster	5500	9900	20500
1925	Master 50	6 cyl.	Cabriolet	4700	9400	18000
1925	Master 50	6 cyl.	Brougham Sedan	2600	5600	11900
1925	Master 50	6 cyl.	Limousine	2600	5600	11900
1926	Standard	6 cyl.	Touring	3700	6700	15200
1926	Standard	6 cyl.	Roadster	4000	9500	16200
1926	Standard	6 cyl.	Sedan	2300	3600	9000
1926	Standard	6 cyl.	Coupe	2500	3900	10000
1926	Master	6 cyl.	Sedan	3000	7500	15700
1926	Master	6 cyl.	Sedan	3400	7200	16500
1926	Master	6 cyl.	Sport Roadster	5700	13000	30500
1926	Master	6 cyl.	Coupe	4000	8000	20200
1926	Master	6 cyl.	Touring	4800	11400	28500

YEAR	MODEL	ENGINE	BODY	F	G	E
1927	Master 6	6 cyl.	Roadster	5300	10000	29000
1927	27–47	6 cyl.	Sedan	3100	7200	16500
1927	27–54–C	6 cyl.	Convertible Coupe	4700	10000	28500
1927	27–54	6 cyl.	Sport Roadster	5300	12000	22000
1927	128	6 cyl.	Sport Touring	5200	11000	21000
1927	128	6 cyl.	Brougham	2300	3600	9000
1928	28–24	6 cyl.	Roadster	5200	10000	27500
1928	28–26S	6 cyl.	Club Coupe	3600	7500	15500
1928	28–47	6 cyl.	Club Sedan	3600	7500	15200
1928	28–26	6 cyl.	Coupe	4000	6700	12200
1928	28–54	6 cyl.	Sport Roadster	4500	13500	30600
1929	Big Six	6 cyl.	Cabriolet	4700	13200	30700
1929	Big Six	6 cyl.	Coupe	3800	8100	13500

Buick — 1927 "Roadster"

YEAR	MODEL	ENGINE	BODY	F	G	E
1929	Standard	6 cyl.	2 Door Sedan	3700	7000	13500
1929	Master Six	6 cyl.	7 Passenger Sedan	3700	7000	13500
1929	Standard	6 cyl.	Roadster	4500	11700	29500
1929	Big Six	6 cyl.	Phaeton	5000	15000	30000
1929	Master Six	6 cyl.	Roadster	5700	14000	32000
1929	129	6 cyl.	Limousine	2600	5600	11900
1930	Marquette	6 cyl.	2 Door Sedan	3600	7100	13000
1930	30–60	6 cyl.	Sedan	2800	5600	13000
1930	30–64	6 cyl.	R S Coupe	3400	6700	14000
1930	30–64	6 cyl.	Sport Roadster	5600	16000	32000
1930	60–69	6 cyl.	7 Passenger Phaeton	6100	16000	38000
1930	30–46 S	6 cyl.	Sport Coupe	3200	6400	13000
1930	40	6 cyl.	Roadster	7000	11300	26000
1930	40	6 cyl.	Coupe 2 styles	3300	6000	13000
1930	40	6 cyl.	Phaeton	7400	11700	27100
1931	94	8 cyl.	Roadster	8900	23000	42000
1931	8–50	8 cyl.	Sedan	3400	6700	13000
1931	67	8 cyl.	Sedan	3600	7200	16000
1931	56–C	8 cyl.	Rumble Seat Coupe	4700	9400	18000
1931	8–50	8 cyl.	2 Door Sedan	3400	6700	13000
1931	56–C	8 cyl.	Cabriolet	4200	10500	25000
1931	90	8 cyl.	7 Passenger Sedan	3400	6700	18000
1931	80	8 cyl.	Sedan	2575	6200	15200
1931	90–L	8 cyl.	Limousine	4700	12000	28000
1932	56–C	8 cyl.	Convertible Coupe	5600	11000	32000
1932	90	8 cyl.	Phaeton	6700	14000	34000
1932	67	8 cyl.	Sport Sedan	3500	7500	18000
1932	91	8 cyl.	Sedan	3400	7200	17000
1932	96	8 cyl.	Victoria	3000	6900	17000
1932	80	8 cyl.	Victoria Coupe	5100	9200	19500

YEAR	MODEL	ENGINE	BODY	F	G	E
1932	87	8 cyl.	Sedan	3000	6800	16000
1932	96–S	8 cyl.	Rumble Seat Coupe	3600	8600	19000
1932	96–C	8 cyl.	Cabriolet	4700	12000	23000
1933	50	8 cyl.	Sedan	2100	4100	10100
1933	98	8 cyl.	Victoria	4200	8300	16000
1933	68–C	8 cyl.	Phaeton	5500	13000	29000
1933	66–C	8 cyl.	Cabriolet	5000	11000	20000
1933	66–S	8 cyl.	Coupe	4400	7800	16000
1933	90	8 cyl.	7 Passenger Sedan	3000	6000	18000
1933	80	8 cyl.	Sport Coupe	3300	6000	13000
1933	80	8 cyl.	Sedan	2600	5600	11900
1933	80	8 cyl.	Phaeton	5500	13000	29000
1934	40	8 cyl.	2 Door Sedan	2500	5000	13000
1934	50	8 cyl.	Sedan	3000	5000	12000
1934	98–C	8 cyl.	Convertible Sedan	7800	19000	42500
1934	46	8 cyl.	2 Passenger Coupe	2700	6400	13000
1934	50	8 cyl.	Victoria Coupe	2000	3000	11000
1934	60	8 cyl.	Sedan	2600	5600	11900
1934	60	8 cyl.	Sport Coupe	3300	6000	13000
1934	60	8 cyl.	Phaeton	5500	13000	29000
1934	60	8 cyl.	Victoria	2600	5600	11900
1934	90	8 cyl.	Sedan	3000	6000	13000
1935	98 C	8 cyl.	Convertible Sedan	8300	20000	45000
1935	46	8 cyl.	Coupe	2700	6400	13000
1935	50	8 cyl.	Sedan	2500	4500	10000
1935	50	8 cyl.	Coupe 2 styles	2500	4500	10000
1935	50	8 cyl.	Victoria	2600	5600	11900
1935	66–C	8 cyl.	Cabriolet	3700	8900	16000
1935	96–C	8 cyl.	Convertible Coupe	7800	18000	38000
1935	66	8 cyl.	Sport Coupe Rumble Seat	3900	8200	15500

YEAR	MODEL	ENGINE	BODY	F	G	E
1936	Special	8 cyl.	Sport Coupe	4200	7200	14000
1936	Century	8 cyl.	Convertible Coupe	6200	7700	27000
1936	Special	8 cyl.	Convertible	7200	13000	30000
1936	Limited	8 cyl.	Sedan	3100	6000	13000
1936	Century–4 Dr.	8 cyl.	Sedan	2100	4400	10200
1936	Century–4 Dr.	8 cyl.	Convertible	4100	8000	21000
1936	Century	8 cyl.	Opera Coupe	2300	5000	11500
1936	Roadmaster	8 cyl.	Convertible Sedan	2600	5600	11900
1936	Roadmaster	8 cyl.	Phaeton	5100	9200	19500
1937	Limited	8 cyl.	Limousine	2500	4200	12600
1937	Century	8 cyl.	Sedan	1500	4200	10500
1937	Special	8 cyl.	Convertible Sedan	4500	8500	24500
1937	Roadmaster	8 cyl.	Convertible Sedan	3000	5300	12000
1937	Roadmaster	8 cyl.	Sedan	2000	4300	10575
1937	Century	8 cyl.	Convertible Sedan	4800	7000	15000
1937	Century	8 cyl.	Convertible Coupe	4600	7000	16500
1937	Special	8 cyl.	2 Door Sedan	1500	3300	10000
1938	Roadmaster	8 cyl.	Sedan	1575	3250	10500
1938	Roadmaster	8 cyl.	Convertible Sedan	4000	10000	15000
1938	Special	8 cyl.	Sedan	1500	3250	9500
1938	Century	8 cyl.	Convertible Sedan	5000	10000	15000
1938	Century	8 cyl.	Sedan	1600	4000	10000
1938	Special	8 cyl.	Convertible Coupe	4300	7000	16000
1938	Special	8 cyl.	2 Passenger Coupe	2200	4500	7000
1939	Century	8 cyl.	Sedan	2500	6000	9500
1939	Century	8 cyl.	Convertible Coupe	5000	7000	13000
1939	Century	8 cyl.	Club Coupe	3000	5000	10000
1939	Special	8 cyl.	Sedan	1400	2650	9000

YEAR	MODEL	ENGINE	BODY	F	G	E
1939	Special	8 cyl.	Convertible Phaeton	5000	8000	16500
1939	Roadmaster	8 cyl.	Sedan 2 styles	3300	6000	13000
1939	Roadmaster	8 cyl.	Phaeton 2 styles	4500	11700	30000
1940	Super	8 cyl.	Coupe	2200	4200	10200
1940	Super	8 cyl.	Convertible Coupe	3500	7000	10000
1940	Super	8 cyl.	Station Wagon	3100	6100	22100
1940	Super	8 cyl.	Sedan	1200	1700	10000
1940	Special	8 cyl.	Coupe	2000	4000	8000
1940	Special	8 cyl.	Sedan Dyna Flash	2600	5600	11900
1940	Special	8 cyl.	Phaeton	4500	11700	30000
1940	Century	8 cyl.	Convertible	5575	10500	2850
1940	Century	8 cyl.	Sedan	3300	6000	13000
1940	Century	8 cyl.	Coupe 2 styles	4000	9500	16200
1940	Century	8 cyl.	Phaeton	8300	17000	32000
1940	Limited	8 cyl.	Convertible Sedan	6700	18900	45500
1940	Limited	8 cyl.	6 Passenger	2900	6000	13000
1941	Limited (90L)	8 cyl.	Formal Limousine	5000	9400	2000
1941	Limited (91)	8 cyl.	Formal Sedan	2800	6000	12500
1941	Limited	8 cyl.	Sedan 2 styles	4000	9200	16200
1941	Roadmaster	8 cyl.	Convertible Sedan	8300	17000	32000
1941	Special	8 cyl.	Convertible Coupe	3300	6000	13000
1941	Special	8 cyl.	Sedan	1200	3200	8600
1941	Super	8 cyl.	Sedan	1800	4100	11000
1941	Super	8 cyl.	Coupe	3300	6000	13000
1941	Super	8 cyl.	Phaeton	3600	8900	29000
1941	Roadmaster	8 cyl.	Sedan	2400	5200	13000
1941	Special (44–S)	8 cyl.	Coupe	2300	6200	13000

YEAR	MODEL	ENGINE	BODY	F	G	E
1942	Roadmaster	8 cyl.	Sedan	2300	6200	13000
1942	Special	8 cyl.	Sedan	2300	4700	11100
1942	Roadmaster	8 cyl.	Convertible	5100	13000	31800
1942	Roadmaster	8 cyl.	Sedanet	2500	4500	11400
1942	Super	8 cyl.	Sedan	2800	5900	12200
1942	Super	8 cyl.	Convertible	5100	9200	19500
1946	Super	8 cyl.	Convertible	5000	10900	20400
1946	Roadmaster	8 cyl.	Convertible	5200	12000	17000
1946	Roadmaster	8 cyl.	Sedanet	2300	4500	11000
1946	Super	8 cyl.	2 Door Sedan	2300	4700	10000
1946	Special	8 cyl.	Sedan 2 styles	2000	4100	8000
1947	Super	8 cyl.	Convertible	5100	7800	14500
1947	Roadmaster	8 cyl.	Sedanet	2300	3600	9000
1947	Roadmaster	8 cyl.	Convertible	4000	7100	19000
1947	Special	8 cyl.	2 Door Sedan	1200	3900	8000
1948	Roadmaster	8 cyl.	Convertible	4200	7575	19500
1948	Roadmaster	8 cyl.	Sedan	2400	4700	10000
1948	Super	8 cyl.	Convertible	3550	6550	14200
1948	Roadmaster	8 cyl.	Station Wagon	5100	9200	19500
1949	Super	8 cyl.	Sedanet	2000	4000	7550
1949	Roadmaster	8 cyl.	Hardtop Coupe	2200	5000	11800
1949	Roadmaster	8 cyl.	Convertible Coupe	3100	7200	14000
1949	Super	8 cyl.	Convertible	3000	7400	13600
1949	Super	8 cyl.	Estate Wagon	2200	5000	11800
1949	Special	8 cyl.	Sedan	2300	3600	9000
1950	Special	8 cyl.	Sedan Fastback	1700	3500	9000
1950	Super	8 cyl.	Convertible	4000	9500	16200
1950	Roadmaster	8 cyl.	Hardtop	4000	9500	16200
1950	Roadmaster	8 cyl.	Convertible	2800	5200	12200
1950	Roadmaster	8 cyl.	Station Wagon	2550	5200	11200
1951	Super	8 cyl.	Convertible	2650	4750	11500
1951	Roadmaster	8 cyl.	Sedan	1200	2300	7300

YEAR	MODEL	ENGINE	BODY	F	G	E
1951	Roadmaster	8 cyl.	Convertible	3000	5000	12250
1951	Roadmaster	8 cyl.	Station Wagon	2000	5000	11250
1952	Special	8 cyl.	Sedan	1200	2400	6200
1952	Special	8 cyl.	Coupe	1200	2400	6200
1952	Super	8 cyl.	Convertible Hardtop	3300	6000	13000
1952	Super	8 cyl.	Hardtop	1400	3300	6300
1952	Roadmaster	8 cyl.	Convertible	3200	5200	12575
1952	Roadmaster	8 cyl.	Station Wagon	2550	5500	12575
1953	Special	8 cyl.	Hardtop	1200	2400	6500
1953	Super	8 cyl.	Sedan	1200	2400	5000
1953	Super	8 cyl.	Hardtop	1200	2400	5300
1953	Roadmaster	8 cyl.	Hardtop	1200	2600	5700
1953	Roadmaster	8 cyl.	Convertible	3000	5050	12200
1954	Special	8 cyl.	Sedan	1200	2800	6300
1954	Skylark	8 cyl.	Convertible	3200	8000	18600
1954	Super	8 cyl.	Sedan	1200	2500	5800
1954	Century	8 cyl.	Convertible	1700	3600	7750
1954	Century	8 cyl.	Station Wagon	1490	2800	8700
1954	Century	8 cyl.	Coupe	2600	5600	11900
1954	Roadmaster	8 cyl.	Sedan	1200	2600	5900
1954	Roadmaster	8 cyl.	Convertible	2400	4500	10400
1954	Roadmaster	8 cyl.	Coupe	2600	5600	11900
1955	Special	8 cyl.	Convertible	3000	4600	9200
1955	Special	8 cyl.	4 Door Hardtop	3000	4700	9800
1955	Century	8 cyl.	Convertible	3000	4800	10200
1955	Century	8 cyl.	Sedan	1700	3600	7800
1955	Century	8 cyl.	4 Door Hardtop	3000	5000	10500
1955	Century	8 cyl.	Station Wagon	1000	1700	5000
1955	Super	8 cyl.	Sedan	1000	1600	4600
1955	Super	8 cyl.	Convertible	2800	4100	9600
1955	Super	8 cyl.	Coupe	2800	4100	9800
1955	Roadmaster	8 cyl.	Hardtop	2700	4200	9700
1955	Roadmaster	8 cyl.	Convertible	2650	4300	10600
1956	Special	8 cyl.	4 Door Hardtop	1400	3000	5750

YEAR	MODEL	ENGINE	BODY	F	G	E
1956	Special	8 cyl.	Convertible	1600	3100	8700
1956	Century	8 cyl.	Sedan	1500	3000	6100
1956	Century	8 cyl.	Convertible	2000	3600	9600
1956	Super	8 cyl.	4 Door Hardtop	2000	3000	9000
1956	Roadmaster	8 cyl.	Hardtop	2000	3000	9000
1956	Roadmaster	8 cyl.	Convertible	2600	4100	11200
1957	Special	8 cyl.	Hardtop	2600	4100	11200
1957	Special	8 cyl.	Convertible	2100	3100	7900
1957	Century	8 cyl.	4 Door Hardtop	2000	3000	8000
1957	Century	8 cyl.	Caballero Station Wagon	2000	3000	8000
1957	Super	8 cyl.	Convertible	2000	3100	8100
1957	Super	8 cyl.	Sedan	1300	3300	6400
1957	Super	8 cyl.	Coupe	1200	3100	7500
1957	Roadmaster	8 cyl.	Hardtop	2000	3000	8000

Buick — 1955 "Century"

YEAR	MODEL	ENGINE	BODY	F	G	E
1957	Roadmaster	8 cyl.	Convertible	2400	3700	9300
1958	Special	8 cyl.	Sedan	1600	2000	5500
1958	Century	8 cyl.	4 Door Hardtop	1600	2000	5500
1958	Century	8 cyl.	Station Wagon	1650	2150	6500
1958	Century	8 cyl.	Convertible	1650	2150	6500
1958	Century	8 cyl.	Coupe	2000	3700	7000
1958	Super	8 cyl.	4 Door Hardtop	1650	2400	5700
1958	Roadmaster	8 cyl.	4 Door Hardtop	1600	2400	5700
1958	Roadmaster	8 cyl.	Convertible	1400	2800	8600
1958	Roadmaster	8 cyl.	Coupe	1200	3100	7500
1958	Limited	8 cyl.	Hardtop Coupe	1200	2100	6300
1958	Limited	8 cyl.	4 Door Hardtop	1200	2100	6200
1958	Limited	8 cyl.	Convertible	1850	3500	11200
1959	LeSabre	8 cyl.	Hardtop	1200	1700	5200
1959	Invicta	8 cyl.	Convertible	1650	2200	7600
1959	Electra	8 cyl.	Hardtop	1200	2400	5300
1959	Electra	8 cyl.	Convertible	1800	3200	10200
1959	Electra 225	8 cyl.	Sedan	1200	2100	6300
1959	Electra 225	8 cyl.	Hardtop	1650	2150	6500
1959	Electra 225	8 cyl.	Convertible	1800	3200	11200
1960	LeSabre	8 cyl.	Station Wagon	700	1100	2700
1960	LeSabre	8 cyl.	Convertible	1400	2600	7100
1960	Invicta	8 cyl.	Sedan	1200	2400	5300
1960	Invicta	8 cyl.	Hardtop 2 or 4 Door	1200	2400	5300
1960	Invicta	8 cyl.	Station Wagon	1100	2100	5000
1960	Invicta	8 cyl.	Convertible	1600	2700	7500
1960	Electra 225	8 cyl.	Convertible	1500	3300	11100
1961	Special	8 cyl.	Sedan	1100	2100	5000
1961	Special	8 cyl.	Coupe	1200	2400	5300
1961	Special	8 cyl.	Station Wagon	1100	2100	5000

YEAR	MODEL	ENGINE	BODY	F	G	E
1961	Deluxe	8 cyl.	Sedan	1100	2100	5000
1961	Deluxe	8 cyl.	Coupe (Skylark)	1200	2400	5300
1961	LeSabre	8 cyl.	Sedan 2 styles	1100	2100	5000
1961	LeSabre	8 cyl.	Hardtop 2 styles	1400	3300	6400
1961	LeSabre	8 cyl.	Convertible	1400	3200	7600
1961	Invicta	8 cyl.	Hardtop 2 styles	1200	2400	5300
1961	Invicta	8 cyl.	Convertible	2800	4100	9800
1961	Electra	8 cyl.	Sedan	1200	2400	5300
1961	Electra	8 cyl.	Hardtop 2 styles	1200	3100	7100
1961	Electra 225	8 cyl.	Sedan	1200	2400	5300
1961	Electra 225	8 cyl.	Convertible	1400	3200	7500
1962	Wildcat	8 cyl.	Hardtop	1200	2800	4800
1962	Invicta	8 cyl.	Convertible	1300	3300	6400
1962	Electra 225	8 cyl.	Hardtop	1200	2900	4700
1962	Electra 225	8 cyl.	Convertible	1650	2650	7000
1962	Wildcat	8 cyl.	Convertible	1400	3200	7900
1962	Special	6 cyl.	Convertible	1000	2000	5000
1962	Skylark	8 cyl.	Hardtop	1200	2500	5600
1963	Deluxe	6 cyl.	Sedan	1100	2100	5000
1963	Deluxe	8 cyl.	Sedan	1200	2400	5300
1963	LeSabre	8 cyl.	Sedan 2 styles	1100	2100	5000
1963	LeSabre	8 cyl.	Sport Coupe	1200	2400	5300
1963	LeSabre	8 cyl.	Hardtop	1200	2400	5300
1963	Skylark	8 cyl.	Hardtop	1400	2500	6300
1963	Skylark	8 cyl.	Convertible	1200	3100	7100
1963	Special	6 cyl.	Sedan	1100	2100	5000
1963	Special	8 cyl.	Coupe	1100	2100	5000
1963	Wildcat	8 cyl.	Coupe	1300	3300	6400
1963	Wildcat	8 cyl.	Hardtop	1200	2400	5300
1963	Electra 225	8 cyl.	Convertible	1400	3000	7000
1963	Riviera	8 cyl.	Hardtop	1200	2800	6800
1964	Skylark	8 cyl.	Convertible	1000	2000	5000
1964	LeSabre	8 cyl.	Convertible	1300	4200	6900
1964	Electra 225	8 cyl.	Hardtop	1200	2600	4800
1964	Electra 225	8 cyl.	Convertible	1300	3200	7400

YEAR	MODEL	ENGINE	BODY	F	G	E
1964	Riviera	8 cyl.	Hardtop	1200	3100	7000
1965	Wildcat	8 cyl.	Convertible	1400	3100	7000
1965	Electra 225	8 cyl.	Convertible	1500	3200	7500
1965	Riviera GS	8 cyl.	Hardtop	1300	3100	7200
1965	Skylark GS	8 cyl.	Convertible	1200	3400	8000
1966	Wildcat	8 cyl.	Convertible	1200	3200	7500
1966	Electra 225	8 cyl.	Convertible	1200	2800	7000
1967	Riviera GS	8 cyl.	Coupe	1200	2800	7000
1967	GS 400	8 cyl.	Convertible	1200	2800	6500
1968	Electra 225	8 cyl.	Convertible	1200	2700	6750
1968	Wildcat	8 cyl.	Convertible	1200	2700	6750
1969	Deluxe	6 cyl.	Sedan 2 styles	900	1700	3400
1969	Skylark	6 cyl.	Sedan	900	1700	3400
1969	Skylark	8 cyl.	Hardtop	900	1700	3400
1969	GS	8 cyl.	Hardtop 2 styles	900	1700	3400
1969	LeSabre	8 cyl.	Hardtop 2 styles	900	1700	3400
1969	Wildcat	8 cyl.	Hardtop 2 styles	900	1700	3400
1969	Electra 225	8 cyl.	Sedan	900	1700	3400
1969	Electra	8 cyl.	Hardtop 2 styles	900	1700	3400
1969	Riviera	8 cyl.	Coupe	1200	2500	5600
1969	Riviera	8 cyl.	Hardtop	1200	2500	5600
1970	Wildcat	8 cyl.	Convertible	1200	3100	7500
1970	Electra 225	8 cyl.	Convertible	900	1700	3400
1970	GSX	8 cyl.	Coupe	1400	1900	5200
1972	Skylark	8 cyl.	Sun Coupe	1200	1600	4800
1974	LeSabre	8 cyl.	Convertible	1700	3000	6800
1975	LeSabre	8 cyl.	Convertible	2000	3800	8200
1976	Century	8 cyl.	Sedan 2 or 4 Door	900	1700	3400
1976	Century Custom	8 cyl.	Sedan 2 or 4 Door	900	1700	3400
1976	Century Special	6 cyl.	Sedan	900	1700	3400
1976	Estate	8 cyl.	Station Wagon	900	1700	3400
1976	Electra 225	8 cyl.	Coupe	1000	1900	3700
1976	Electra 225	8 cyl.	Hardtop	1000	1900	3700

YEAR	MODEL	ENGINE	BODY	F	G	E
1976	LeSabre	6 cyl.	Coupe	900	1700	3400
1976	LeSabre	6 cyl.	Hardtop	950	1800	3550
1976	Regal	8 cyl.	Sedan 2 or 4 Door	1000	1900	3700
1976	Skylark	6 cyl.	Hatchback	900	1700	3400
1976	Skylark	8 cyl.	Sedan	950	1800	3550
1976	Skylark	8 cyl.	Coupe	950	1800	3550

BURG (United States, 1910–13)

YEAR	MODEL	ENGINE	BODY	F	G	E
1910		4 cyl.	Touring	2400	8000	16500
1910		4 cyl.	Roadster	2800	8600	22000

BUSH (United States, 1916–24)

YEAR	MODEL	ENGINE	BODY	F	G	E
1916		4 cyl. (Lycoming)	Speedster	2800	8000	16500
1916		6 cyl. (Continental)	Touring	2800	8800	17500

C

YEAR	MODEL	ENGINE	BODY	F	G	E

CADILLAC (United States 1903–to–date)

YEAR	MODEL	ENGINE	BODY	F	G	E
1903	A	1 cyl.	Runabout	8000	15000	30000
1903	A	1 cyl.	Touring	8000	15000	30000
1904	A	1 cyl.	Runabout	3350	9000	26000
1905	B	1 cyl.	Runabout	3350	9000	26000
1906	K	1 cyl.	Runabout	3350	9000	26000
1906	H	4 cyl.	Runabout	3350	9000	26000
1906	L	4 cyl.	Touring	4000	6000	25000
1907	G	4 cyl.	Roadster	3350	9000	26000
1907	K	1 cyl.	Roadster	4000	9500	26100
1907	M	1 cyl.	Roadster	4000	10000	21000
1909	30	4 cyl.	Touring	4000	6000	21000
1909	30	4 cyl.	Roadster	4000	9500	26100
1910	30	4 cyl.	Roadster	6000	12000	28000

YEAR	MODEL	ENGINE	BODY	F	G	E
1910	30	4 cyl.	Town	4300	11200	28600
1910	30	4 cyl.	Touring	5240	12000	31140
1911	30	4 cyl.	Touring	4000	5800	20500
1911	30	4 cyl.	Roadster	4100	6100	21500
1912	30	4 cyl.	Opera Coupe	3450	9200	15700
1912	30	4 cyl.	Torpedo Roadster	4600	9200	31300
1912	30	4 cyl.	Limousine	3500	5000	18000
1912	30	4 cyl.	Phaeton	4600	8500	25000
1913	30	4 cyl.	Touring	4400	6600	24000
1913	30	4 cyl.	6 Passenger Touring	4400	6600	24000
1913	30	4 cyl.	Roadster	4300	6500	22100
1913	30	4 cyl.	Coupe	3500	5000	18000
1913	30	4 cyl.	Phaeton	4400	6600	24000
1914	30	4 cyl.	Touring	4200	7000	29300
1914	30	4 cyl.	7 Passenger Touring	4100	6100	21500
1914	30	4 cyl.	Roadster	4100	6100	21500
1914	30	4 cyl.	Coupe	3750	5400	19500
1914	30	4 cyl.	Phaeton	4000	5900	19900
1915	51	(V) 8 cyl.	7 Passenger Touring	4100	6100	21500
1915	51	(V) 8 cyl.	Sport Phaeton	5750	12000	34500
1915	51	(V) 8 cyl.	Roadster	4600	8500	2500
1915	51	(V) 8 cyl.	Coupe	3700	5000	18000
1915	51	(V) 8 cyl.	Touring	4500	11300	29300
1916	53	(V) 8 cyl.	Touring	4500	11300	29300
1916	53	(V) 8 cyl.	Roadster	4400	6800	24000
1916	53	(V) 8 cyl.	Coupe	3700	5000	18000
1916	53	(V) 8 cyl.	Brougham	3700	5000	18000
1916	53	(V) 8 cyl.	Limousine	3800	8000	21500
1917	55	(V) 8 cyl.	Touring	4200	8900	23000
1917	55	(V) 8 cyl.	Roadster	4100	6100	21500
1917	55	(V) 8 cyl.	Coupe	3750	5000	19500
1917	55	(V) 8 cyl.	Brougham	3950	8000	17800
1917	55	(V) 8 cyl.	Victoria	3750	7700	16200
1918	57	(V) 8 cyl.	7 Passenger Touring	4200	8900	23000

YEAR	MODEL	ENGINE	BODY	F	G	E
1918	57	(V) 8 cyl.	Roadster	4400	6600	24000
1918	57	(V) 8 cyl.	Brougham	3450	9200	15700
1919	57	(V) 8 cyl.	Touring	3700	5000	18000
1919	57	(V) 8 cyl.	Roadster	4400	6600	24000
1919	57	(V) 8 cyl.	Phaeton	4800	7200	27000
1919	57	(V) 8 cyl.	Brougham	3450	9200	15700
1920	59	(V) 8 cyl.	7 Passenger Touring	3700	7900	22000
1920	59	(V) 8 cyl.	Roadster	3750	5400	19500
1920	59	(V) 8 cyl.	Touring	3500	5000	18000
1921	59	(V) 8 cyl.	7 Passenger Touring	3900	8200	22000
1921	59	(V) 8 cyl.	Roadster	4100	6100	21500
1921	59	(V) 8 cyl.	Sedan	2300	4800	14700
1921	59	(V) 8 cyl.	Coupe	3000	5200	15200
1921	59	(V) 8 cyl.	Victoria	3450	9200	15700
1922	61	(V) 8 cyl.	7 Passenger Phaeton	4600	8500	25000
1922	61	(V) 8 cyl.	Limousine	3700	8300	23000
1922	61	(V) 8 cyl.	7 Passenger Touring	4100	8700	26000
1922	61	(V) 8 cyl.	Club Sedan	3700	5600	19900
1922	61	(V) 8 cyl.	Touring	3500	5000	18000
1922	61	(V) 8 cyl.	Roadster	3800	5400	18600
1922	61	(V) 8 cyl.	Sedan	1900	4000	11000
1922	61	(V) 8 cyl.	Coupe	2000	4200	11500
1922	61	(V) 8 cyl.	Victoria	2500	4700	12500
1923	61	(V) 8 cyl.	Sport Phaeton	4600	8500	30000
1923	61	(V) 8 cyl.	Suburban	3450	9200	15700
1924	V-63	(V) 8 cyl.	Phaeton	6600	11500	34500
1924	V-63	(V) 8 cyl.	Touring	5700	9300	31500
1924	V-63	(V) 8 cyl.	Limousine	3650	5000	16000
1924	V-63	(V) 8 cyl.	Sport Roadster	6250	22000	34500
1924	V-63	(V) 8 cyl.	Sport Phaeton	6400	23400	37500
1925	V-63	(V) 8 cyl.	Sport Touring	5150	16200	33500
1925	V-63	(V) 8 cyl.	Roadster	5150	16200	35000
1925	V-63	(V) 8 cyl.	Coupe	4400	8250	22400

YEAR	MODEL	ENGINE	BODY	F	G	E
1925	V-63	(V) 8 cyl.	Sedan	3870	8050	14650
1925	V-63	(V) 8 cyl.	Limousine	3950	8000	17800
1925	V-63	(V) 8 cyl.	7 Passenger Touring	6250	15000	32500
1925	V-63	(V) 8 cyl.	Dual Cowl Phaeton	8450	20950	41000
1926	314	(V) 8 cyl.	Sedan	3650	8400	16750
1926	314	(V) 8 cyl.	Roadster	8300	21900	42000
1926	314	(V) 8 cyl.	7 Passenger Touring	7800	17600	37500
1926	314	(V) 8 cyl.	Dual Cowl Phaeton	8900	21900	46000
1926	314	(V) 8 cyl.	Limousine	4000	8300	17800
1926	314	(V) 8 cyl.	2 Door Sedan	3750	7700	16200
1926	314	(V) 8 cyl.	Touring	20000	40000	70000
1926	314	(V) 8 cyl.	Roadster	24000	43000	76000
1927	314	(V) 8 cyl.	Dual Cowl Phaeton	10000	30000	65500
1927	314	(V) 8 cyl.	7 Passenger Touring	9200	21500	45000
1927	314	(V) 8 cyl.	Victoria Coupe	5750	10450	18900
1927	314	(V) 8 cyl.	Sedan	4600	9200	17800
1927	314	(V) 8 cyl.	Town Sedan	4700	9900	22000
1927	314	(V) 8 cyl.	Sedan	8500	16400	32000
1927	314	(V) 8 cyl.	Coupe	8900	17000	36000
1927	314	(V) 8 cyl.	Suburban	8500	16400	32000
1928	Fleetwood	(V) 8 cyl.	Cabriolet	8600	16800	33500
1928	Fleetwood	(V) 8 cyl.	Dual Cowl Phaeton	15000	32000	66000
1928	Fleetwood	(V) 8 cyl.	Sedan	7800	17600	37500
1928	Fleetwood	(V) 8 cyl.	Brougham Limousine	18000	38000	66000
1928	Fisher	(V) 8 cyl.	Touring	25000	45000	79000
1928	Fisher	(V) 8 cyl.	Phaeton	26000	47500	81000
1928	Fisher	(V) 8 cyl.	7 Passenger Touring	8250	19900	41500
1928	Fisher	(V) 8 cyl.	Sedan	7000	11500	36500
1928	Fisher	(V) 8 cyl.	Sport Roadster	9950	29500	65500

YEAR	MODEL	ENGINE	BODY	F	G	E
1928	Fisher	(V) 8 cyl.	Town Sedan	6600	9900	23000
1929	341–B	(V) 8 cyl.	Sport Roadster	9900	22800	65500
1929	341-B	(V) 8 cyl.	Cabriolet	8700	15900	36500
1929	341-B	(V) 8 cyl.	Dual Cowl Phaeton	17000	35500	85500
1929	341-B	(V) 8 cyl.	Coupe Roadster	8000	12000	40000
1929	341-B	(V) 8 cyl.	7 Passenger Sedan	8400	13000	41500
1929	341-B	(V) 8 cyl.	Victoria	5800	12000	31400
1929	341-B	(V) 8 cyl.	Sedan	4900	10400	24000
1929	341-B	(V) 8 cyl.	Touring	20500	30500	80500
1929	341-B SM		Town Sedan	8575	13500	42500
1929	341-B	(V) 8 cyl.	Roadster	25000	45000	79000
1929	341-B	(V) 8 cyl.	5 Passenger Sedan	8500	13000	43400
1930	353	(V) 8 cyl.	Coupe Roadster	7000	12500	29800
1930	353	(V) 8 cyl.	Sedan	5500	12300	24000
1930	353	(V) 8 cyl.	Dual Cowl Phaeton	16800	42900	80300
1930	353	(V) 8 cyl.	Cabriolet	9200	24000	37700
1930	353	(V) 8 cyl.	7 Passenger Touring	12500	31300	60000

Cadillac — 1930 "Dual Cowl Phaeton"

YEAR	MODEL	ENGINE	BODY	F	G	E
1930	353	(V) 8 cyl.	Sport Roadster	14700	44900	71500
1930	353	(V) 8 cyl.	7 Passenger Sedan	10500	16500	48575
1930	452	(V) 16 cyl.	Sedan Club	13600	29300	53300
1930	452	(V) 16 cyl.	Dual Cowl Phaeton	32500	104000	255000
1930	Madam X	(V) 16 cyl.	Imperial Limousine	17800	57500	104000
1930	Fisher Body	(V) 16 cyl.	Dual Cowl Phaeton	54500	240000	293000
1930	452	(V) 16 cyl.	Coupe	14700	31400	57500
1930	452	(V) 16 cyl.	Convertible Sedan	36000	74000	125000
1930	452	(V) 16 cyl.	7 Passenger Sedan	12500	32500	62500
1930	452	(V) 16 cyl.	Sport Roadster	32500	92000	151000
1931	355	(V) 8 cyl.	Convertible Coupe	21900	52000	92000
1931	355	(V) 8 cyl.	Phaeton	28300	54300	94000
1931	355	(V) 8 cyl.	Roadster	26700	44250	96000
1931	355	(V) 8 cyl.	Convertible Sedan	23000	49000	101000
1931	355	(V) 8 cyl.	Rumble Seat Coupe	9200	16700	33400
1931	355	(V) 8 cyl.	Club Sedan	8200	13600	30300
1931	370	(V) 12 cyl.	Roadster	36500	61000	121000
1931	370	(V) 12 cyl.	7 Passenger Touring	19900	46000	101000
1931	370	(V) 12 cyl.	Dual Cowl Phaeton	28300	69000	135000
1931	370	(V) 12 cyl.	Cabriolet	18800	46000	69000
1931	370	(V) 12 cyl.	Phaeton	38000	63000	126000
1931	370	(V) 12 cyl.	Sedan	9500	15000	45500
1931	370	(V) 12 cyl.	7 Passenger Sedan	11100	18900	39800
1931	452	(V) 16 cyl.	Dual Cowl Phaeton	39800	110000	225000
1931	452	(V) 16 cyl.	Roadster	36600	85000	157000
1931	452	(V) 16 cyl.	Convertible Sedan	28200	85500	125000

YEAR	MODEL	ENGINE	BODY	F	G	E
1931	452	(V) 16 cyl.	Convertible Coupe	28200	112700	125000
1931	452	(V) 16 cyl.	Town Sedan	28800	39700	64000
1931	452	(V) 16 cyl.	7 Passenger Sedan	13600	26100	52100
1931	452	(V) 16 cyl.	Sedan	12600	22000	46000
1932	355B	(V) 8 cyl.	Club Sedan	6400	16700	26200
1932	355B	(V) 8 cyl.	Cabriolet	13600	25200	50000
1932	355B	(V) 8 cyl.	Roadster	21000	31400	81500
1932	355B	(V) 8 cyl.	Phaeton	19900	35600	92000
1932	355B	(V) 8 cyl.	Sedan	8050	12575	41000
1932	355B	(V) 8 cyl.	Rumble Seat Coupe	8600	16700	29300
1932	370B	(V) 12 cyl.	Dual Cowl Phaeton	22000	62500	130000
1932	370B	(V) 12 cyl.	Roadster	32000	53000	106000
1932	370B	(V) 12 cyl.	Phaeton	22000	61000	120000
1932	370B	(V) 12 cyl.	Sedan	11500	19900	40800
1932	370B	(V) 12 cyl.	Cabriolet	15700	25100	57100
1932	452B	(V) 16 cyl.	Cabriolet	17800	38800	104000
1932	452B	(V) 16 cyl.	Convertible Sedan	22000	64000	145000
1932	452B	(V) 16 cyl.	Roadster	33100	56000	112000
1932	352B	(V) 16 cyl.	Dual Cowl Phaeton	46000	130000	245000
1932	452A	(V) 16 cyl.	7 Passenger Sedan	13600	37500	70000
1933	355C	(V) 8 cyl.	Convertible Sedan	13600	37500	70000
1933	355C	(V) 8 cyl.	Sedan	11500	17800	51000
1933	355C	(V) 8 cyl.	Convertible Coupe	11500	27200	46000
1933	370C	(V) 12 cyl.	Rumble Seat Coupe	7650	15700	28000
1933	370C	(V) 12 cyl.	Town Sedan	10400	15700	33500
1933	370C Fleetwood	(V) 12 cyl.	Convertible Sedan	22000	34000	88000
1933	370C	(V) 12 cyl.	Sedan	7950	16000	28000
1933	452C	(V) 16 cyl.	Coupe	17800	37700	65700

YEAR	MODEL	ENGINE	BODY	F	G	E
1933		(V) 16 cyl.	Phaeton	23000	85700	178000
1934	355D	(V) 8 cyl.	Convertible			
			Sedan	20000	40000	70000
1934	355D	(V) 8 cyl.	Cabriolet	9900	15700	46000
1934	355D	(V) 8 cyl.	Rumble			
			Seat Coupe	8500	21100	32500
1934	355D	(V) 8 cyl.	Sedan	8500	14000	42500
1934	355D	(V) 8 cyl.	Sport Sedan	9975	16000	47000
1934	355D	(V) 8 cyl.	Sport			
			Limousine	9975	16000	47000
1934	370D	(V) 12 cyl.	Convertible			
			Sedan	22000	42000	100000
1934	370D	(V) 12 cyl.	Sedan	9975	16000	47000
1934	452D	(V) 16 cyl.	Cabriolet	17800	46000	115000
1934	452D	(V) 16 cyl.	Side Mount			
			Sedan	10450	29300	57000
1935	355E	(V) 8 cyl.	Convertible			
			Coupe	8400	33500	64700
1935	355E	(V) 8 cyl.	Club Sedan	6400	15700	24100
1935	355E	(V) 8 cyl.	Cabriolet	9700	19900	48100
1935	355E	(V) 8 cyl.	Rumble			
			Seat Coupe	12400	19500	56000
1935		(V) 12 cyl.	Victoria	11000	32500	50200
1935	370E	(V) 12 cyl.	Convertible			
			Sedan	17800	69000	93500
1935	370E	(V) 12 cyl.	Sports			
			Roadster	17800	85700	130000
1935	370E	(V) 16 cyl.	Convertible			
			Sedan	29500	97000	141000
1935	370E	(V) 12 cyl.	Rumble			
			Seat Coupe	11000	32400	45000
1935	370E	(V) 12 cyl.	Sedan	8570	19900	38600
1935	370E					
	Fleetwood	(V) 12 cyl.	Limousine	10350	29200	42000
1935	452D	(V) 16 cyl.	Town Sedan	20000	30000	80000
1936	70	(V) 8 cyl.	Convertible Coupe			
			Side Mount	9700	25500	49000
1936	70	(V) 8 cyl.	Rumble			
			Seat Coupe	5450	17400	27500
1936	70	(V) 8 cyl.	Side Mount			
			Sedan	6400	15100	24000

YEAR	MODEL	ENGINE	BODY	F	G	E
1936	70	(V) 8 cyl.	Convertible Sedan	13000	20000	60000
1936	60	(V) 8 cyl.	Convertible Sedan	14000	46500	90000
1936	60	(V) 8 cyl.	Convertible Coupe	12000	37500	77500
1936	60	(V) 8 cyl.	Club Coupe	6600	9700	15200
1936	80	(V) 12 cyl.	Rumble Seat Coupe	7200	14700	35000
1936	80 Fleetwood	(V) 12 cyl.	Convertible Sedan	15500	23000	67500
1936	80	(V) 12 cyl.	Limousine	8050	24000	40800
1936	80	(V) 16 cyl.	Convertible Sedan	40000	70000	133000
1937	60	(V) 8 cyl.	Rumble Seat Coupe	7000	11000	25000
1937	60	(V) 8 cyl.	Cabriolet	6900	14100	33000
1937	60	(V) 8 cyl.	Sedan	4400	8400	15900
1937	60	(V) 8 cyl.	Convertible Sedan	12000	18200	52000
1937	65	(V) 8 cyl.	Touring Sedan	4200	7000	29300
1937	70	(V) 8 cyl.	Touring Sedan	4200	7000	29300
1937	70	(V) 8 cyl.	Sport Coupe	4500	7600	31000
1937	75	(V) 8 cyl.	Touring Sedan	4200	7000	29300
1937	75	(V) 8 cyl.	Town Sedan	4500	7600	31000
1937	75	(V) 8 cyl.	Formal Sedan	5000	8100	33500
1937	75	(V) 8 cyl.	Convertible Sedan	7000	17000	45500
1937	85	(V) 12 cyl.	Town Sedan	6900	12000	37500
1937	85	(V) 12 cyl.	Convertible Sedan	14500	21000	64500
1937	85	(V) 12 cyl.	Formal Sedan	9700	23000	45500
1937	85	(V) 16 cyl.	Convertible Sedan	9700	66500	132500

YEAR	MODEL	ENGINE	BODY	F	G	E
1937	90	(V) 16 cyl.	Coupe	25000	50000	90000
1937	90	(V) 16 cyl.	Convertible Sedan	10000	20000	53000
1937	90	(V) 16 cyl.	Aero Coupe	25000	50000	90000
1937	90	(V) 16 cyl.	Cabriolet 4 styles-5 or 7 Passenger	30000	55000	100000
1937	90	(V) 16 cyl.	Town Sedan	20000	40000	79000
1938	61	(V) 8 cyl.	2 Passenger Coupe	5100	9300	17500
1938	61	(V) 8 cyl.	Convertible Coupe	6900	17800	33000
1938	65	(V) 8 cyl.	Convertible Sedan	11500	18000	51000
1938	61	(V) 8 cyl.	4 Door Sedan	5550	12000	17800
1938	90	(V) 16 cyl.	Convertible Sedan	26000	56000	96000
1938	90	(V) 16 cyl.	Sedan	8700	16700	39800
1938	75	(V) 8 cyl.	Coupe 2 or 5 Passenger	8500	13000	43400
1938	75	(V) 8 cyl.	Touring Sedan	6000	9000	37000
1938	75	(V) 8 cyl.	Town Sedan	6000	9000	37000
1938	75	(V) 8 cyl.	Formal Sedan 7 Passenger Touring Sedan	6400	9700	41000
1938	75	(V) 8 cyl.	7 Passenger	6000	9000	37000
1938	75	(V) 8 cyl.	Town Car	7300	19100	48500
1938	75	(V) 8 cyl.	Convertible	13000	24000	58000
1938	75	(V) 8 cyl.	Convertible Sedan	15000	22000	65500
1938	60 Special	(V) 8 cyl.	Sedan	4200	8050	15700
1939	75	(V) 8 cyl.	Limousine	4700	9400	22500
1939	75 Formal	(V) 8 cyl.	4 Door Sedan	4450	7400	19000

YEAR	MODEL	ENGINE	BODY	F	G	E
1939	61	(V) 8 cyl.	Sedan	3700	10000	16200
1939	90	(V) 16 cyl.	Convertible Sedan	24500	69000	136000
1939	90	(V) 16 cyl.	Formal Sedan	12000	32400	67500
1939	90	(V) 16 cyl.	Limousine	11000	28200	57500
1939	90	(V) 16 cyl.	Coupe	12000	30400	63000
1940	75	(V) 8 cyl.	Sedan	4600	9200	15500
1940	75	(V) 8 cyl.	Convertible Sedan	14500	17000	45000
1940	75	(V) 8 cyl.	Formal Sedan	4600	8300	18200
1940	72	(V) 8 cyl.	Sedan	3350	9000	26000
1940	72	(V) 8 cyl.	Sedan 7 Passenger– 5 styles	5000	10000	32000
1940	72	(V) 8 cyl.	Coupe 2 or 5 Passenger	6000	9000	37000
1940	75	(V) 8 cyl.	Town Car	7300	19100	48500
1940	90	(V) 16 cyl.	Coupe	14100	29300	62500
1940	90	(V) 16 cyl.	7 Passenger Limousine	14700	35000	57500
1940	62	(V) 8 cyl.	Sedan	4200	8800	14100
1940	60 Special	(V) 8 cyl.	4 Door Sedan	5500	9200	15500
1940	62	(V) 8 cyl.	Convertible Sedan	8600	21100	46000
1940	62	(V) 8 cyl.	Club Coupe	4600	9000	15000
1941	75	(V) 8 cyl.	Sedan	2800	7800	15200
1941	Fleetwood	(V) 8 cyl.	Limousine	4000	11300	20200
1941	61	(V) 8 cyl.	Convertible Coupe	7300	16200	35000
1941	60 Special	(V) 8 cyl.	Sedan	5000	8000	28000
1941	63	(V) 8 cyl.	Sedan	3400	7500	19000
1941	61	(V) 8 cyl.	Fast Back	3300	6700	14100
1942	75	(V) 8 cyl.	Imperial Sedan	3700	72000	16700
1942	75	(V) 8 cyl.	Formal Sedan	2800	7400	15500

YEAR	MODEL	ENGINE	BODY	F	G	E
1942	75					
	Fleetwood	(V) 8 cyl.	Limousine	4400	9010	15500
1942	61	(V) 8 cyl.	Sedan	1500	2600	6100
1942	62	(V) 8 cyl.	Sedanet			
			Fast Back	3700	7200	16700
1942	62	(V) 8 cyl.	Sedan			
			Fast Back	3700	8500	16500

NOTE: 1943 to 1946 Cadillac and General Motors only produced Military Vehicles and Military Staff cars which used 1942 dies.

YEAR	MODEL	ENGINE	BODY	F	G	E
1946	61	(V) 8 cyl.	Fast Back			
			Coupe	3500	7400	14000
1946	62	(V) 8 cyl.	Coupe	2700	4500	13000
1946	62	(V) 8 cyl.	Convertible	3500	5000	18000
1946	60 Special	(V) 8 cyl.	Sedan	8830	6400	12500
1946	75	(V) 8 cyl.	Sedan			
			5 or 7			
			Passenger	2300	5700	11100
1946	75	(V) 8 cyl.	Imperial			
			Sedan	2300	5700	11100
1946	75	(V) 8 cyl.	Imperial			
			Business			
			Sedan	2500	6000	12000
1947	62	(V) 8 cyl.	Sedan	3000	7700	12800
1947	62	(V) 8 cyl.	Sedanet	3250	7750	15000
1947	62	(V) 8 cyl.	Convertible	3500	5000	17500
1947	61	(V) 8 cyl.	Coupe	2300	5700	11100
1947	61	(V) 8 cyl.	Sedan	2300	5700	11100
1948	75					
	Fleetwood	(V) 8 cyl.	Limousine	3900	8500	16000
1948	62	(V) 8 cyl.	Convertible	3700	5400	19500
1948	61	(V) 8 cyl.	Sedan	3250	7700	14100
1948	60 Special	(V) 8 cyl.	Sedan	3500	7600	14200
1949	62	(V) 8 cyl.	Convertible	4200	6100	21500
1949	62	(V) 8 cyl.	Hardtop			
			Coupe	3000	6400	13500
1949	75	(V) 8 cyl.	Limousine	3000	6800	15700
1950	62	(V) 8 cyl.	Convertible	3400	4700	16500
1950	62	(V) 8 cyl.	Coupe de			
			Ville	3250	5900	13000
1950	62	(V) 8 cyl.	Hardtop			
			Coupe	3250	5900	13000

YEAR	MODEL	ENGINE	BODY	F	G	E
1950	Fleetwood 60 Special	(V) 8 cyl.	Sedan	2200	3300	9500
1951	Fleetwood 60 Special	(V) 8 cyl.	Sedan	2200	5100	11500
1951	75 Fleetwood	(V) 8 cyl.	Limousine	2700	4900	14200
1951	61	(V) 8 cyl.	2 Door Hardtop	2200	4500	11500
1951	Coupe de Ville	(V) 8 cyl.	2 Door Hardtop	2700	4800	12500
1952	Coupe de Ville	(V) 8 cyl.	2 Door Hardtop	2700	4800	12500
1953	Fleetwood	(V) 8 cyl.	Sedan	2200	3200	8600
1953	Eldorado	(V) 8 cyl.	Convertible	4800	14100	20000
1953	62	(V) 8 cyl.	Hardtop Coupe	2200	5200	12000
1954	Eldorado	(V) 8 cyl.	Convertible	4900	13575	27000
1954	Fleetwood	(V) 8 cyl.	4 Door Sedan	2200	4300	11500
1954	62	(V) 8 cyl.	Hardtop	2200	4300	11500
1954	62	(V) 8 cyl.	Coupe de Ville	2300	5700	11100
1954	62	(V) 8 cyl.	Sedan	1700	4000	8700
1955	75	(V) 8 cyl.	Limousine	2200	4200	12600
1955	60 Fleetwood	(V) 8 cyl.	Sedan	2200	4300	11500
1955	62	(V) 8 cyl.	Eldorado Convertible	4200	6100	21500
1955	62	(V) 8 cyl.	Coupe de Ville	2300	5700	11100
1955	62	(V) 8 cyl.	Hardtop 2 Door	2300	5700	11100
1956	60-S Fleetwood	(V) 8 cyl.	Sedan	2000	4000	10500
1956	62	(V) 8 cyl.	Convertible	3200	4400	14550
1956	Coupe de Ville	(V) 8 cyl.	Hardtop	2200	4600	11500
1956	Coupe de Ville	(V) 8 cyl.	4 Door Hardtop	2200	4600	11500
1956	Eldorado	(V) 8 cyl.	Hardtop	2200	4600	11500
1956	Eldorado	(V) 8 cyl.	Convertible	5000	12500	26200

YEAR	MODEL	ENGINE	BODY	F	G	E
1956	75	(V) 8 cyl.	Limousine	2200	4700	11500
1957	Coupe de Ville	(V) 8 cyl.	Hardtop	1700	3500	8500
1957	60-S Fleetwood	(V) 8 cyl.	Sedan	2200	4300	8500
1957	Eldorado	(V) 8 cyl.	Brougham	3800	10000	17800
1957	Eldorado	(V) 8 cyl.	Hardtop	3250	6400	12500
1957	Eldorado	(V) 8 cyl.	Convertible	5000	11500	27500
1957	75	(V) 8 cyl.	7 Passenger Sedan	2300	5700	11100
1958	62	(V) 8 cyl.	Sedan	1700	4000	8700
1958	62	(V) 8 cyl.	Hardtop	1900	4100	8900
1958	60-S Fleetwood	(V) 8 cyl.	Sedan	1100	2000	4900
1958	Eldorado	(V) 8 cyl.	Brougham	3800	6200	15200
1958	Eldorado	(V) 8 cyl.	Convertible	5000	11700	24800
1958	62	(V) 8 cyl.	Convertible	2300	3300	9200
1958	Eldorado	(V) 8 cyl.	Hardtop	2500	7000	11400
1958	Eldorado	(V) 8 cyl.	Biarritz Convertible	3300	4500	15500
1959	62	(V) 8 cyl.	Hardtop Coupe	1700	3000	6500
1959	60-S	(V) 8 cyl.	Hardtop Sedan	1700	3300	8000
1959	62	(V) 8 cyl.	Convertible	3100	4300	14200
1959	Eldorado	(V) 8 cyl.	Brougham	3000	4000	12200
1959	Eldorado	(V) 8 cyl.	Convertible	2700	6900	20700
1959	Eldorado	(V) 8 cyl.	Hardtop	1700	2800	7000
1959	75 Fleetwood	(V) 8 cyl.	Limousine	2200	4400	9500
1960	62	(V) 8 cyl.	Hardtop Coupe	1700	3800	8500
1960	62	(V) 8 cyl.	Hardtop Sedan	1700	3700	7500
1960	62	(V) 8 cyl.	Convertible	2500	3600	10000
1960	60-S	(V) 8 cyl.	Hardtop Sedan	1500	3900	8100
1960	Eldorado	(V) 8 cyl.	Brougham	2800	4000	12500
1960	Eldorado	(V) 8 cyl.	Hardtop	2200	5600	11400

YEAR	MODEL	ENGINE	BODY	F	G	E
1960	Eldorado	(V) 8 cyl.	Convertible	2700	6900	18800
1960	75		7 Passenger			
	Fleetwood	(V) 8 cyl.	Sedan	1700	3500	10000
1961	62	(V) 8 cyl.	Convertible	1700	3000	7100
1961	62	(V) 8 cyl.	Sedan	1400	2400	5600
1961	Eldorado	(V) 8 cyl.	Convertible	2700	6800	18500
1961	60-S					
	Fleetwood	(V) 8 cyl.	Sedan	1700	4000	8000
1962	62		Hardtop			
			Coupe	1700	3000	8000
1962	62 Park					
	Avenue	(V) 8 cyl.	Short Sedan	1700	2800	7800
1962	62	(V) 8 cyl.	Convertible	1900	3000	7300
1962	Eldorado	(V) 8 cyl.	Convertible	2700	7200	18600
1962	75					
	Fleetwood	(V) 8 cyl.	Limousine	1400	2400	5600
1963	62	(V) 8 cyl.	Hardtop			
			Coupe	1700	2700	8000
1963	60-S					
	Fleetwood	(V) 8 cyl.	Sedan	1700	2700	8000
1963	Eldorado	(V) 8 cyl.	Convertible	2700	7300	18800
1963	62	(V) 8 cyl.	Convertible	2200	3500	8500
1963	75					
	Fleetwood	(V) 8 cyl.	Limousine	2200	3900	11300
1964	62	(V) 8 cyl.	Hardtop			
			Sedan	1700	2700	8000
1964	60-S		Hardtop			
	Fleetwood	(V) 8 cyl.	Sedan	1700	3100	6700
1964	Eldorado	(V) 8 cyl.	Convertible	2700	3600	10500
1965	Calais	(V) 8 cyl.	Hardtop	1700	2700	7200
1965	62 Coupe					
	de Ville	(V) 8 cyl.	Convertible	2200	4000	9550
1965	Eldorado	(V) 8 cyl.	Convertible	3000	6100	18000
1966	Coupe					
	de Ville	(V) 8 cyl.	Hardtop	1900	2500	8000
1966	Coupe					
	de Ville	(V) 8 cyl.	Convertible	2200	3750	8400
1966	Eldorado	(V) 8 cyl.	Convertible	2700	3300	7600
1967	Fleetwood	(V) 8 cyl.	Sedan	1700	2400	6400
1967	Eldorado					
	FWD	(V) 8 cyl.	Coupe	1600	2500	7750

YEAR	MODEL	ENGINE	BODY	F	G	E
1967	Eldorado FWD	(V) 8 cyl.	Coupe	1600	2500	7750
1967	Eldorado	(V) 8 cyl.	Station Wagon	1700	2500	7800
1967	Coupe de Ville	(V) 8 cyl.	Convertible	1700	2800	6500
1968	Coupe de Ville	(V) 8 cyl.	Convertible	2200	3800	10000
1969	Coupe de Ville	(V) 8 cyl.	Convertible	1700	2800	6500
1969	Fleetwood	(V) 8 cyl.	Limousine	2200	5400	11300
1970	Eldorado	(V) 8 cyl.	Convertible	2200	5400	7000
1971	Eldorado	(V) 8 cyl.	Convertible	2200	5400	6500
1972	Eldorado	(V) 8 cyl.	Convertible	2200	4100	6500
1973	Eldorado	(V) 8 cyl.	Convertible	2200	4500	7000
1974	Eldorado	(V) 8 cyl.	Convertible	2800	5000	7400
1975	Eldorado	(V) 8 cyl.	Convertible	3600	6000	9600
1976	Eldorado	(V) 8 cyl.	Convertible	3300	8300	14600
1976	Eldorado	(V) 8 cyl.	Convertible	5000	9000	15000
		BiCentennial, 1 of 200 Special				
1977	Eldorado	(V) 8 cyl.	Coupe	2200	4500	6500
1977	Fleetwood	(V) 8 cyl.	Limousine	2800	5000	7400
1977	Fleetwood	(V) 8 cyl.	Sedan	2400	4700	7000

CHEVROLET (United States, 1911-to-date)

YEAR	MODEL	ENGINE	BODY	F	G	E
1912	Classic Six	6 cyl.	Touring	5700	9300	32000
1913	Baby Grand	4 cyl.	Roadster	4100	10900	27000
1913	Baby Grand	4 cyl.	Touring	3900	11400	24000
1914	Baby Grand	4 cyl.	Touring	4100	10900	26000
1914	C	6 cyl.	Touring	4700	11500	22700
1914	L	6 cyl.	Touring	4700	11500	22700
1915	Baby Grand	4 cyl.	Touring	3400	11400	26000
1915	Baby Grand	4 cyl.	Touring	3400	11400	26000
1915	Amesbury	4 cyl.	Roadster	7000	15500	32000
1915	Baby Grand	4 cyl.	Roadster	3700	11400	24000
1915	L	6 cyl.	Touring	5200	10400	18000
1915	L	6 cyl.	Roadster	5500	11000	19000
1916	490	4 cyl.	Touring	3400	4700	16100
1916	Special	6 cyl.	Roadster	4700	11500	22700
1916	H4	4 cyl.	Touring	5400	10900	18800
1917	D	(V) 8 cyl.	Roadster	2800	6000	18000
1917	D	(V) 8 cyl.	Touring	2500	5400	17000

YEAR	MODEL	ENGINE	BODY	F	G	E
1917	490	4 cyl.	Touring	5200	8100	15200
1917	490	4 cyl.	Roadster	5500	8500	16000
1918	490	4 cyl.	Touring	3400	4700	17100
1918	490	4 cyl.	Roadster	3300	4500	15100
1918	490	4 cyl.	Coupe	1900	3200	7600
1918	D	8 cyl.	Touring	3400	11400	26000
1918	D	8 cyl.	Roadster	3400	11400	26000
1919	490	4 cyl.	Touring	3300	4500	15100
1919	490	4 cyl.	Roadster	3100	4300	14500
1919	490	4 cyl.	Sedan	2000	3400	7400
1919	490	4 cyl.	Coupe	2000	3400	7400
1920	490	4 cyl.	Touring	3200	4500	15500
1920	490	4 cyl.	Roadster	3100	4300	14500
1920	490	4 cyl.	Sedan	1900	3000	7900
1920	490	4 cyl.	Coupe	2100	3100	8400
1920	FB	4 cyl.	Touring	3400	4500	16000
1920	FB	4 cyl.	Roadster	3200	4000	15200
1920	FB	4 cyl.	Sedan	2300	3300	9200
1920	FB	4 cyl.	Coupe	2500	3600	9700
1921	490	4 cyl.	Touring	3300	4500	15100
1921	490	4 cyl.	Roadster	3100	4300	14100
1921	490	4 cyl.	Coupe	2700	5300	11500
1921	FB	4 cyl.	Touring	4300	8300	18000
1921	FB	4 cyl.	Roadster	4000	8000	17500
1921	FB	4 cyl.	Sedan	2300	3300	9100
1921	FB	4 cyl.	Coupe	2300	3300	9100
1922	FB	4 cyl.	Sport Touring	4100	10600	18800
1922	490	4 cyl.	Touring	4300	8300	18000
1922	490	4 cyl.	Roadster	4000	8000	17500
1922	490	4 cyl.	Sedan	2300	3300	9100
1922	490	4 cyl.	Coupe	2300	3300	9100
1923	FB	4 cyl.	Sedan	1800	5200	10900
1923	B	4 cyl.	Coupe	2300	5200	12900
1923	B	4 cyl.	Touring	2400	3400	10500
1924	Superior	4 cyl.	Roadster	2400	3400	10500
1924	Superior	4 cyl.	Coupe	2300	4700	11900
1924	Superior	4 cyl.	Touring	2300	3300	9100
1924	Superior	4 cyl.	Sedan	2700	4900	12900
1925	Superior	4 cyl.	Roadster	3100	4300	14500
1925	Superior K	4 cyl.	Touring	3400	4500	16000
1925	Superior K	4 cyl.	Sedan	2400	5100	12000

YEAR	MODEL	ENGINE	BODY	F	G	E
1926	Superior V	4 cyl.	Roadster	4300	8300	18000
1926	Superior V	4 cyl.	Coupe	2500	4900	14000
1926	Superior V	4 cyl.	Touring	4300	6600	24000
1926	Superior V	4 cyl.	Roadster	4000	6000	23000
1927	AA	4 cyl.	Roadster	3400	4400	14600
1927	AA	4 cyl.	2 Door Sedan	2300	5600	14000
1927	AA	4 cyl.	Touring	3400	4600	15600
1928	AB	4 cyl.	Sedan	2000	3000	8000
1929	AC	6 cyl.	Touring	4300	6600	24000
1929	AC	6 cyl.	Landau Sedan	2390	6200	15000
1929	AC	6 cyl.	Roadster	4300	6400	22500
1929	AC	6 cyl.	Sedan	3200	4400	14600
1929	AC	6 cyl.	Cabriolet	3600	11300	20000
1930	AD	6 cyl.	Victoria Coupe	3100	7500	17000
1930	AD	6 cyl.	Roadster	4400	6600	23500
1930	AD	6 cyl.	Coupe	3300	4500	15000
1930	AD	6 cyl.	Phaeton	4500	6800	24100
1930	AD	6 cyl.	Sedan	3200	4400	14600
1930	AD	6 cyl.	Coach	3500	6000	14000
1930	AD	6 cyl.	Sport Roadster	5100	11100	29900
1931	AE	6 cyl.	Special Sedan	3300	7000	14900
1931	AE	6 cyl.	Sport Roadster	6000	14000	36000
1931	AE	6 cyl.	Cabriolet	5000	8700	19500
1931	AE	6 cyl.	Coach	4000	7500	15500
1931	AE	6 cyl.	Convertible Coupe	6600	15900	31000
1931	AE	6 cyl.	2 Door Sedan	3300	4500	15200
1931	AE	6 cyl.	Roadster Coupe	4200	6400	16500
1932	BA Deluxe	6 cyl.	Coupe 5 Window	4300	6400	22500
1932	BA Deluxe	6 cyl.	Special Sedan	3700	9000	19200
1932	BA Deluxe	6 cyl.	Sport Roadster	5500	8800	31000

YEAR	MODEL	ENGINE	BODY	F	G	E
1932	BA Standard	6 cyl.	Roadster	5000	8500	29000
1932	BA Deluxe	6 cyl.	3 Window Coupe	5200	6500	13000
1932	BA Deluxe	6 cyl.	Landau Phaeton	5700	9300	31200
1933	Eagle	6 cyl.	Sport Roadster	6200	9300	20500
1933	Eagle	6 cyl.	Sport Phaeton	6800	19000	36000
1933	Eagle	6 cyl.	2 Door Sedan	2900	4000	6600
1933	Eagle	6 cyl.	Sedan	2300	4100	6900
1933	Eagle	6 cyl.	Cabriolet	5200	10400	18000
1933	Eagle	6 cyl.	Rumble Seat Coupe	3200	6500	15000
1934	Standard	6 cyl.	Coupe	3500	5600	8100
1934	Standard	6 cyl.	Roadster	5800	14000	27000
1934	Standard	6 cyl.	Phaeton	6800	10000	23500
1934	Master	6 cyl.	2 Door Sedan	2800	4200	15000
1934	Master	6 cyl.	Sedan	2400	3700	11400
1935	Standard	6 cyl.	Roadster	4700	14000	27000
1935	Standard	6 cyl.	Coupe	2500	3700	12500
1935	Master	6 cyl.	Phaeton	4600	10000	25500
1935	Master	6 cyl.	Cabriolet	3900	9400	24900
1935	Standard	6 cyl.	Sedan	2300	4200	9800
1936	Standard	6 cyl.	2 Door Sedan	3000	6000	11400
1936	Standard	6 cyl.	Coupe	1900	4100	11200
1936	Master	6 cyl.	Sedan	1700	3400	11500
1937	Master	6 cyl.	Convertible	3900	6300	15000
1937	Master Deluxe	6 cyl.	Coupe	2000	4000	11000
1937	Master Deluxe	6 cyl.	Cabriolet	3900	6200	14000
1937	Master Deluxe	6 cyl.	Sport Coupe	2900	4500	9500
1937	Master	6 cyl.	Sedan	1700	4200	9200
1938	Master	6 cyl.	Coupe	1700	4300	9200
1938	Master	6 cyl.	Convertible	4500	6800	24100
1938	Master	6 cyl.	Town Sedan	1700	4100	8100

YEAR	MODEL	ENGINE	BODY	F	G	E
1938	Master	6 cyl.	Sedan 2 or 4 Door	1800	4500	8500
1938	Master Deluxe	6 cyl.	Coupe	1900	5900	10000
1938	Master Deluxe	6 cyl.	Cabriolet	4000	7400	15000
1939	Master 85	6 cyl.	2 Door Sedan	1400	2600	4600
1939	Master Deluxe	6 cyl.	Sport Coupe	2600	3600	6600
1939	Master Deluxe	6 cyl.	Sedan	1700	3000	10000
1939	Master Deluxe	6 cyl.	2 Door Sedan	2300	3400	8000
1940	Special Deluxe	6 cyl.	Convertible	4600	8600	19100
1940	Master Deluxe	6 cyl.	Coupe	1600	2700	6100
1940	Master 95	6 cyl.	Coupe	1400	3600	7900
1940	Special Deluxe	6 cyl.	4 Door Sedan	1700	4100	8500
1941	Special Deluxe	6 cyl.	Convertible	6600	9600	23000
1941	Special Deluxe	6 cyl.	Sedan	1700	4100	8600
1941	Special Deluxe	6 cyl.	Club Coupe	2500	4300	8700
1941	Master Deluxe	6 cyl.	2 Passenger Coupe	1600	2300	5500
1942	Fleetline	6 cyl.	Aero Sedan	1900	3100	6300
1942	Master Deluxe	6 cyl.	Coupe	1700	4000	8400
1942	Special Deluxe	6 cyl.	4 Door Sedan	1700	3700	8500
1942	Special Deluxe	6 cyl.	Convertible	4100	7100	18500

YEAR	MODEL	ENGINE	BODY	F	G	E
1942	Special Deluxe	6 cyl.	Coupe 2 or 5 Passenger	1900	3000	7900
1942	Special Deluxe	6 cyl.	Sedan 2 styles	1500	3300	6300
1946	Fleetmaster	6 cyl.	Convertible	4600	6600	17200
1946	Fleetmaster	6 cyl.	Sport Coupe	1900	3200	7600
1946	Fleetmaster	6 cyl.	Sedan 2 styles	1500	3300	6300
1946	Fleetmaster	6 cyl.	Station Wagon	4200	5600	14600
1946	Fleetline	6 cyl.	Aero Sedan	1700	3400	8700
1946	Fleetline	6 cyl.	Town Sedan	1300	1900	4000
1946	Fleetline	6 cyl.	Sport Coupe	1500	2300	5100
1946	Stylemaster	6 cyl.	2 Door Sedan	1700	4000	8250
1946	Stylemaster	6 cyl.	4 Door Sedan	1700	4000	8400
1946	Stylemaster	6 cyl.	Sport Coupe	1700	2500	5300
1947	Fleetmaster	6 cyl.	Convertible	4200	5600	14600
1947	Fleetmaster	6 cyl.	2 Door Sedan	1700	4500	8400
1947	Fleetline	6 cyl.	Town Sedan	1700	4200	10000
1948	Stylemaster	6 cyl.	Sedan	2000	3500	9000
1948	Fleetmaster	6 cyl.	Town Sedan	1100	2000	3700
1948	Fleetmaster	6 cyl.	Sport Coupe	1900	3200	7000
1946	Fleetmaster	6 cyl.	Sport Sedan	1900	3200	7000
1949	Styleline Deluxe	6 cyl.	Convertible	4200	8500	18000
1949	Styleline Deluxe	6 cyl.	Sedan	1000	2000	4500
1949	Styleline Deluxe	6 cyl.	Station Wagon	2400	5200	14000
1950	Bel Air	6 cyl.	Hardtop	1700	4200	10400
1950	Fleetline Deluxe	6 cyl.	2 Door Sedan	1300	2600	5000
1950	Fleetline Deluxe	6 cyl.	4 Door Sedan	1400	3000	4750

YEAR	MODEL	ENGINE	BODY	F	G	E
1950	Deluxe	6 cyl.	Convertible	4200	8600	20000
1950	Styleline Deluxe	6 cyl.	Sedan	1400	2500	6000
1950	Styleline Deluxe	6 cyl.	Sport Coupe	1900	3200	7000
1950	Styleline Deluxe	6 cyl.	Station Wagon	2700	4100	8000
1951	Fleetline Deluxe	6 cyl.	4 Door Sedan	1400	2800	5300
1951	Styleline Deluxe	6 cyl.	Convertible	4300	9500	20000
1951	Styleline Deluxe	6 cyl.	Station Wagon	1650	3100	8500
1951	Bel Air	6 cyl.	Hardtop Coupe	1700	4000	10000
1952	Deluxe	6 cyl.	Convertible	4300	10400	20000
1952	Deluxe	6 cyl.	Hardtop Coupe	1700	4200	11000
1952	Fastback	6 cyl.	2 Door Sedan	1700	3300	8200
1953	Corvette	6 cyl.	Roadster	6700	16000	33000
1953	210	6 cyl.	Convertible	3900	8900	18000
1953	Bel Air	6 cyl.	Hardtop	2000	4200	9200
1953	Bel Air	6 cyl.	4 Door Sedan	1500	3400	9500
1953	Bel Air	6 cyl.	2 Door Sedan	2100	4800	8900
1953	Bel Air	6 cyl.	Convertible	3400	8000	16000
1954	Corvette	6 cyl.	Roadster	6800	17000	32000
1954	Bel Air	6 cyl.	Convertible	3300	7000	14100
1954	Bel Air	6 cyl.	Hardtop	3000	4000	15000
1954	Bel Air	6 cyl.	2 Door Sedan	1800	3000	12000
1954	Bel Air	6 cyl.	Station Wagon	1800	3600	9000
1955	210	6 cyl.	Hardtop	2600	5200	13000
1955	210 Del Rey	(V) 8 cyl.	2 Door Sedan	2200	4300	12000

Chevrolet — 1953 "Bel Air"

YEAR	MODEL	ENGINE	BODY	F	G	E
1955	Bel Air	(V) 8 cyl.	2 Door Sedan	2400	7000	12000
1955	Bel Air	(V) 8 cyl.	Hardtop	3500	8700	15000
1955	Bel Air	(V) 8 cyl.	Station Wagon	1900	4200	8400
1955	Bel Air	(V) 8 cyl.	Convertible	5000	11000	24000
1955	Nomad	(V) 8 cyl.	2 Door Wagon	2900	8200	14000
1955	Corvette	6 cyl.	Roadster	9000	15000	31000
1955	Corvette	(V) 8 cyl.	Roadster	6500	19000	30000
1956	150	8 cyl.	Sedan	1300	2900	5700
1956	150	8 cyl.	Station Wagon	1900	3700	6200
1956	210	(V) 8 cyl.	4 Door Hardtop	1300	2200	5000
1956	210	(V) 8 cyl.	Hardtop	1450	3500	7000
1956	Bel Air	(V) 8 cyl.	2 Door Sd.	1450	2450	5650
1956	Bel Air	(V) 8 cyl.	Hardtop	1500	3000	5500
1956	Bel Air	(V) 8 cyl.	Sedan	1500	2600	5600

YEAR	MODEL	ENGINE	BODY	F	G	E
1956	Bel Air	(V) 8 cyl.	Convertible	4500	11500	25500
1956	Nomad	(V) 8 cyl.	2 Door Wagon	4550	7600	15000
1956	Corvette	(V) 8 cyl.	Roadster	6200	15000	22000
1957	150	8 cyl.	Sedan	1300	2900	5700
1957	150	8 cyl.	Coupe	1500	3200	6300
1957	150	8 cyl.	Station Wagon	1900	3700	6200
1957	210	(V) 8 cyl.	Sedan	1250	2200	4800
1957	210	(V) 8 cyl.	Hardtop	1700	3000	6000
1957	Bel Air	(V) 8 cyl.	Sedan	1700	2700	5600
1957	Bel Air	(V) 8 cyl.	2 Door Sd.	1900	2500	8000
1957	Bel Air	(V) 8 cyl.	Hardtop	5200	9900	19000
1957	Bel Air	(V) 8 cyl.	Convertible	8000	16000	24000
1957	Nomad	(V) 8 cyl.	2 Door Wagon	2600	7200	15000
1957	Corvette	(V) 8 cyl.	Roadster	7300	13000	21000
1957	Corvette	(V) 8 cyl. (Fuel Injection)	Roadster	8000	16000	32000
1957	Bel Air	(V) 8 cyl. (Fuel Injection)	Hardtop	5200	12000	20000
1957	El Morroco	(V) 8 cyl.	Hardtop	3900	8200	14000
1957	El Morroco	(V) 8 cyl.	4 Door Hardtop	4500	8900	15000
1958	Bel Air	(V) 8 cyl.	Hardtop Coupe	2300	5200	10000
1958	Del Ray	8 cyl.	Sedan	1000	2100	4900
1958	Impala	(V) 8 cyl.	Hardtop Coupe	3100	5500	12000
1958	Impala	(V) 8 cyl.	Convertible	4300	9500	23000
1958	Impala Nomad	(V) 8 cyl.	Station Wagon	2900	5300	12000
1958	Corvette	(V) 8 cyl.	Roadster	6700	15000	21000
1958	Corvette	(V) 8 cyl. (Fuel Injection)	Roadster	7900	16000	29000
1959	Bel Air	6 cyl.	2 Door Sd.	1800	3900	8500
1959	Biscayne	8 cyl.	Sedan	1000	2100	4900
1959	Impala	(V) 8 cyl.	Sport Coupe	2300	3800	12000
1959	Impala	(V) 8 cyl.	Convertible	3250	6200	11500
1959	Impala Nomad	(V) 8 cyl.	Station Wagon	2300	3700	9500

YEAR	MODEL	ENGINE	BODY	F	G	E
1959	Corvette	(V) 8 cyl.	Roadster	5500	14000	22000
1959	Corvette	(V) 8 cyl. (Fuel Injection)	Roadster	7900	16000	29000
1960	Bel Air	(V) 8 cyl.	Hardtop Coupe	1700	3600	8400
1960	Impala	(V) 8 cyl.	Sport Coupe	1600	3000	6200
1960	Impala	(V) 8 cyl.	Convertible	2600	4600	9600
1960	Corvette	(V) 8 cyl.	Roadster	5700	13000	20000
1960	Corvette	(V) 8 cyl. (Fuel Injection)	Roadster	6700	16000	27000
1960	Corvair	6 cyl.	Coupe	1500	3300	6500
1960	Corvair Monza	6 cyl.	Coupe	1900	3700	7200
1960	Corvair	6 cyl.	Sedan	500	1200	3000
1961	Impala	(V) 8 cyl.	2 Door Sedan	1800	3000	8500
1961	Bel Air	(V) 8 cyl.	Hardtop Coupe	1900	4000	8800
1961	Impala	(V) 8 cyl.	Sport Coupe	2000	4500	9000
1961	Impala SS	(V) 8 cyl. 409	Sport Coupe	2800	5600	11000
1961	Impala	(V) 8 cyl.	Convertible	2000	3100	8900
1961	Impala SS	(V) 8 cyl. 348	Convertible	4000	7000	13000
1961	Corvair Monza	6 cyl.	Coupe	1700	2900	5200

Chevrolet — 1960 "Corvette Roadster"

YEAR	MODEL	ENGINE	BODY	F	G	E
1961	Corvair	6 cyl.	Convertible	2200	4300	9500
1961	Corvair	6 cyl.	Sedan	1400	2600	4500
1961	Corvette	(V) 8 cyl.	Roadster	5400	8200	16000
1961	Corvette	(V) 8 cyl. (Fuel Injection)	Roadster	6500	12000	21000
1962	Bel Air	(V) 8 cyl.	Sport Coupe	1400	3300	6000
1962	Impala	(V) 8 cyl.	Sport Coupe	1600	3600	6300
1962	Impala SS	(V) 8 cyl. 327	Sport Coupe	1700	4100	7400
1962	Impala SS	(V) 8 cyl. 409	Convertible	2400	6200	8700
1962	Corvette	(V) 8 cyl.	Roadster	5600	8800	16000
1962	Corvette	(V) 8 cyl. (Fuel Injection)	Roadster	6500	12000	22000
1962	Corvair Monza	6 cyl.	Coupe	1500	2900	4900
1962	Corvair Monza	6 cyl.	Convertible	1900	3700	8400
1962	Corvair Lakewood	6 cyl.	Station Wagon	1500	2700	5000
1962	Nova	6 cyl.	Sport Coupe	1400	2700	5000
1963	Impala	(V) 8 cyl. 283	Sport Coupe	1800	3300	5200
1963	Impala SS	(V) 8 cyl. 409	Sport Coupe	2400	4800	8400
1963	Impala	(V) 8 cyl. 327	Convertible	1900	3000	8100
1963	Impala SS	(V) 8 cyl. 327	Convertible	3000	5800	12000
1963	Corvette	(V) 8 cyl. (Fuel Injection)	Coupe	5000	13000	21000
1963	Corvette	(V) 8 cyl.	Roadster	4500	12000	19000
1963	Corvair Monza	6 cyl.	Coupe	1400	2900	5000
1963	Corvair Monza	6 cyl.	Convertible	1500	2600	6100
1963	Corvair Spyder	6 cyl. (Turbo)	Convertible	1500	4000	6500
1963	Nova SS	6 cyl.	Sport Coupe	1700	2800	6000
1963	Nova SS	6 cyl.	Convertible	2300	4100	8900
1964	Chevelle	8 cyl.	Sedan	900	1600	3500
1964	Chevelle	8 cyl.	Station Wagon	1100	2000	4000
1964	Impala	(V) 8 cyl.	Convertible	2300	3000	9000
1964	Impala SS	(V) 8 cyl. 327	Convertible	2700	5000	9300
1964	Impala SS	(V) 8 cyl. 409	Sport Coupe	5000	9500	17000
1964	Corvette	(V) 8 cyl.	Coupe	5000	9500	17000

YEAR	MODEL	ENGINE	BODY	F	G	E
1964	Corvette	(V) 8 cyl.	Roadster	5600	11500	19000
1964	Corvair Monza	6 cyl.	Coupe	1500	2800	5200
1964	Corvair Monza	6 cyl.	Convertible	1600	3100	6600
1964	Corvair Spyder	6 cyl. (Turbo)	Coupe	1150	1910	5600
1964	Corvair Spyder	6 cyl. (Turbo)	Convertible	1700	3300	7100
1964	Nova SS	(V) 8 cyl. 283	Sport Coupe	1700	4100	7600
1965	Impala SS	(V) 8 cyl. 327	Convertible	3000	4500	9000
1965	Impala SS	(V) 8 cyl. 327	Sport Coupe	1900	3100	6100
1965	Caprice	(V) 8 cyl. 286	Sport Sedan	1600	3600	7100
1965	Corvette	(V) 8 cyl.	Roadster	5500	9700	19000
1965	Corvette	(V) 8 cyl. (Fuel Injection)	Coupe	6000	11000	19000
1965	Corvair	6 cyl.	Convertible	2500	4500	8500
1965	Corvair	6 cyl.	Sport Coupe	1900	2800	5750
1965	Malibu	8 cyl.	Sedan	1400	2400	4600
1965	Malibu	8 cyl.	Station Wagon	1600	2700	5100
1965	Malibu	8 cyl.	Hardtop	2400	3300	6000
1965	Malibu	8 cyl.	Convertible	3100	5000	8300
1965	Nova SS	(V) 8 cyl. 327	Sport Coupe	1100	1800	4000
1966	Impala SS	(V) 8 cyl. 427	Sport Coupe	1600	2700	6000
1966	Impala SS	(V) 8 cyl. 327	Convertible	2000	3800	7750
1966	Corvette	(V) 8 cyl. 427	Coupe	5000	11000	16000
1966	Corvette	(V) 8 cyl. 327	Roadster	4500	10800	16000
1966	Corvair	6 cyl.	Convertible	2200	3800	7200
1966	Corvair	6 cyl.	Coupe	1500	2800	4800
1966	Nova SS	(V) 8 cyl. 327	Sport Coupe	1150	1750	4600
1966	Caprice	(V) 8 cyl. 396	Sport Coupe	3000	4000	8000
1967	Impala	8 cyl.	Sedan	2400	3300	6000
1967	Impala	8 cyl.	Station Wagon	1600	2700	5100
1967	Impala	8 cyl.	Convertible	3000	5000	8200
1967	Impala SS	(V) 8 cyl. 327	Convertible	1650	2300	5500
1967	Impala SS	(V) 8 cyl. 427	Convertible	2300	4600	8700
1967	Corvette	(V) 8 cyl. 427	Roadster	5000	11000	18000
1967	Corvette	(V) 8 cyl. 327	Coupe	4600	8400	15000
1967	Corvair	6 cyl.	Convertible	2000	3600	6500

YEAR	MODEL	ENGINE	BODY	F	G	E
1967	Corvair	6 cyl.	Coupe	1400	2800	5000
1967	Camaro SS (V)	8 cyl. 327	Sport Coupe	1400	2600	5300
1967	Camaro SS (V)	8 cyl. 327	Convertible	3000	5000	7500
1967	Camaro Z-28	(V) 8 cyl. 302	Sport Coupe	4000	6000	10500
1967	Nova SS	(V) 8 cyl. 327	Sport Coupe	2500	2300	6500
1968	Chevelle Malibu	8 cyl.	Sedan	1400	2400	4600
1968	Chevelle Malibu	8 cyl.	Hardtop 2 or 4 Door	1600	2700	5100
1968	Chevelle Malibu	8 cyl.	Convertible	3000	5000	8000
1968	Impala SS	(V) 8 cyl. 427	Convertible	2400	4500	7500
1968	Camaro Z-28	(V) 8 cyl. 302	Sport Coupe	2300	4200	16500
1968	Caprice	(V) 8 cyl. 427	Convertible	2300	4600	8500
1969	Impala SS	(V) 8 cyl. 427	Convertible	2300	4600	8600
1969	Impala	(V) 8 cyl. 327	Convertible	1000	1600	4250
1969	Camaro Z-28	(V) 8 cyl. 302	Sport Coupe	3500	5300	11000
1969	Camaro Hugger	(V) 8 cyl. 350	Convertible	3000	4800	10500
1969	Corvette	(V) 8 cyl. 350	Convertible	4200	7900	15000
1969	Corvette	(V) 8 cyl. 427	Coupe	3900	7400	13000
1969	Corvair	6 cyl.	Coupe	1400	2900	5200
1969	Corvair	6 cyl.	Convertible	2100	3600	6000
1970	Nova	4 cyl.	Sedan	900	1600	3500
1970	Nova	6 cyl.	Coupe	900	1600	3500
1970	Biscayne	8 cyl.	Sedan	1600	2700	5100
1970	Biscayne	8 cyl.	Station Wagon	1900	3100	5600
1970	Chevelle	8 cyl.	Sedan	1600	2800	5300
1970	Chevelle	8 cyl.	Coupe	2000	3300	5900
1970	Malibu	8 cyl.	Sedan	1400	2400	4600
1970	Malibu	8 cyl.	Sport Coupe	2000	3300	5900
1970	Malibu	8 cyl.	Convertible	3000	5000	8000
1970	Malibu	8 cyl.	Estate	1600	2700	5100
1971	Corvette	(V) 8 cyl. 350	Coupe T-Top	4100	7400	14000

YEAR	MODEL	ENGINE	BODY	F	G	E
1971	Corvette 454	(V) 8 cyl.	Convertible	4300	8000	15000
1971	Monte Carlo SS 484	(V) 8 cyl.	Coupe	2600	5400	7750
1972	Chevelle SS 454	(V) 8 cyl.	Convertible	1000	1600	4200
1974	Caprice Custom	(V) 8 cyl.	Convertible	2400	4650	9500
1975	Caprice Custom	(V) 8 cyl.	Convertible	3000	6000	9000
1975	Corvette	(V) 8 cyl.	T-Top	4000	6500	14000
1975	Corvette	(V) 8 cyl.	Convertible	4200	6700	15000
1978	Corvette Pace 350	(V) 8 cyl.	Convertible	6200	9000	14000
1978	Corvette L-82	(V) 8 cyl.	T-Top	9000	12500	16500

CHRYSLER (1924–to–date)

YEAR	MODEL	ENGINE	BODY	F	G	E
1924	70	6 cyl.	Touring	3200	8000	16200
1924	70	6 cyl.	Roadster	4000	9000	17500
1924	70	6 cyl.	Brougham	2600	4000	8300
1924	70	6 cyl.	Town Car	3500	6500	13000
1924	70	6 cyl.	Phaeton	5000	10000	18700
1924	70	6 cyl.	Sedan	3100	7600	15000
1925	70	6 cyl.	Sport Phaeton	4900	12000	26000
1925	70	6 cyl.	Sedan	2800	5400	13000
1925	70	6 cyl.	Touring	4500	11000	21000
1925	70	6 cyl.	Touring	4000	9000	17500
1925	70	6 cyl.	Roadster	5000	10000	18700
1925	70	6 cyl.	Brougham	3400	6000	10000
1926	80	6 cyl.	Victoria Coupe	3000	5800	13000
1926	80	6 cyl.	Sedan	2600	7000	12000
1926	50	6 cyl.	Coupe	1900	3800	7500
1926	70	6 cyl.	Phaeton	5500	11000	24000
1926	60	6 cyl.	Roadster	6100	12000	29000
1926	58	4 cyl.	Touring	4000	9000	17500
1926	58	4 cyl.	Roadster	5000	10000	18700
1926	58	4 cyl.	Sedan 2 or 4 Door	2200	5900	7400
1926	58	4 cyl.	Coupe	2500	3800	8000

YEAR	MODEL	ENGINE	BODY	F	G	E
1927	50	6 cyl.	Roadster Rumble Seat	5800	13000	26000
1927	60	6 cyl.	Touring	4000	9000	17500
1927	60	6 cyl.	Roadster– 2 styles	5000	10000	18700
1927	60	6 cyl.	Coupe–2 styles	2700	4300	8600
1927	70	6 cyl.	Coupe Rumble Seat	2500	6200	16000
1927	52	6 cyl.	Sedan	2200	5500	13000
1927	70	6 cyl.	Roadster	5500	14000	27000
1927	Imperial	6 cyl.	7 Passenger Touring	7800	29000	52000
1927	Imperial	6 cyl.	Sport Roadster	6100	21000	35000
1927	Imperial	6 cyl.	Victoria Coupe	4200	12000	17000
1928	62	6 cyl.	Coupe Rumble Seat	3500	6500	13000
1928	62	6 cyl.	Business Coupe	2200	5500	11000
1928	62	6 cyl.	2 Door Sd.	1800	5200	10000
1928	72	6 cyl.	Coupe	3800	7800	13000
1928	72	6 cyl.	Roadster	5200	18000	33000
1928	Imperial	6 cyl.	Touring	8300	22000	42000
1928	Imperial	6 cyl.	Sport Roadster	8500	30000	52000
1928	Imperial	6 cyl.	Club Sedan	5200	11000	22000
1928	Imperial	6 cyl.	Victoria Coupe	5100	11000	22000
1928	Imperial	6 cyl.	Sedan	5100	11000	21000
1929	65	6 cyl.	Roadster	6700	13000	33000
1929	75	6 cyl.	Roadster	7400	16000	37000
1929	75	6 cyl.	Sedan	3200	6200	16000
1929	65	6 cyl.	Rumble Seat Coupe	3400	7200	16000
1929	75	6 cyl.	Club Sedan	3300	6800	16000
1929	75	6 cyl.	Cabriolet	4000	10400	19000

YEAR	MODEL	ENGINE	BODY	F	G	E
1929	80	8 cyl.	Sedan	5100	11000	19000
1929	Imperial 80	8 cyl.	Sport Roadster	19000	47000	56000
1930	77	6 cyl.	Coupe	3700	6800	16000
1930	77	6 cyl.	Roadster	7000	18000	37000
1930	77	6 cyl.	Phaeton	6100	17000	35000
1930	Imperial 80	6 cyl.	Forma Sd.	9200	19000	38000
1930	Imperial 80	6 cyl.	Sport Roadster	30000	60000	105000
1930	66	6 cyl.	Sport Phaeton	6500	18000	37500
1930	70	6 cyl.	Roadster	4200	11000	27000
1930	70	6 cyl.	Phaeton	6100	17000	35500
1930	70	6 cyl.	Coupe-2 styles	3000	5100	10000
1930	Imperial 80	6 cyl.	Rumble Seat Coupe	6700	13000	30000
1930	66	6 cyl.	Sedan	3200	7200	16000
1930	77	6 cyl.	Sedan	3400	7600	17000
1931	CD	8 cyl.	Roadster	11000	27000	48000
1931	CM	6 cyl.	Town Cabet	6200	11000	26000
1931	Imperial CG	8 cyl.	Limousine	9200	22000	38000
1931	Imperial CG	8 cyl. (Close Couple)	Coupe	9300	22000	43000
1931	Imperial CG	8 cyl.	LeBaron Dual Cowl Phaeton	41000	80000	140000
1931	Imperial CG	8 cyl.	Cabriolet	8600	23000	37000
1931	Imperial CG	8 cyl.	Convertible Sedan	30000	60000	105000
1931	Imperial CG	8 cyl.	Rumble Seat Coupe	8500	19000	38000
1931	Imperial	8 cyl.	LeBaron Roadster	37000	11000	18000
1931	CM	6 cyl.	Roadster	6800	16000	37000
1931	CD	8 cyl.	Sport Sedan	3700	8400	19000
1932	CP	8 cyl.	Convertible Coupe	6800	15000	38000
1932	Imperial CL	8 cyl.	8 Passenger Sedan	8200	18000	40000
1932	Imperial CL	8 cyl.	Phaeton	31000	67000	130000
1932	Imperial CL	8 cyl.	Roadster	33000	50000	90000

YEAR	MODEL	ENGINE	BODY	F	G	E
1932	Imperial CQ	8 cyl.	Convertible Sedan	34000	62000	110000
1932	Imperial CL	8 cyl.	Waterhouse Convertible Victoria	41000	80000	140000
1932	Royal CT	8 cyl.	Sedan	6800	12000	22000
1932	CL	6 cyl.	Rumble Seat Coupe	3600	7800	16000
1933	CO	8 cyl.	Convertible Coupe	11000	22000	50000
1933	CO	6 cyl.	Coupe	3600	7800	20000
1933	CO	6 cyl.	Sedan	3600	7800	18000
1933	CO	6 cyl.	Cabriolet	4200	11000	26000
1933	CT	8 cyl.	Sedan	4400	9600	18000
1934	CA	6 cyl.	Cabriolet	3300	6500	14000
1934	CA	6 cyl.	Sedan	3300	5200	14000
1934	CW Airflow	8 cyl.	Sedan	10400	20000	35000
1934	CA	6 cyl.	Coupe	2800	6400	10000
1934	CW Airflow	8 cyl.	Club Sedan	3200	9500	18000
1934	CU Airflow	8 cyl.	Sedan	3100	6400	16000
1935	Airstream	6 cyl.	Sedan	2500	6200	13000
1935	Airflow	8 cyl.	Sedan	3700	6300	15000
1936	Airstream	6 cyl.	Sedan	2500	6000	15000
1936	Airstream	6 cyl.	Coupe	2600	6200	16000

Chrysler — 1942 "Sedan"

YEAR	MODEL	ENGINE	BODY	F	G	E
1936	C–10 Airflow	8 cyl.	Sedan	3800	8400	19000
1936	C–8	8 cyl.	Cabriolet	3700	11000	19000
1937	Imperial Airflow	8 cyl.	Sedan	4200	7500	16000
1937	Imperial Airflow	8 cyl.	Coupe	5000	11000	20000
1937	Royal	6 cyl.	Convertible Sedan	5500	14000	25000
1937	Royal	6 cyl.	Sedan	1800	3200	7400
1938	Imperial	8 cyl.	Convertible Sedan	6200	16000	34000
1938	Imperial	8 cyl.	Sedan	2200	4300	8500
1939	Imperial	8 cyl.	Opera Coupe	1900	3800	9200
1939	New Yorker	8 cyl.	Opera Coupe	1800	3700	9400
1939	New Yorker	8 cyl.	Hayes Coupe	4300	8500	19000
1939	Imperial	8 cyl.	Limousine	3200	7300	15000
1939	Royal	6 cyl.	Sedan	1500	3200	7200
1940	Windser	6 cyl.	2 Door Sedan	1500	3200	7200
1940	Thunderbolt	8 cyl.	Convertible	32000	62000	120000
1940	Windser	6 cyl.	Sedan	1600	2800	7200
1940	New Yorker	8 cyl.	Sedan	2000	2900	8000
1941	Highlander	6 cyl.	Sedan	1600	3600	7000
1941	Imperial	8 cyl.	Sedan	2000	4200	8200
1941	Newport	8 cyl.	Dual Cowl Phaeton	49000	120000	210000
1941	New Yorker	8 cyl.	Club Coupe	1900	4200	7800
1941	Saratoga	6 cyl.	Sedan	1500	2800	4000
1941	Royal	6 cyl.	Coupe	1500	2800	7000
1942	Royal	6 cyl.	Sedan	1500	2800	7000
1942	Saratoga	8 cyl.	Coupe	1500	2800	7000
1942	Imperial Crown	8 cyl.	Limousine	3300	7300	13000
1942	Town & Country	8 cyl.	Station Wagon	4200	10400	17000
1946	Royal	6 cyl.	Sedan	1500	3000	7500
1946	Town & Country	8 cyl.	Sedan	4900	8200	17000

YEAR	MODEL	ENGINE	BODY	F	G	E
1946	Crown Imperial	8 cyl.	8 Passenger Sedan	2500	6200	13000
1947	Windsor	6 cyl.	Convertible	5000	5700	8500
1947	Town & Country	8 cyl.	Sedan	3400	7400	15000
1947	New Yorker	8 cyl.	2 Passenger Coupe	2000	3800	8500
1947	Royal	6 cyl.	Sedan	1800	3200	6750
1947	Town & Country	8 cyl.	Convertible	10000	20000	36000
1948	Royal	6 cyl.	2 Passenger Coupe	1800	4000	7500
1948	Windsor	6 cyl.	Convertible	2600	8700	18000
1948	Windsor	6 cyl.	Sedan	1500	2700	6500
1948	New Yorker	8 cyl.	Sedan	1800	3600	7200
1949	Town & Country	(V) 8 cyl.	Convertible	4600	13000	36000
1949	New Yorker	(V) 8 cyl.	Convertible	3200	6200	18000
1949	New Yorker Highlander	(V) 8 cyl.	Sedan	1500	3200	6200
1949	New Yorker	(V) 8 cyl.	Club Coupe	1900	5000	8500
1949	Crown Imperial	(V) 8 cyl.	Limousine	2700	6200	15000
1950	Windsor	(V) 8 cyl.	Station Wagon	1400	3600	11000
1950	Windsor	(V) 8 cyl.	Club Coupe	1500	3200	7250
1950	New Yorker	(V) 8 cyl.	Convertible	3200	6200	16000
1950	Town & Country	(V) 8 cyl.	Hardtop 2 Door	3300	7900	15000
1951	Windsor		Hardtop	1600	2800	6500
1951	New Yorker Highlander	(V) 8 cyl.	Club Coupe	1600	3200	7250
1951	New Yorker	(V) 8 cyl.	Convertible	2800	7200	16000
1952	New Yorker	(V) 8 cyl.	Convertible	2800	7200	15000
1952	Imperial	(V) 8 cyl.	4 Door Sedan	1900	4300	13000

YEAR	MODEL	ENGINE	BODY	F	G	E
1952	Windsor	(V)8 cyl.	2 Door Hardtop	1500	4100	7200
1953	Imperial	(V)8 cyl.	2 Door Hardtop	1900	7600	13000
1953	Windsor	(V)8 cyl.	Convertible	2800	13000	15000
1953	Windsor	(V)8 cyl.	Sedan	1500	2700	7200
1954	Imperial	(V)8 cyl.	Sedan	1900	4300	13000
1954	New Yorker	(V)8 cyl.	Hardtop	1500	3500	10400
1954	New Yorker	(V)8 cyl.	Convertible	2700	8800	22000
1955	Windsor Deluxe	(V)8 cyl.	2 Door Hardtop	2500	4200	8750
1955	Imperial	(V)8 cyl.	Sedan	2500	5000	13000
1955	300	(V)8 cyl.	Coupe	2500	5000	13000
1955	Nassau	(V)8 cyl.	2 Door Hardtop	3100	5600	13500
1955	New Yorker	8 cyl.	Sedan	1800	2300	6400
1955	New Yorker	8 cyl.	Convertible	3200	6800	14000
1955	New Yorker	8 cyl.	Hardtop–2 styles	1600	3200	7200
1956	300-B	(V)8 cyl.	Coupe	4000	7200	16000
1956	Windsor	(V)8 cyl.	Sedan	1300	1900	2200
1956	New Yorker	(V)8 cyl.	Convertible	3900	8400	21000
1957	300–C	(V)8 cyl.	Convertible	4800	8800	22000
1957	300–C	(V)8 cyl.	Hardtop	3000	6200	16000
1957	New Yorker	(V)8 cyl.	Convertible	3600	7600	19000
1957	Imperial	(V)8 cyl.	Convertible	4200	9600	24000
1957	New Yorker	(V)8 cyl.	Sedan	1600	4200	10400
1958	Windsor	(V)8 cyl.	Convertible	2600	6400	13000
1958	300–D	(V)8 cyl.	2 Door Hardtop	3300	6500	16000
1958	Imperial	(V)8 cyl.	2 Door Hardtop	1900	5600	16000
1959	Windsor	(V)8 cyl.	Sedan	1500	2600	7500
1959	300–E	(V)8 cyl.	2 Door Hardtop	3300	8000	16000

YEAR	MODEL	ENGINE	BODY	F	G	E
1959	300–E	(V) 8 cyl.	Convertible	4200	10400	21000
1959	New Yorker	(V) 8 cyl.	2 Door Hardtop	1900	4300	12000
1959	Imperial Crown	(V) 8 cyl.	4 Door Hardtop	1900	5500	16500
1959	Saratoga	(V) 8 cyl.	Sedan	1600	3200	7200
1959	Town & Country	8 cyl.	Station Wagon	1500	2500	4300
1961	300–G	(V) 8 cyl. 413	2 Door Hardtop	3300	7600	16000
1961	300–G	(V) 8 cyl.	Convertible	3700	10400	19000
1962	300–H	(V) 8 cyl.	Hardtop	3400	8000	16000
1962	300–H	(V) 8 cyl.	Convertible	4000	7900	21000
1962	300	(V) 8 cyl.	Convertible	3400	6200	13000
1962	Imperial Crown	(V) 8 cyl.	2 Door Hardtop	1900	6200	13000
1962	Imperial Le Baron	(V) 8 cyl.	4 Door Hardtop	2000	6400	13000
1962	Newport	8 cyl.	Sedan	800	1800	3200
1962	Newport	8 cyl.	Hardtop–2 styles	800	1800	3200

Chrysler — 1962 "Imperial Sedan"

YEAR	MODEL	ENGINE	BODY	F	G	E
1962	Newport	8 cyl.	Convertible	1600	3200	7200
1963	300	(V)8 cyl.	2 Door Hardtop	2600	5200	12000
1963	Imperial	(V)8 cyl.	Convertible	3400	6800	14000
1964	Imperial	(V)8 cyl.	Convertible	3400	4400	15000
1964	300	(V)8 cyl.	2 Door Hardtop	2600	5000	12000
1965	Imperial Crown	(V)8 cyl.	Convertible	3500	7000	14000
1967	300	(V)8 cyl.	Convertible	3400	6400	13000
1970	300–Hurst	(V)8 cyl. 440	2 Door Hardtop	2000	3700	9500
1970	300	(V)8 cyl.	Convertible	2200	3000	8200

CITROEN (France, 1919–to-date)

YEAR	MODEL	ENGINE	BODY	F	G	E
1919	Type A	10 hp	Touring	1200	3000	8500
1922	Type B	1.5 Litre	Clover Leaf	1100	2500	7500
1924		5 cyl.	Town Coupe	1100	2250	6500
1925		4 cyl.	Saloon Sedan	1000	2250	6500
1927		4 cyl.	Touring	1200	3500	8500
1930	C–6	4 cyl.	Sedan	1000	2250	6500
1931		4 cyl.	Sedan	1000	2250	6500
1932	Ten	4 cyl.	Sedan	1200	2700	6500
1934	Four	4 cyl.	Sedan	1100	2500	6000
1935	Six	6 cyl.	Sport Roadster	1500	3600	9300
1936		(V)8 cyl.	Sedan	1200	2250	6500
1936		(V)8 cyl.	Sport Roadster	1300	3500	9000
1936		11 CV	7 Passenger Sedan	1100	2250	6500
1939		6 cyl.	Sport Roadster	1500	3500	9000
1949		2 CV	Sedan	1000	1750	4500
1951		2 CV	Sedan	1000	1750	4500
1955	11 CV	4 cyl.	Sedan	1200	2000	6000
1959	D519	6 cyl.	Sedan	1200	2200	6250
1971	SM		Coupe	1750	4500	9500

CONTINENTAL (United States, 1907–33)

YEAR	MODEL	ENGINE	BODY	F	G	E
1907		2 cyl.	Roadster	3650	9300	17000

YEAR	MODEL	ENGINE	BODY	F	G	E
1907		4 cyl.	Runabout	3250	9500	18200
1907		4 cyl.	Touring	4250	10500	20000
1909		4 cyl.(L–head)	Touring	4250	10500	20000
1914			Cycle	3500	5900	9500
1933	Beacon	6 cyl.	Roadster	3500	9000	18500
1933	Beacon	6 cyl.	Coupe	2700	5300	9000

CORD (United States, 1929–37; 1964–to–date)

YEAR	MODEL	ENGINE	BODY	F	G	E
1929	L–29	8 cyl.	Sports Roadster	38000	95000	180000
1929	L–29	8 cyl.	Brougham	22000	52000	88000
1929	L–29	8 cyl.	Sedan	14000	33000	78000
1929	L–29	8 cyl.	Convertible Phaeton	35000	85000	170000
1929	L–29	8 cyl.	Cabriolet	33000	79000	140000
1930	L–29	8 cyl.	Phaeton	33000	83000	160000
1930	L–29	8 cyl.	Town Limousine	26000	55000	110000
1930	L–29	8 cyl.	Club Sedan	16000	33000	61000
1930	L–29	8 cyl.	Cabriolet	26000	50000	100000
1930	L–29	8 cyl.	Convertible Sedan	27000	77000	140000
1930	L–29	8 cyl.	Coupe	19000	39000	79000
1931	L–29	8 cyl.	Speedster Roadster	48000	85000	160000
1931	L–29	8 cyl.	Sedan	13000	33000	52000
1931	L–29	8 cyl.	Club Sedan	22000	46000	68000
1931	L–29	8 cyl.	Sedanca de Ville	22000	59000	104000
1931	L–29	8 cyl.	Brougham	15500	23000	67500
1931	L–29	8 cyl.	Convertible Phaeton	33000	79000	140000
1936	810 Sportsman	(V) 8 cyl.	Phaeton	21000	33000	90000
1936	810 Westchester	(V) 8 cyl.	Coupe	22000	36000	91000
1936	810 Beverly	(V) 8 cyl. LC	Coupe	11000	32000	39000
1936	810 Beverly	(V) 8 cyl. LC	4 Door Sedan	7000	11500	40000
1937	812	(V) 8 cyl.	Coupe	13000	27000	40000

YEAR	MODEL	ENGINE	BODY	F	G	E
1937	Sportsman 812	(V) 8 cyl.	Convertible Coupe	19000	75000	120000
1937	812	(V) 8 cyl. SC	Convertible Coupe	22000	79000	190000
1937	812	(V) 8 cyl. SC	Sedan	14000	27000	40000
1937	Custom	8 cyl.	Berline	9000	14500	44500
1966	8/10	Corvair	Convertible	5200	9100	18000
1968	Warrior	(V) 8 cyl.	Roadster Convertible	4900	7300	16000
1969	Royalite 810	(V) 8 cyl.	Convertible Coupe	5500	11000	18000
1969	Royale de Ville	(V) 8 cyl.	Coupe	4600	7300	13000
1970	Royale	(V) 8 cyl.	Convertible	5900	10400	18000
1971	Warrior	(V) 8 cyl. (Ford)		4600	7300	16000
1971	Royale	(V) 8 cyl. (Chrysler)	Roadster	4600	7300	16000

CORNISH-FRIEDBERG (C.F.) (United States, 1908–09)

1908		4 cyl.	Roadster	4250	8500	16000
1908		4 cyl.	Touring	4200	8400	15800

CORONET (Great Britain, 1904–06; 1957–60)

1904		4 cyl.	Tonneau	1300	3500	8000
1957	3–Wheel	2 cyl. (Anzani)	Open	1000	1900	4800

CRESCENT (United States, 1907; 1913–14)

1907		4 cyl.	Touring	3650	7250	13500
1907		4 cyl.	Runabout	3750	7500	13000
1913	Ohio	4 cyl.	Touring	3650	7250	12500
1913	Royal	6 cyl.	Touring	4750	9500	17000

CROESUS JR (United States, 1907)

1907		4 cyl.	Roadster	4100	8250	15500
1907		4 cyl.	Touring	4050	8100	15250

CROSLEY (United States, 1939–52)

1939		2 cyl. (Waukesha)	Sedan	1200	3100	6000
1939		4 cyl. (Cobra)	Station Wagon	1200	3000	5100
1948		4 cyl.	Convertible	1000	1200	3000
1949	SS	4 cyl.	Sport	1400	4100	8000

YEAR	MODEL	ENGINE	BODY	F	G	E
1949	Hot Shot	4 cyl.	Doorless Sport	1400	3900	7750
1950		4 cyl.	Station Wagon	900	1300	3100

CROSSLE (Great Britain, 1959–to–date)

1959		(V)8 cyl. (Ford)	Racing	2800	5250	14500
1967		Ford	Sport	1200	2500	5000
1969	16 F		Sport	1200	2600	5250
1969	20 F		Sport	1300	2750	5500
1972	22 F 2		Sport	1400	3250	5500
1972	23 F		Sport	1400	3250	5500

CROSSLEY (Great Britain, 1904–37)

1904	22	4 cyl.	Runabout	2800	5500	10000
1906	28	4 cyl.	Coupe	2500	5000	10000
1910	40	4 cyl.	Touring	2800	5500	10000
1912	15	4 cyl.	Coupe	2500	5000	10000
1920	25/30	4 cyl.	Touring	2800	5500	10000
1921		4 cyl.	Sport	2600	5200	10400
1923		4 cyl.	Sport	1800	2600	7200
1926		2.6 Litre	Sedan	1000	2400	4800
1928	20.9	3.2 Litre	Sport	1700	3500	6000
1934		2 Litre	Sedan	1000	2100	4200
1936	Regis Ten	2.6 Litre	Sedan	1000	2100	4200
1937	Ten	1100cc	Coupe	1200	2750	7500

CROUAN (France, 1897–1904)

1897		2 cyl.	Voiturette	2200	4400	8800
1900		2 cyl.	Voiturette	2150	4300	8600
1901		1 cyl.	Voiturette	2000	3900	7800
1903		2 cyl.	Voiturette	2000	4000	8000
1903		4 cyl.	Voiturette	2000	4100	8250

CROUCH (Great Britain, 1912–28)

1912	3-Wheel (Carette)		Cycle	1000	2150	6300
1913	Snub-nose	(V)2 cyl.	Open	1250	2650	7250
1922		(V)2 cyl.	Open	1000	2700	7400
1924	Super Sport	4 cyl.	Sport	1300	3300	8600

CROWDY (Great Britain, 1909–12)

1909	10/30	4 cyl.	Touring	1250	3800	8500
1910	39	4 cyl.	Touring	1500	3850	8600
1910	29	6 cyl.	Touring	2200	6000	12000

YEAR	MODEL	ENGINE	BODY	F	G	E
CROW-ELKHART (United States, 1909–24)						
1909	30	4 cyl.	Touring	4000	9000	16000
1913	C	4 cyl.	Roadster	3750	8500	15000
1913	C	4 cyl.	7 Passenger Touring	4250	9500	18000
1915	E	4 cyl.	Coupe	3250	7500	13500
1918	CE	4 cyl.	Roadster	5000	13000	22500
CROWN (United States, 1905–14)						
1905	Side Entry	4 cyl.	5 Passenger	3200	7350	16750
1907	High-wheel	2 cyl.	2 Passenger	2500	6000	15000
1913		4 cyl.	Cycle	1750	5300	7250
CROXTED (Great Britain, 1904–05)						
1904		2 cyl.	Roadster	1900	3800	8500
1905		4 cyl.	Roadster	3200	5300	10600
CROXTIN (United States, 1911–14)						
1911	German 45	4 cyl. (Rutenber)	Touring	2000	5000	10000
1911	French Six	6 cyl.	Touring	2100	6300	13600
1911	French 30	4 cyl.	Touring	2000	5100	11250
CRUISER (United States, 1917–19)						
1917			Roadster	3200	6250	14500
CULVER (United States, 1905–16)						
1905	High-wheel	2 cyl. (Air-cooled)	Buggy	3200	6500	14000
1916	Youth	1 cyl. (Air-cooled)	Buckboard	2000	4000	8000
CUMBRIA (Great Britain, 1913–14)						
1913		(V) 2 cyl. (J.A.P.)	Cycle	1000	2600	5250
1913		J.A.P.	Cycle	1000	2600	5250
1914		4 cyl.	Light	1100	2750	5500
CUNNINGHAM (United States, 1907–36; 1951–55)						
1907	40	4 cyl.	Limousine	5000	9500	25000
1912	J	4 cyl.	Limousine	7000	14000	28000
1914	R	6 cyl.	Touring	8000	16000	34000
1925	V6	(V) 8 cyl.	Touring	6500	13500	30000
1927	V6	(V) 8 cyl.	7 Passenger Sedan	3800	5800	13000

YEAR	MODEL	ENGINE	BODY	F	G	E
1927	V7	(V) 8 cyl.	Limousine	4500	6800	15000
1927	V7	(V) 8 cyl.	Touring	12000	26000	54000
1929	V9	6 cyl.	Roadster	11000	25000	49000
1935		(V) 8 cyl. (Ford)	Town	6500	12000	25000
1951	C-1	(Chrysler)	Roadster	7000	13500	25000
1953	C-3	(Chrysler)	Coupe	4300	9000	16000

D

YEAR	MODEL	ENGINE	BODY	F	G	E
DAGMAR (United States, 1922–27)						
1923	6T	6 cyl.	Touring	4500	9500	19000
1924	6T	6 cyl.	Petite Sedan	3250	6500	12500
1924	6-70	6 cyl.	Touring	4500	9500	19000
1925	25-70	(Continental)	Sedan	3250	6500	13000
1926	70	6 cyl.	Victoria	4000	8000	16000
1926	70	8 cyl. (Continental)	7 Passenger Sedan	4450	8900	18000
DAIHATSU (Japan, 1954–to-date)						
1954	Bee 3-Wheel	2 cyl.		350	750	1500
1954		2 cyl.	Sedan	175	350	750
1963		4 cyl.	Sedan	200	400	800
1966	Campagno Berlina	958cc	Sedan	1250	2400	3750
1967		4 cyl.	Racing	2300	3750	8500
DAIMLER (Germany, 1886–90)						
1886		1 cyl.	Racing	15250	35500	75000
1893		(V) 2 cyl.	Voiturette	7250	15500	28000
1899		4 cyl.	Victoria	6750	12500	35500
DAIMLER (Great Britain, 1896-to-date)						
1896	Crawford	2 cyl.	Waggonette	2500	6000	15500
1899		4 cyl.	Phaeton	3000	9500	26000
1904		4 cyl.	Landaulet	2500	6000	15000

YEAR	MODEL	ENGINE	BODY	F	G	E
1909		Knight	Touring	3000	9000	30000
1920		6 cyl.	Touring	3000	9000	30000
1921	45	6 cyl.	Touring	3250	9500	30000
1922	20	4 cyl.	Sedan	1500	3000	8500
1923		6 cyl.	Touring	3000	9000	28000
1924		6 cyl.	Touring	3000	9000	28000
1925		6 cyl.	Limousine	2500	7500	19500
1927	Double Six	12 cyl.	Touring	9000	22000	42000
1930	25/85	6 cyl.	Saloon			
			Sedan	2500	6500	13500
1932		(V) 12 cyl.	Limousine	10500	20000	30000
1933	15	6 cyl.	Touring	5500	13000	39000
1936		6 cyl.	Limousine	2700	5500	11750
1938		8 cyl.	Limousine	3700	7500	13750
1949		8 cyl.	Limousine	3800	7600	13000
1950	Conquest	8 cyl.	Sedan	2800	5600	10000
1951	Conquest					
	Century	8 cyl.	Sedan	2900	5800	10000
1951	Small	6 cyl.	Convertible	6000	16000	25000
1951	Lady Damiler	8 cyl.	Large			
			Convertible	22000	45000	90000
1952		6 cyl.	Convertible	6900	19000	36000
1952		8 cyl.	Limousine	3800	7600	13000
1954		8 cyl.	Sedan	2400	4800	12500
1955		(V) 8 cyl.	Sport			
			Convertible	14600	31900	41500
1959		(V) 8 cyl.	Roadster	8600	16900	28500

DANIELS (United States, 1915–24)

YEAR	MODEL	ENGINE	BODY	F	G	E
1915	A	(V) 8 cyl. (Herschell-Spillman)	Speedster	15000	36000	65000
1917	B	(V) 8 cyl. (Herschell-Spillman)	Sedan	6000	11500	20000
1920	Submarine	(V) 8 cyl.	Speedster	13000	27500	45000
1922	D-19	(V) 8 cyl.	Sedan	3000	7000	15000

DARRIN (United States, 1946; 1953–58)

YEAR	MODEL	ENGINE	BODY	F	G	E
1946	Prototype	6 cyl. (Willys)	Convertible	4000	8500	25000
1954	Kaiser	6 cyl. (Willys)	Sport Roadster	4500	9800	27000

YEAR	MODEL	ENGINE	BODY	F	G	E
1958	Flintridge	(V) 8 cyl. (Cadillac)	Sport Roadster	4800	10200	30000

DAT/DATSUN/DATSON (Japan, 1912–30; 31/32-to-date)

YEAR	MODEL	ENGINE	BODY	F	G	E
1912		4 cyl.	2 Passenger	1500	3300	7600
1915	31	4 cyl.	2 Passenger	1500	3250	7500
1916	41	4 cyl.	Sedan	1400	3000	7000
1920	41	4 cyl.	Sedan	1400	3000	7750
1930	91	4 cyl.	Sedan	1400	3000	17800
1932		4 cyl.	Phaeton	2800	7250	15500
1933		4 cyl.	Coupe	1400	3050	6500
1934		4 cyl.	Roadster	2000	6250	13500
1935		4 cyl.	Phaeton	2800	7000	14000
1936	15	4 cyl.	Sedan	1400	2625	4250
1938	7	4 cyl.	Sedan	1400	2625	4250
1941		4 cyl.	Sport Roadster	2800	7000	12000
1950		4 cyl.	Sedan	1000	2500	4000
1952		4 cyl.	Sport Coupe	1500	3000	6000
1953		4 cyl.	Sport Roadster	2000	6000	11000
1956		4 cyl.	Sedan	1000	2500	4000
1959		4 cyl.	Sedan	1000	2500	4000
1967	2000	4 cyl.	Roadster	1700	3800	7200
1972	240-Z	6 cyl.	Coupe	1700	2200	5500

DAVIS (United States, 1908–30; 1948–49)

YEAR	MODEL	ENGINE	BODY	F	G	E
1908		4 cyl. (Hercules)	Touring	3400	6800	15000
1914	E-50	4 cyl.	Touring	2800	6600	13700
1914	Tandem	2 cyl. (Spacke)	Cycle	2000	3800	6300
1918	GH	6 cyl.	Touring	3500	7000	16500
1920	51–67	6 cyl.	Roadster	3600	7250	17000
1948	3-Wheel	4 cyl. (Continental)	Coupe	2200	4500	8000

DAWSON (United States, 1900–05)

YEAR	MODEL	ENGINE	BODY	F	G	E
1900		Steam	Runabout	4250	9500	18900
1904		2 cyl.	Touring	2100	5250	9500

DAYTON (United States, 1909–15)

YEAR	MODEL	ENGINE	BODY	F	G	E
1909	High-wheel	2 cyl.	Buggy	2900	6750	13000
1911		Electric	Brougham	4800	11500	22000
1913	Side-by-Side	2 cyl. (Spacke)	Cycle	1600	3750	8500
1913	Tandem	2 cyl. (Spacke)	Cycle	1300	3800	6600

YEAR	MODEL	ENGINE	BODY	F	G	E
DELAGE (France, 1905–54)						
1905		1 cyl.	Runabout	4000	8000	16000
1906	6	1 cyl.	Touring	4000	8000	16000
1907	8	2 cyl.	Racing	4250	8500	16500
1908	9	4 cyl.	Coupe	3750	6250	11500
1909	"12"	1.4 Litre	Touring	4000	8000	16000
1912		6 cyl.	Touring	4250	8500	18500
1914		Electric	Town	6900	12750	25500
1919		6 cyl.	Racing	7500	14000	30000
1921	CO	4 cyl.	Sedan	2100	4250	8500
1923	GL		Sedan	2100	4250	8500
1924	1	6 cyl.	Sprint	5750	9500	25000
1924	11	6 cyl.	Sprint	5750	9500	25000
1925		(V) 12 cyl.	Racing	12000	28000	60000
1926	DI	4 cyl.	Touring	6500	12000	25000
1927	DM	3.2 Litre	Coupe	4750	7500	15000
1928	DR	2.5 Litre	Sedan	3000	6000	12000
1933	D6-11	6 cyl.	Drop Head Coupe	4000	8000	14500
1932	D8	4 Litre	Convertible Coupe	5750	9500	25000
1934	D8-15	8 cyl.	Racing	5500	16000	30000
1934	D8-15	8 cyl.	Roadster	9000	22000	66000
1936	DI-12	4 cyl.	Cabriolet	3250	6500	13000
1937		4 cyl.	Cabriolet	4500	9500	18000
1943	D8-100	8 cyl.	Sedan	1750	3500	7000
1946	D8-120	8 cyl.	Drop Head Coupe	2000	4250	8500
1949	D 6	3 Litre	Sedan	1100	2250	4500
DELAUNAY-BELLEVILLE (France, 1904–50)						
1904		T-head	Roadster	3100	6250	12500
1909	10 CV	6 cyl.	Touring	3000	7000	13000
1912			Limousine	3100	6250	11500
1924		6 cyl.	Drop Head Coupe	3500	6750	12500
1928	Greyhound	6 cyl.	Sedan	2000	4000	9000
DELLOW (Great Britain, 1949–59)						
1949	Ten	(Ford)	Sport Doorless	1000	2250	6500
1952	Mark II		Sport	1000	2300	6600
1956	Mark VI		Sport	1000	2400	6800

YEAR	MODEL	ENGINE	BODY	F	G	E
DeSOTO (United States, 1913–16; 1928–61)						
1913	55	6 cyl.	Touring	3800	7200	18000
1916	Six-55	6 cyl.	Touring	3300	7100	17000
1928	K	6 cyl.	Sedan	1900	3000	8000
1928	K	6 cyl.	Roadster	5700	14000	28000
1928		6 cyl.	2 Door Sedan	1750	2750	7750
1929	K	6 cyl.	Sedan	2000	3000	8000
1929	K	6 cyl.	Rumble Seat Coupe	2200	4800	10500
1929	K	6 cyl.	Roadster	6800	15000	30000
1930	CK	6 cyl.	Touring	7000	15500	31000
1930	CK	6 cyl.	Roadster	6800	15000	30000
1930	CK	6 cyl.	Coupe	2000	3000	8000
1930	CF	8 cyl.	Sport Roadster	7000	15000	33000
1930	CF	8 cyl.	Rumble Seat Coupe	4500	5200	11000
1930	CF	6 cyl.	Sedan	4200	5200	8400
1931	SA	6 cyl.	Rumble Seat Coupe	3300	4800	9400
1931	SA	6 cyl.	Sedan	2500	3800	7000
1931	CF	8 cyl.	Sport Roadster	7000	15000	33000
1931	CF	6 cyl.	Sedan	1600	5200	8250
1931	CF	6 cyl.	Coupe	2200	3700	9250
1931	CF	6 cyl.	Convertible	6000	12000	26000
1932	SC	6 cyl.	Rumble Seat Sport Roadster	6600	15000	31000
1932	SC	6 cyl.	Town Sedan	3300	5500	10400
1932	SC	6 cyl.	Rumble Seat Coupe	3000	4900	11200
1932	SC	6 cyl.	Roadster	6900	15000	32000
1932	SC	6 cyl.	Convertible Sedan	6900	16000	33000
1932	SC	6 cyl.	Convertible	5800	9600	25600
1932	Custom SC	6 cyl.	Roadster	7100	15000	32000
1932	SA	6 cyl.	Touring	5500	11000	25000
1932	SA	6 cyl.	Roadster	5250	10000	23000
1932	SA	6 cyl.	Sedan	1600	4200	7500
1932	SA	6 cyl.	Coupe	1600	4500	8000

YEAR	MODEL	ENGINE	BODY	F	G	E
1932	SA	6 cyl.	Phaeton	6000	12000	27000
1933	SD	6 cyl.	Sport Coupe	4900	6700	10400
1933	SD	6 cyl.	Sedan	2700	4200	7600
1933	SD	6 cyl.	Cabriolet	6000	12000	26000
1933	SD	6 cyl.	Brougham	1600	4200	7500
1933	SD	6 cyl.	Convertible	5250	10000	23000
1934	Airflow SE	6 cyl.	Sedan	2000	3100	8000
1934	Airflow SE	6 cyl.	Coupe	2600	3600	8600
1935	Airflow SE	6 cyl.	Sedan	2000	3100	8000
1935	Airstream	6 cyl.	Sedan	1200	1800	5000
1935	Airstream	6 cyl.	Coupe	1500	2300	5750
1935	Airstream	6 cyl.	Convertible	5350	10000	23000
1936	S1 Custom	6 cyl.	Coupe	2400	4600	9500
1936	S1 Custom	6 cyl.	Sedan	2200	4400	8500
1936	S1 Custom	6 cyl.	Convertible Sedan	6800	13000	18000
1936	S1 Deluxe	6 cyl.	Sedan	1500	2300	5750
1936	S1 Deluxe	6 cyl.	Coupe	1500	2500	6000
1936	Airflow 52	6 cyl.	Sedan	4400	9000	15000
1937	S3	6 cyl.	Convertible	5700	7500	16000
1937	S3	6 cyl.	Sedan	1600	5200	9600
1937	S3	6 cyl.	Brougham	1200	1800	5000
1937	S3	6 cyl.	Rumble Seat Coupe	2200	5700	10400
1938	S5	6 cyl.	Coupe	1600	3500	6750
1938	S5	6 cyl.	Touring Brougham	1600	2500	6000
1938	S5	6 cyl.	Touring Sedan	1600	2500	6000
1938	S5	6 cyl.	Sedan	1600	5200	9200
1938	S5	6 cyl.	Convertible	5700	7600	17000
1939	S6 Custom	6 cyl.	Coupe	1500	2300	5750
1939	S6 Custom	6 cyl.	Club Coupe	1750	3000	6250
1939	S6 Custom	6 cyl.	Sedan 2 Door	1500	2300	5750
1939	S6 Deluxe	6 cyl.	7 Passenger	2300	5700	10400
1940	S7 Custom	6 cyl.	Coupe	1600	5200	8250
1940	S7 Custom	6 cyl.	Sedan	1200	1950	5600
1940	S7 Deluxe	6 cyl.	Sedan	1600	2500	6000
1940	S7 Deluxe	6 cyl.	Coupe	1600	3500	6750
1941	S8 Custom	6 cyl.	Sedan	1600	2500	6000

YEAR	MODEL	ENGINE	BODY	F	G	E
1941	S8 Custom	6 cyl.	Coupe	1600	3500	6750
1941	S8 Custom	6 cyl.	Brougham	1600	2500	6000
1941	S8 Deluxe	6 cyl.	Coupe	1250	2150	5850
1941	S8 Deluxe	6 cyl.	Sedan	1300	2200	5900
1942	S10 Custom	6 cyl.	Sedan	1600	5200	8250
1942	S10 Custom	6 cyl.	Coupe	1600	4400	7900
1942	S10 Custom	6 cyl.	Club Coupe	1600	4300	7700
1942	S10 Custom	6 cyl.	4 Door Sedan	1600	4400	7900
1942	S10 Deluxe	6 cyl.	Coupe	1600	3900	6750
1942	S10 Deluxe	6 cyl.	Town Sedan	1600	2500	6000
1942	S10 Deluxe	6 cyl.	Convertible	3300	7100	17000
1946	S-11	6 cyl.	2 Door Sedan	1600	4700	6500
1946	S-11	6 cyl.	Coupe	1600	4900	7000
1947	S-11	6 cyl.	8 Passenger Suburban Sedan	2200	5800	10500
1947	S-11	6 cyl.	Convertible	2800	4600	11000
1947	S-11	6 cyl.	3 Passenger Coupe	1600	3800	7900
1948	S-11	6 cyl.	8 Passenger Suburban Sedan	3100	6100	10500
1948	S-11 Deluxe	6 cyl.	Sedan	1200	1800	5000
1948	S-11 Custom	6 cyl.	Coupe Convertible	1500	2300	5750
1949	S-13	6 cyl.	Coupe	3800	7900	14000
1949	S-13	6 cyl.	Limousine	2800	4900	11000
1949	S-13 Custom	6 cyl.	Club Coupe	1100	1650	4500
1949	S-13	6 cyl.	Convertible	3500	7100	14000
1949	S-13	6 cyl.	Sedan	1600	4400	8100
1949	S-13 Custom	6 cyl.	Business Coupe	1600	4700	8300
1950	S-14 Custom	6 cyl.	Suburban Sedan	1600	4000	8400
1950	S-14 Custom	6 cyl.	Sedan	900	1500	4300
1950	S-14 Custom	6 cyl.	Convertible	2500	3800	9100
1950	S14 Deluxe	6 cyl.	Station Wagon	1600	4600	9400
1950	S14 Deluxe	6 cyl.	Sedan	700	1400	5000
			Coupe	1000	1600	5250

YEAR	MODEL	ENGINE	BODY	F	G	E
1951	Custom	6 cyl.	Sedan	1000	2000	4000
1952	Firedome	(V)8 cyl.	Convertible			
			Coupe	3200	7100	14000
1952	Firedome	(V)8 cyl.	Club Coupe	1100	1750	4650
1952	S-17	(V)8 cyl.	4 Door			
			Sedan	1600	3300	7000
1953	Firedome	(V)8 cyl.	Convertible	2500	3800	8500
1953	Firedome	(V)8 cyl.	Sedan	700	1400	5000
1954		(V)8 cyl.	2 Door			
			Hardtop	1600	3900	6750
1954	Firedome	8 cyl.	Sedan	1600	2500	6000
1954	Firedome	8 cyl.	Club Coupe	1750	3000	6250
1954	Firedome	8 cyl.	Convertible	2800	4900	11000
1954	Powermaster	6 cyl.	Sedan	1000	1600	5250
1954	Powermaster	6 cyl.	Club Coupe	1200	1850	5500
1955	Fireflite	(V)8 cyl.	4 Door			
			Sedan	1600	2500	6000
1955	Fireflite	(V)8 cyl.	2 Door			
	Sportsman	4.8 Litre	Hardtop	1600	4200	7500
1955	Fireflite	(V)8 cyl.	Convertible	2500	3900	9600
1956	Fireflite	(V)8 cyl.	Convertible	2800	4100	9500
1956	Sportsman	(V)8 cyl.	4 Door			
			Hardtop	2800	4100	9500

DeSoto — 1952 "Firedome"

YEAR	MODEL	ENGINE	BODY	F	G	E
1956	Fireflite	(V) 8 cyl.	4 Door			
		4.8 Litre	Sedan	1600	3400	6750
1956	Adventurer	(V) 8 cyl.	Hardtop	1600	4600	7500
1957	Adventurer	(V) 8 cyl.	Hardtop	1900	3600	8100
1957	Fireflite	(V) 8 cyl.	Convertible	3200	4200	14800
1957	Fireflite	(V) 8 cyl.	Sedan	700	1100	3200
1957	Firedome	8 cyl.	Hardtop			
			2 or 4 Door	500	1400	4000
1957	Firesweep	8 cyl.	Sedan	500	1400	4250
1957	Firesweep	8 cyl.	Hardtop	500	1400	4250
1958	Fireflite	(V) 8 cyl.				
		4.8 Litre	Convertible	1100	2900	5800
1958	Adventurer	(V) 8 cyl.	2 Door			
			Hardtop	700	1750	4750
1958	Firesweep	8 cyl.	Sedan	500	1400	4000
1958	Firesweep	8 cyl.	Hardtop	500	1400	4250
1958	Firesweep	8 cyl.	Station			
			Wagon	500	1400	4250
1959	Fireflite	(V) 8 cyl.	Convertible	1800	3000	7100
1959	Fireflite	(V) 8 cyl.	Hardtop	1600	2700	5500
1959	Fireflite	(V) 8 cyl.	Station			
			Wagon	1600	2400	5000
1959	Firedome	(V) 8 cyl.	4 Door			
			Sportsman	1000	1600	3600
1960	Fireflite	(V) 8 cyl.	Convertible	2200	3700	9250
1961	Adventurer	(V) 8 cyl.	2 Door			
			Hardtop	1200	2300	4300

DETROIT (United States, 1899–1914)

1901		2 cyl.	Touring	5500	10500	23000
1904		2 cyl.	Tonneau	3500	9000	16000
1905		2 cyl.	Runabout	3400	8700	15800
1907		2 cyl.	Touring	3400	8800	15500
1914	Little Detroit	4 cyl.	Cycle	2200	5000	8000

DOBLE (United States, 1914–31)

1923	D	Steam	Roadster	17500	35000	75000
1924	E	Steam	Touring	14000	28000	66000
1925	E	Steam	Roadster	17500	35000	80000
1925	E	Steam	Roadster	16000	32500	80000
1931	Deluxe	2 cyl. Steam	Roadster	30000	65000	100000

DODGE (United States, 1914-to-date)

1914	Four	4 cyl.	Touring	3900	5600	11000

YEAR	MODEL	ENGINE	BODY	F	G	E
1915	Four	4 cyl.	Touring	2500	4000	8000
1916	Four	4 cyl.	Touring	2600	4000	9000
1916	Four	4 cyl.	Roadster	2600	4000	9000
1917	Four	4 cyl.	Coupe	3000	5000	7000
1917	Four	4 cyl.	Touring	2600	4500	9000
1917	Four	4 cyl.	Roadster	2600	4500	9000
1917	Four	4 cyl.	Coupe	2500	4300	6000
1917	Four	4 cyl.	Sedan	2200	4000	5700
1918	Four	4 cyl.	Roadster	3500	5300	9600
1919	Four	4 cyl.	Sedan	2000	4500	9600
1919	Four	4 cyl.	Touring	3000	4000	9000
1919	Four	4 cyl.	Coupe	2200	4000	5700
1920	20	4 cyl.	Touring	2600	4000	9000
1921	21	4 cyl.	Touring	3000	4000	9000
1921	21	4 cyl.	Sport Roadster	3000	4000	9000
1921	21	4 cyl.	Sedan	1800	3500	5100
1921	21	4 cyl.	Coupe	2100	3900	5500
1922	22	4 cyl.	Roadster	3400	4700	9000
1922	22	4 cyl.	Touring	3300	4700	9000
1922	22	4 cyl.	Sedan	2000	3700	5300
1922	22	4 cyl.	Coupe	2100	3900	5500
1923	23	4 cyl.	Touring	3000	4400	8500
1924	24	4 cyl.	Coupe	3000	5000	7000
1924	24	4 cyl.	Touring	3000	5000	7000
1924	24	4 cyl.	Touring Sport	3000	6000	9000
1924	23	4 cyl.	Sedan– 2 styles	2100	3900	5500
1924	23	4 cyl.	Coupe– 3 styles	2400	4200	5700
1925	25	4 cyl.	Coach	2000	3000	5000
1925	25	4 cyl.	Sport Roadster	2500	4000	6000
1925	25	4 cyl.	Sedan	2250	3400	5800
1925	25	4 cyl.	Touring	3600	5000	9000
1926	26	4 cyl.	Sedan	2000	5000	7000
1926	26	4 cyl.	Sport Touring	4000	5100	10200
1926	26	4 cyl.	Coupe	2100	3400	5600
1926	Special	4 cyl.	Roadster	4100	5100	9600

YEAR	MODEL	ENGINE	BODY	F	G	E
1927	124	6 cyl.	Business Coupe	2000	4000	6000
1927	124	6 cyl.	Sport Phaeton	3000	5000	10000
1927	124	6 cyl.	Sedan	2100	2100	5600
1928	Fast Four	4 cyl.	Sedan	2000	3000	5600
1928	Fast Four	4 cyl.	Sedan	2200	4000	5700
1928	Fast Four	4 cyl.	Coupe	2400	4300	6000
1928	Victory	6 cyl.	Sedan	2000	3500	6100
1928	Victory	6 cyl.	Rumble Seat Coupe	2600	4000	7500
1928	Victory	6 cyl.	Phaeton	4000	6000	8000
1928	Victory	6 cyl.	Roadster	3500	6000	10000
1928	Senior Six	6 cyl.	Sedan	2000	4000	10000
1928	Senior Six	6 cyl.	Roadster	4000	6000	10000
1928	Senior Six	6 cyl.	Victoria	3500	6000	9000
1929	Victory	6 cyl.	Touring	7000	10000	24000
1929	Victory	6 cyl.	Roadster	7400	11000	26000
1929	Victory	6 cyl.	Sport Touring	7200	10500	24500
1929	Victory	6 cyl.	Sport Sedan	4000	6000	8000
1929	Victory	6 cyl.	Coupe	3000	4500	9000
1929	Victory	6 cyl.	Sedan	2000	3300	6000
1929	Senior Six	6 cyl.	Roadster	6600	9600	22000
1929	Senior Six	6 cyl.	Victoria	4000	7000	14000
1929	Senior Six	6 cyl.	Rumble Seat Coupe	4000	6500	13500
1930	DA	6 cyl.	Roadster	8100	12500	31000
1930	DA	6 cyl.	Sedan– 3 styles	3000	5000	7000
1930	DA	6 cyl.	Coupe– 2 styles	3100	5400	7300
1930	DA	6 cyl.	Victoria	3000	5000	7000
1930	DA	6 cyl.	Brougham	3100	5400	7300
1930	DD	6 cyl.	Sedan	2000	3600	6500
1930	Senior	8 cyl.	Sport Coupe	4000	6500	10000
1930	DC	8 cyl.	Sport Roadster	4000	6000	10000
1930	DC	8 cyl.	Sedan	2500	4300	7000
1931	DG	8 cyl.	Sport Roadster	2600	4400	8000
1931	DG	8 cyl.	Rumble Seat Coupe	3500	5300	9100

YEAR	MODEL	ENGINE	BODY	F	G	E
1931	DH	6 cyl.	Sedan	2300	3700	6300
1932	DK	8 cyl.	Sedan	3000	5000	9000
1932	DL	6 cyl.	Sedan	2300	3700	7600
1932	DL	8 cyl.	Rumble Seat Coupe	3000	4600	8500
1932	DL	8 cyl.	Cabriolet	4200	5500	9500
1933	DP	6 cyl.	Sedan	2400	4300	6000
1933	DP	6 cyl.	Coupe– 2 styles	3000	5000	7000
1933	DP	6 cyl.	Brougham– 2 styles	2100	3900	5500
1933	Series DP	6 cyl.	Convertible	3800	5000	9000
1933	DO	8 cyl.	Sport Coupe	3800	5000	9000
1933	DO	8 cyl.	Sedan	3800	5000	8500
1934	DR	6 cyl.	Cabriolet	3000	6000	10000
1934	DR	6 cyl.	Coupe	2000	3000	8200
1934	DR	6 cyl.	Convertible	3500	9000	15000
1935	DU	6 cyl.	2 Door Sedan	1500	2100	5500
1935	DU	6 cyl.	Sedan	2100	3900	5500
1935	DU	6 cyl.	Coupe– 2 styles	2400	4200	5700

Dodge — 1921 "Touring"
Courtesy of White Post Restorations, White Post, Virginia

YEAR	MODEL	ENGINE	BODY	F	G	E
1935	DU	6 cyl.	Touring Sedan	2400	4300	6000
1935	DR	6 cyl.	Convertible	3000	7000	14000
1936	D2	6 cyl.	Convertible Sedan	4000	9000	13000
1936	D2	6 cyl.	Sedan	1000	4000	7000
1936	D2	6 cyl.	2 Door Sedan	1000	4000	9000
1937	D5	6 cyl.	Touring Sedan	2000	3700	5300
1937	D5	6 cyl.	Sedan	1000	3000	8000
1937	D5	6 cyl.	Coupe	1000	4000	8000
1938	D8	6 cyl.	Convertible	3000	6000	13000
1938	D8	6 cyl.	Sedan	1000	3875	7000
1938	D8	6 cyl.	Convertible Sedan	7000	11000	20000
1938	D8	6 cyl.	Business Coupe	2400	4200	5700
1939	D8	6 cyl.	Station Wagon	2400	4300	6500
1939	D13	6 cyl.	Victoria Coupe	2000	5000	10000
1939	D13	6 cyl.	Sedan	1000	3500	7000
1939	D11	6 cyl.	Coupe	2400	4300	6000
1939	D11	6 cyl.	Town Coupe	3000	5000	7000
1939	D11	6 cyl.	Sedan	2200	4000	5700
1939	D11	6 cyl.	Limousine	4000	6000	8000
1940	D17	6 cyl.	Sedan	1500	2300	5500
1940	D17	6 cyl.	Cabriolet	3600	4500	9000
1941	D19	6 cyl.	Sedan	800	1400	4800
1941	D19	6 cyl.	2 Door Sedan	800	1400	5000
1941	D19	6 cyl.	Convertible	5700	8300	16500
1941	D19	6 cyl.	Town Sedan	2000	3200	6700
1942	D22	6 cyl.	Sedan	2200	4000	5700
1942	D22 Custom	6 cyl.	Coupe	2400	4300	6000
1942	D22 Custom	6 cyl.	Brougham	2800	4700	6500

YEAR	MODEL	ENGINE	BODY	F	G	E
1942	D22					
	Custom	6 cyl.	Limousine	4000	6000	8000
1942	D22	6 cyl.	2 Door			
			Sedan	1300	1900	5500
1942	D22	6 cyl.	Town Sedan	1900	3100	6700
1946		6 cyl.	Town Sedan	1200	2000	5300
1946	D24	6 cyl.	2 Passenger			
			Coupe	1500	2500	7000
1946	D24	6 cyl.	Cabriolet	1650	3000	9000
1947	D24					
	Custom	6 cyl.	Sedan	2500	4600	6400
1947	D24					
	Custom	6 cyl.	Coupe	2800	5000	6800
1947	D24					
	Custom	6 cyl.	Convertible	5700	8300	16500
1947	D24	6 cyl.	Sedan	1500	2500	7000
1948	D24	6 cyl.	Convertible			
			Coupe	2500	4500	10000
1948	D24					
	Custom	6 cyl.	Sedan	2300	4100	5800
1948	D24					
	Custom	6 cyl.	Town Sedan	2400	4300	6000
1948	D24					
	Custom	6 cyl.	Coupe	3000	5000	7200
1948	D24					
	Custom	6 cyl.	Convertible	5700	8300	16500
1949	Wayfarer	6 cyl.	Roadster	2800	5000	10000
1949	Meadowbrook	6 cyl.	Sedan	2200	4000	5500
1949	Coronet	6 cyl.	Sedan	2100	3900	5500
1949	Coronet	6 cyl.	Coupe	2400	4300	6000
1949	Coronet	6 cyl.	Station			
			Wagon	5000	8000	10000
1950	Coronet	6 cyl.	Sedan	1500	2750	7000
1950	Coronet	6 cyl.	Town Sedan	2200	4000	5700
1950	Coronet	6 cyl.	Hardtop	3100	4700	6600
1950	Coronet	6 cyl.	Station			
			Wagon	4400	6500	8600
1950	Coronet	6 cyl.	Convertible	5100	7000	10000
1950	Wayfarer	6 cyl.	Roadster	2800	5000	10000
1951	Meadowbrook	6 cyl.	2 Door			
			Sedan	1500	2500	6000

Dodge — 1948
Courtesy of White Post Restorations, White Post, Virginia

YEAR	MODEL	ENGINE	BODY	F	G	E
1952	Coronet	6 cyl.	Convertible	2000	4000	8000
1953	Coronet	(V) 8 cyl.	Convertible	3000	5000	9000
1954	Coronet	(V) 8 cyl.	2 Door Hardtop	1500	3500	7000
1955	Royal	(V) 8 cyl.	4 Door Sedan	2000	3550	7000
1956	Custom Royal	6 cyl.	Sedan	750	1000	3300
1957	Royal Lancer	(V) 8 cyl.	2 Door Hardtop	800	2500	5500
1958	Royal Lancer	(V) 8 cyl.	4 Door Sedan	1000	2500	4750
1959	Royal Lancer	(V) 8 cyl.	4 Door Sedan	1000	2500	4750
1960	Phoenix	8 cyl.	Hardtop 2 or 4 Door	1000	2300	3700
1960	Pioneer	8 cyl.	Sedan 2 or 4 Door	850	2000	3300
1960	Seneca	8 cyl.	Sedan 2 or 4 Door	850	2000	3300

YEAR	MODEL	ENGINE	BODY	F	G	E
1961	Lancer	6 cyl.	Sedan	850	2000	3300
1961	Polara	8 cyl.	Sedan			
			2 or 4 Door	850	2000	3300
1961	Pioneer	8 cyl.	Sedan	850	2000	3300
1961	Pioneer	8 cyl.	Hardtop	1000	2300	3700
1962	Lancer 770	6 cyl.	Sedan			
			2 or 4 Door	850	2000	3300
1962	Dart 440	8 cyl.	Sedan			
			2 or 4 Door	900	2100	3200
1962	Dart 440	8 cyl.	Station			
			Wagon	850	2000	3300
1962	Polara	8 cyl.	Convertible	3000	7000	9000
1962	880	8 cyl.	Sedan	900	2100	3200
1962	880	8 cyl.	Hardtop	1000	2300	3700
1963	Polara	(V) 8 cyl.	2 Door			
			Hardtop	900	1200	4500
1964	Dart 170	6 cyl.	Sedan			
			2 or 4 Door	850	2000	3300
1964	Dart 270	6 cyl.	Sedan			
			2 or 4 Door	850	2200	3300
1964	Dart 270	6 cyl.	Convertible	2400	4300	6000
1964	Dodge	8 cyl.	Sedan			
			2 or 4 Door	1000	2200	3700
1964	Dodge	8 cyl.	Hardtop	1200	2600	4300
1964	Polara	8 cyl.	Sedan	1100	2300	4200
1964	880	8 cyl.	Sedan	1200	2600	4300
1964	880	8 cyl.	Station			
			Wagon	1200	2600	4300
1966	Charger	(V) 8 cyl. (Hemi)	Coupe	1500	2500	6500
1968	Coronet	8 cyl.	Sedan			
	Deluxe		2 or 4 Door	850	2200	3300
1968	Coronet 440	8 cyl.	Sedan			
			2 or 4 Door	850	2200	3300
1968	Coronet 500	8 cyl.	Convertible	2400	4300	6100
1968	Dart	6 cyl.	Sedan			
			2 or 4 Door	850	2200	3300
1968	Dart	8 cyl.	Sedan	850	2200	3300
1968	Polara	8 cyl.	Hardtop			
			2 or 4 Door	1100	2300	4200
1968	Monaco	8 cyl.	Sedan	850	2200	3300
1969	Charger	8 cyl.	Hardtop	3000	6000	9000

YEAR	MODEL	ENGINE	BODY	F	G	E
1969	Charger 500	8 cyl.	Hardtop	3200	6300	9200
1969	Coronet		Station			
	Deluxe	8 cyl.	Wagon	1000	2300	3700
1969	Coronet 440	8 cyl.	Sedan			
			2 or 4 Door	850	2200	3300
1969	Coronet 500	8 cyl.	Convertible	2400	4300	6100
1969	Dart GT	8 cyl.	Hardtop	2400	4300	6100
1969	Dart					
	Custom	8 cyl.	Sedan	850	2200	3300
1969	Dart					
	Swinger	8 cyl.	Hardtop	1200	2600	4300
1970	Charger		2 Door			
	500	(V) 8 cyl. (Hemi)	Hardtop	1600	3000	7000
1970	Polara 500	(V) 8 cyl.	Convertible	1500	2000	5000
1971	Charger	8 cyl.	Super Bee	1600	3300	5600
1971	Coronet					
	Brougham	8 cyl.	Sedan	600	1500	2600
1971	Demon	8 cyl.	Coupe	850	2200	3300
1972	Dart	8 cyl.	Sedan	850	2200	3300
1972	Monaco	8 cyl.	Hardtop			
			2 or 4 Door	850	2200	3300
1973	Challenger	8 cyl.	Rallye	2400	4300	6100
1973	Coronet		Station			
	Custom	8 cyl.	Wagon	700	2000	3000
1973	Monaco	8 cyl.	Brougham	850	2200	3300
1973	Polara	8 cyl.	Sedan	850	2200	3300
1974	Dart 360	8 cyl.	Coupe	850	2200	3300
1974	Swinger	8 cyl.	Hardtop	850	2200	3300
1974	Monaco					
	Brougham	8 cyl.	Sedan	850	2200	3300
1975	Dart	8 cyl.	Sedan	700	2000	3000
1975	Dart					
	Custom	8 cyl.	Coupe	1100	2300	4200
1975	Royal					
	Monaco	8 cyl.	Sedan	850	2200	3300

DUESENBERG (United States, 1920–37)

1920	A	8 cyl.	Roadster	13000	29000	77000
1920	A	8 cyl. Straight	Cabriolet	13000	27000	60000
1920	A	8 cyl.	Racing	16000	31000	84000
1921	A	8 cyl.	Dual Cowl			
			Phaeton	16000	37500	75000

YEAR	MODEL	ENGINE	BODY	F	G	E
1921	A	8 cyl.	Sedan	8900	18000	36000
1922	A	8 cyl.	Sedan	8900	18000	34000
1922	A	8 cyl.	Racing	16000	29000	80000
1922	A	8 cyl.	Roadster	13000	26000	75000
1923	DC	8 cyl.	Dual Cowl Phaeton	16000	33000	83000
1923	A	8 cyl.	Sedan	10900	18000	33000
1923		8 cyl.	Racing	16000	32000	86000
1924	A	8 cyl.	Phaeton	18000	40000	90000
1924	A	8 cyl.	Sedan	10000	21000	45000
1924	A	8 cyl.	Racing	15000	36000	90000
1925	A 5 Ps	8 cyl.	Sedan	10000	19000	43000
1925	A	8 cyl.	Phaeton	20000	39000	92000
1925	A	8 cyl.	Racing	16000	29000	90000
1926	A	8 cyl.	Dual Cowl Phaeton	20000	56000	140000
1926	A 5 Ps	8 cyl.	Coupe	15000	29000	62000
1926	A	8 cyl.	Roadster	20000	42000	82000
1926	X	8 cyl.	Sedan	15000	26000	58000
1927	X	8 cyl.	Sport Touring	19000	40000	95000
1927	X 7 Ps	8 cyl.	Limousine	17000	32000	73000
1927	X	8 cyl.	Racing	16000	36000	87000
1927	X	8 cyl.	Sedan	14000	29000	60000
1928	Holbrook-J	8 cyl.	Sedan	29000	72000	160000
1928	Holbrook-J	8 cyl.	Town Cabriolet	50000	96000	220000
1928	J	8 cyl.	Touring	46000	86000	220000
1928	Murphy-J	8 cyl.	Convertible Roadster	72000	160000	320000
1928	J	8 cyl.	Dual Cowl Sport Phaeton	86000	150000	300000
1928	J	8 cyl.	Brougham	50000	104000	190000
1928	J	8 cyl.	Berline	50000	105000	220000
1928	J	8 cyl.	Limousine	40000	105000	220000
1928	Derham-J	8 cyl.	2 Window Sedan	50000	90000	190000
1928	Rollston-J	8 cyl.	Town Sedan	50000	110000	220000
1928	LeBaron-J	8 cyl.	Phaeton	86000	120000	290000
1929	Murphy-J	8 cyl.	Convertible Roadster	86000	120000	300000

YEAR	MODEL	ENGINE	BODY	F	G	E
1929	Derham-J	8 cyl.	Dual Cowl Phaeton	96000	170000	320000
1929	J	8 cyl.	Roadster	86000	130000	280000
1929	Murphy-J	8 cyl.	Convertible Sedan	86000	130000	320000
1929	Rollston-J	8 cyl.	Limousine	72000	120000	220000
1929	J	8 cyl.	Berline	72000	105000	220000
1929	J	8 cyl.	Brougham	72000	105000	220000
1929	J	8 cyl.	Sport Phaeton	86000	160000	320000
1929	Derham-J	8 cyl.	Phaeton	86000	150000	320000
1929	J	8 cyl.	Cabriolet	74000	140000	260000
1929	J	8 cyl.	Sport Coupe	74000	140000	360000
1929	J	8 cyl.	Cabriolet	74000	140000	280000
1929	J	8 cyl.	Sedan	47000	92000	170000
1929	J	8 cyl.	Enclosed Sedan	47000	101000	190000
1929	Rollston-J	8 cyl.	Town Sedan	70000	120000	190000
1929	Rollston-J	8 cyl.	All Weather Cabriolet	79000	130000	220000
1929	Murphy-J	8 cyl.	Convertible Berline	86000	160000	320000
1929	Holbrook-J	8 cyl.	Sport Sedan	81000	140000	210000
1929	Holbrook-J	8 cyl.	French Cabriolet	87000	160000	320000
1929	Derham-J	8 cyl.	Close Coupe Town	81000	140000	210000
1929	J	8 cyl.	Convertible Touring	87000	160000	300000
1930	J	8 cyl.	Convertible Sedan	87000	140000	280000
1930	Beverly-J	8 cyl.	Sedan	54000	96000	220000
1930	Rollston-J	8 cyl.	Town Sedan	59000	103000	220000
1930	J	8 cyl.	Cabriolet	70000	140000	250000
1930	Derham-J	8 cyl.	Touring	87000	160000	320000
1930	Murphy-J	8 cyl.	Boattail Speedster	98000	190000	380000
1930	J	8 cyl.	Convertible	87000	160000	300000
1930	Murphy-J	8 cyl.	Convertible Roadster	87000	160000	310000
1930	Rollston-J	8 cyl.	Convertible Victoria	87000	160000	310000

YEAR	MODEL	ENGINE	BODY	F	G	E
1930	Murphy-J	8 cyl.	Sedan	54000	87000	190000
1930	Derham-J	8 cyl.	Close Coupe	54000	87000	200000
1930	Brunn-J	8 cyl.	Town Brougham	54000	87000	200000
1930	Judkins-J	8 cyl.	2 Passenger Coupe	54000	87000	200000
1930	LeBaron-J	8 cyl.	Dual Cowl Phaeton	92000	160000	320000
1930	Murphy-J	8 cyl.	Town Sedan	54000	87000	210000
1930	Murphy-J	8 cyl.	Club Sedan	54000	87000	210000
1930	J	8 cyl.	Roadster	87000	150000	320000
1930	J	8 cyl.	Convertible Coupe	77050	130000	300000
1930	J	8 cyl.	Sport Phaeton	87000	150000	320000
1930	J	8 cyl.	Limousine	54000	87000	180000
1931	J	8 cyl.	Convertible	87000	150000	290000
1931	J	8 cyl.	Phaeton	92000	160000	320000
1931		8 cyl.	Dual Cowl Phaeton	94000	160000	320000
1931	J	8 cyl.	Convertible Sedan	87000	160000	300000
1931	Franay-J	8 cyl.	Limousine	59000	98000	200000
1931	J	8 cyl.	Convertible Roadster	81000	160000	290000
1931	J	8 cyl.	Town Brougham	54000	92000	200000
1931	J	8 cyl.	Town Sedan	54000	87000	190000
1931	Derham-J	8 cyl.	Touring	87000	160000	320000
1931	LeBaron-J	8 cyl.	Convertible Berline	87000	160000	320000
1931	Derham-J	8 cyl.	Convertible Sedan	87000	160000	320000
1931	Murphy-J	8 cyl.	Convertible Roadster	87000	160000	320000
1931	Rollston-J	8 cyl.	Convertible Victoria	87000	160000	320000
1931	French-J	8 cyl.	Speedster	92000	170000	320000
1931	Murphy-J	8 cyl.	Town Car	59000	98000	220000

YEAR	MODEL	ENGINE	BODY	F	G	E
1931	Rollston-J	8 cyl.	Town Car	59000	92000	220000
1931	Judkins-J	8 cyl.	4 Passenger Coupe	50000	87000	180000
1931	Judkins-J	8 cyl.	Berline Coupe	50000	87000	190000
1931	Murphy-J	8 cyl.	Limousine	54000	92000	220000
1931	J	8 cyl.	Formal Sport Sedan	54000	92000	220000
1932	SJ	8 cyl. (Supercharged)	Roadster	98000	120000	370000
1932	J	8 cyl.	Convertible Sedan	87000	170000	320000
1932	LeGrande SJ	8 cyl. (Supercharged)	Phaeton	105000	200000	390000
1932	Beverly SJ	8 cyl. (Supercharged)	Sedan	76000	160000	260000
1932	Weymann SJ	8 cyl. (Supercharged)	Fishtail Speedster	110000	240000	450000
1932	Murphy-J	8 cyl.	Town Car	59000	104000	220000
1932	Murphy	8 cyl.	Convertible	78000	150000	320000
1932	Brunn-SJ	8 cyl. (Supercharged)	Torpedo Phaeton	98000	220000	320000
1932	Murphy-J	8 cyl.	Roadster	78000	160000	310000
1932	Rollston-J	8 cyl.	Town Car	59000	104000	200000
1932	Murphy-J	8 cyl.	Limousine	51250	89500	195000
1932	LeBaron-J	8 cyl.	Phaeton	87000	158500	330000
1932	Judkins-J	8 cyl.	Berline Coupe	54250	84500	202000
1932	Willoughby-J	8 cyl.	Limousine	54250	84500	197000
1932	LeBaron-J	8 cyl.	Dual Cowl Phaeton	85750	174500	325000
1933	Twenty Grand-SJ	8 cyl.	Sedan	76000	185000	360000
1933	SJ	8 cyl. (Supercharged)	Roadster	106500	228000	330000
1933	Weymann-J	8 cyl.	Phaeton	117500	158500	300000
1933	Brunn-SJ	8 cyl. (Supercharged)	Phaeton	98000	212500	322500
1933	Brunn-SJ	8 cyl. (Supercharged)	Sport Convertible	98000	217000	330000

Duesenberg — 1932 "Model J Dual Cowl Phaeton"

YEAR	MODEL	ENGINE	BODY	F	G	E
1933	Rollston-J	8 cyl.	Convertible Torpedo Victoria	87000	170000	315000
1933	Special-SJ	8 cyl. (Super-charged)	Racing Roadster	103000	215800	325000
1933	Murphy-SJ	8 cyl. (Super-charged)		109500	213500	328800
1933	Murphy-J	8 cyl.	Town Car	59000	104000	223500
1933	Rollston-J	8 cyl.	Town Car	59000	104000	223000
1933	Rollston-J	8 cyl.	Closed Sedan	51250	87500	200000
1933	Murphy-J	8 cyl.	Convertible	87500	211500	330000
1933	Murphy-SJ	8 cyl. (Super charged)	Boattail Speedster	109500	239500	325000
1933	Murphy-J	8 cyl.	Limousine	45500	94500	150000
1933	Fernandez & Darrin-J	8 cyl.	Open Front Victoria	62500	163500	250000
1934	LeBaron-SJ	8 cyl. (Super-charged)	Dual Cowl Phaeton	105250	229500	330000
1934	J	8 cyl.	Roadster	87500	168500	292800
1934	LeGrande-J	8 cyl.	Speedster	85500	164000	323800

YEAR	MODEL	ENGINE	BODY	F	G	E
1934	Brunn-SJ	8 cyl. (Super-charged)	Riviera Phaeton	107050	228500	370000
1934	LeGrande-J	8 cyl.	Roadster	79000	158500	295000
1934	LeGrande-J	8 cyl.	Coupe	59250	98500	221500
1934	J	8 cyl.	Cabriolet	55250	101700	227000
1934	J	8 cyl.	Phaeton	87500	168500	305000
1934	Brunn-J	8 cyl.	Convertible Sport	87000	165700	301700
1934	Murphy-J	8 cyl.	Roadster	87000	165900	305500
1934	Walker-J	8 cyl.	3 Passenger Coupe	49200	85200	205000
1934	Murphy-SJ	8 cyl. (Super-charged)	Limousine	77350	153500	285000
1934	Judkins-J	8 cyl.	Berline Coupe	52000	94500	191500
1934	Judkins-J	8 cyl.	Limousine	56450	96000	197000
1934	J	8 cyl.	Roadster	99000	158500	325000
1934	J	8 cyl.	Town Limousine	54000	92000	215000
1934	J	8 cyl.	Sport Phaeton	87000	158500	325000
1935	Rollston-JN	8 cyl.	Convertible Sedan	87000	155200	290000
1935	Rollston-JN	8 cyl.	Sedan	45400	92900	191500
1935	Rollston-JN	8 cyl.	Convertible	87500	165000	289500
1935	Rollston-JN	8 cyl.	Opera Brougham	76250	147500	230000
1935	Rollston-JN	8 cyl.	Convertible Coupe Long Wheel Base	87000	168500	295000
1935	LeGrande-J	8 cyl.	Roadster	87500	168500	305000
1935	Walker-SJ	8 cyl.	Phaeton	104500	228500	359000
1935	Bohman-SJ	8 cyl.	Town Car	87000	158500	287500
1935	Murphy-SJ	8 cyl.	Roadster	109300	228500	328000
1935	Rollston-J	8 cyl.	Town Car	52500	109000	228000
1935	J	8 cyl.	Convertible	87500	168500	305000
1935	SSJ	8 cyl. (Super-charged)	Roadster	157500	251000	370000
1936	SJ	8 cyl. (Super-charged)	Sedan	81750	163500	250000

YEAR	MODEL	ENGINE	BODY	F	G	E
1936	SSJ	8 cyl. (Super-charged)	Maharaja Boattailed Speedster	194000	275000	500000
1936	Y	12 cyl.	Prototype Race Car	130000	260000	380000
1936	SSJ	8 cyl.	Marmon Meter Race Car	167000	307500	450000
1936	JN	8 cyl.	Convertible Coupe	82000	168500	300000
1936	J	8 cyl.	Convertible Sedan	79500	168500	325000
1936	SSJ	8 cyl. (Super-charged)	Roadster	106800	226800	325000
1936	Bohman SJ	8 cyl.	Convertible	98200	220700	322500
1936	Murphy-J	8 cyl.	Roadster	87100	168000	326000
1936	SJ	8 cyl. (Super-charged)	Roadster	87000	180000	325000
1936	Bohman-J	8 cyl.	Airflow Coupe	59500	109000	210000
1936	Bohman-J	8 cyl.	Sedan	51200	99200	190000
1936	J	8 cyl.	Limousine	54100	99200	190000
1936	J	8 cyl.	Sport Phaeton	76000	157500	305900
1936	J	8 cyl.	Roadster	76500	157500	305900
1936	J	8 cyl.	Town Car	54100	99700	202500
1936	J	8 cyl.	Town Limousine	54500	99100	200000
1937	Bohman-J	8 cyl.	Throne	50500	89700	190000
1937	Bohman-J	8 cyl.	Convertible Coupe	70200	140500	270000
1937	Derham-SJ	8 cyl. (Super-charged)	Touring	107300	228000	326800
1937	Derham-J	8 cyl.	Phaeton	87000	161800	305000
1937	J	8 cyl.	Convertible Sedan	76750	151300	305000
1937	Rollston-J	8 cyl.	Convertible Torpedo Victoria	87000	168500	300000
1937	Rollston-J	8 cyl.	Hardtop Sedan	56700	94500	210000

YEAR	MODEL	ENGINE	BODY	F	G	E
1937	Weymann-J	8 cyl.	Convertible Coupe	85300	163000	290000
1937	Weymann-J	8 cyl.	Sport Sedan	52300	92500	185000
1937	Brunn-J	8 cyl.	Torpedo Phaeton	85400	161800	320000
1937	Rollston-J	8 cyl.	Convertible Sedan	84800	155700	280000
1937	Murphy-J	8 cyl.	Roadster	87000	164000	305000
1937	LeGrande-J	8 cyl.	Dual Cowl Phaeton	86800	185000	325000
1937	J	8 cyl.	Limousine	46350	92700	220000

DUESENBERG II (United States, 1978-to-date)

YEAR	MODEL	ENGINE	BODY	F	G	E
1978	J	8 cyl.	Speedster	109000	114000	130000
1979	J	8 cyl.	Speedster	89000	95000	100000
1980	J	8 cyl.	Speedster	86000	99000	98000
1981	J	8 cyl.	Dual Cowl Phaeton	96000	130000	145000

DU PONT (United States, 1920–32)

YEAR	MODEL	ENGINE	BODY	F	G	E
1920		4 cyl.	Touring	4500	12000	27000
1923		6 cyl. (Herschell-Spillman)	Touring	5000	13000	30000
1925	D	6 cyl. (Wisconsin)	Touring	5500	14000	35000
1928	E	8 cyl.	Touring	5500	14000	36000
1928	G	8 cyl. (Continental)	Speedster	9000	28000	75000
1929	G	8 cyl.	Roadster	8000	25000	55000
1931	H	8 cyl.	Touring	5500	14000	38000

E

YEAR	MODEL	ENGINE	BODY	F	G	E
EAGLE (United States, 1904–24)						
1904		2 cyl.	Tonneau	2800	6000	15000
1905		4 cyl.	Touring	2800	7000	18000
1908		2 cyl.	High-wheel	2500	6300	14000
1909		2 cyl. (Air-cooled)	Roadster	2500	6300	14500
1914		5 cyl. (Air-cooled)	Cycle	2300	7000	17500
1923		6 cyl. (Continental)	Touring	3800	8800	18500
EDSEL (United States, 1958–60)						
1958	Ranger	(V) 8 cyl.	2 Door Hardtop	1000	3000	4500
1958	Citation	(V) 8 cyl.	4 Door Hardtop	1100	2325	5000
1958	Citation	(V) 8 cyl.	2 Door Hardtop	1100	2400	4750
1958	Citation	(V) 8 cyl.	Convertible	2200	3300	14750
1959	Ranger	(V) 8 cyl.	2 Door Hardtop	2100	3500	8000
1959	Corsair	(V) 8 cyl.	Convertible	3000	5000	12950
1959	Corsair	(V) 8 cyl.	2 Door Hardtop	1100	2200	4000
1959	Villager	(V) 8 cyl.	Station Wagon	650	1300	2800
1960	Ranger	(V) 8 cyl.	Convertible	2200	3300	7600
1960	Ranger	(V) 8 cyl.	Station Wagon	1100	2400	6100
1960	Ranger	(V) 8 cyl.	2 Door Hardtop	1700	2650	5500
1960	Ranger	(V) 8 cyl.	Convertible	2000	3000	7600
EDWARDS (United States, 1953–55)						
1953		(V) 8 cyl. (Ford)	Sport	1500	3000	8000
1953		(V) 8 cyl. (Lincoln)	Sport	1800	3500	8800
EDWARDS-KNIGHT (United States, 1912–14)						
1912	25	4 cyl. (Knight)	Touring	2500	7000	14000

YEAR	MODEL	ENGINE	BODY	F	G	E
ELGIN (United States, 1899–1925)						
1899	5	1 cyl.	Runabout	2250	4500	9000
1899		Electric	Runabout	3000	8000	17000
1916	17	4 cyl.	Roadster	3500	7000	14000
1918	17 E	6 cyl. (Falls)	Sedan	3500	7000	12000
1919	H	6 cyl.	Touring	4500	9500	18000
1925	Open	6 cyl.	Touring	3800	11500	21000
EMANCIPATOR (United States, 1909)						
1909		2 cyl.	Tonneau	3150	6350	13700
1909		4 cyl.	Tonneau	4250	8500	17000
E.M.F. (United States, 1908–12)						
1909	30A	4 cyl.	Touring	2700	6500	16000
1910	30A	4 cyl.	Touring	2400	6000	15000
1911	30A	4 cyl.	Touring	2800	6500	16000
1911	30A	4 cyl.	Touring	3300	7000	16500
1912	30A	4 cyl. 30 hp	Touring	3000	6800	16500
EMPIRE (United States, 1901–19)						
1901		Steam	Buggy	3500	8000	17000
1904		2 cyl. 15 hp	Tonneau	1800	5750	13750
1909	20	4 cyl. (GBS)	Roadster	2550	6100	14250
1912	20	4 cyl. (Teetor)	Sport Touring	2600	6250	14500
1912	20	6 cyl. (Continental)	Touring	3100	7250	16500
1913	31	6 cyl. (Continental)	Touring	3250	6500	14000
1919		6 cyl.	Touring	3250	6500	14000
ERSKINE (United States, 1926–30)						
1926		6 cyl.	Sedan	2200	5500	10500
1928	50	6 cyl.	Sedan	2200	5800	10750
1928	50	6 cyl.	Coupe	2500	6200	11500
1930	52	6 cyl.	Sedan	2200	5800	10800
1930	52	6 cyl.	Sedan	2200	5600	10600
1930	53	6 cyl.	Coupe	2600	6100	12400
ESHELMAN SPORTABOUT (United States, 1953–60)						
1953		8.4 bhp (Air-cooled)	Sport Runabout	1000	1700	3500
1960	Eagle	6 cyl.	2 Door Hardtop	1200	2900	5300

YEAR	MODEL	ENGINE	BODY	F	G	E
ESSEX (United States, 1906; 1918–32)						
1906		4 cyl.	Tonneau	3000	6500	12750
1918	A	4 cyl.	Coach	2300	4400	10000
1919	A	4 cyl.	Touring	3200	4600	12000
1921	5A 7A	4 cyl.	Coach	3000	4600	12000
1922	5A 7A	4 cyl.	Coach	2000	4800	10000
1922	5A 7A	4 cyl.	Touring	3200	7000	13500
1924		6 cyl.	Coupe	2400	4200	8500
1925		6 cyl.	Coach	3200	5000	9200
1926		6 cyl.	Coach	3200	5000	9200
1927		6 cyl.	Sedan	1700	2700	5500
1927		6 cyl.	Boattail Speedster	5000	7600	25000
1928		6 cyl.	Coupe	1700	4400	7200
1928	Super Six	6 cyl.	Roadster	4500	9500	17000
1929	Challenger	6 cyl.	Coupe	2400	4800	9800
1929	Challenger	6 cyl.	Boattail Speedster	4000	9800	20500
1929		6 cyl.	Touring	3700	8500	18250
1929		6 cyl.	4 Door Sedan	2500	4300	8500
1930	RS		Coupe	2600	4500	8800
1930	SP	6 cyl.	Roadster	4000	9500	18200
1930	Sun Sedan	6 cyl.	2 Door Convertible	3500	12500	24000
1930	Challenger	6 cyl.	Coach	2100	5500	10000
1931	Challenger	6 cyl.	Coupe	2400	5000	9500
1931	Challenger	6 cyl.	Coach	2400	5700	10500
1932	Terraplane	6 cyl.	Coach	2400	5700	11500
1932	Terraplane	8 cyl.	Convertible Coupe	5200	13500	26000
ETNYRE (United States, 1910–11)						
1910		4 cyl.	Roadster	3150	6350	13750
1910		4 cyl.	Touring	2500	5300	12600
1911		4 cyl.	Closed Coupe	2000	3000	9000
EUREKA (United States, 1899–1914)						
1899	High-Wheel	3 cyl.	Surrey	2700	6300	13500
1907	High-Wheel	2 cyl.	Surrey	2675	6250	13500
1908	High-Wheel	2 cyl. (Speedwell)	Surrey	2500	6250	13500
1909	High-Wheel	2 cyl.	Surrey	2500	6250	13500

YEAR	MODEL	ENGINE	BODY	F	G	E
EXCELSIOR (Brazil, 1903–32)						
1903		1 cyl. (Aster)	Sport	1050	3100	6000
1903		4 cyl. (Aster)	Sport	1050	3300	7300
1907	Adex	6 cyl.	Sport	1100	4250	8500
1907	Adex	4 cyl.	Sport	1000	3100	7250
1914	14/20	4 cyl.	Coupe	900	1900	4800
1921		4 cyl.	Touring	1100	4250	8500
1922	Albert I	6 cyl.	Sport			
			Touring	2150	5350	9750

F

YEAR	MODEL	ENGINE	BODY	F	G	E
FALCON (Great Britain, 1958–64)						
1958		100 E Ford	Coupe	800	1700	3500
1960	Competition	100 E Ford	Racing	1400	2800	5600
1961	Caribbean					
	GT	100 E Ford	Coupe	800	1650	3250
1962	Bermuda	100 E Ford	Sedan	800	1600	3200
1963	Type 515	100 E Ford	Coupe			
			Gran			
			Turismo	1000	1675	4250
FALCON-KNIGHT (United States, 1927–28)						
1927		6 cyl. (Knight)	Sedan	2500	6000	11250
1927	Gray Ghost	6 cyl. (Knight)	Roadster	4300	12800	19000
1927		6 cyl. (Knight)	Brougham	2800	6300	11700
FEDERAL (United States, 1901–09)						
1901		2 cyl.	Buggy	2250	7550	12500
1907	12	12 hp	Runabout	2350	7650	12600
1907	High-Wheel	2 cyl.	Buggy	2600	7250	13500
FEND (Germany, 1948–53)						
1948	3-Wheel	38cc (Victor)	Open	580	1500	3250
1948	3-Wheel	98cc (Sachs)	Open	680	1750	4500

YEAR	MODEL	ENGINE	BODY	F	G	E
FERRARI (Italy, 1940-to-date)						
1947	Tipo 166	(V) 12 2 Litre	Sport	45000	60000	100000
1947	Tipo 195	2.3 Litre	Sport	15000	20000	40000
1948	Tipo 212	2.5 Litre	Sport	50000	80000	120000
1948	Tipo 212	2.5 Litre	Touring	15000	25000	40000
1949	Tipo 166	2 Litre	Sedan	15000	20000	30000
1950	Tipo 375	(V) 12 cyl.	Racing Grand Prix	60000	80000	125000
1950	Tipo 340	4.1 Litre	Sport	60000	80000	120000
1950	Tipo 166	(V) 12 cyl.	Racing	45000	60000	100000
1951	Tipo 375	(V) 12 cyl.	Grand Prix Racing	60000	80000	105000
1951	Tipo 212	(V) 12 cyl.	Roadster	50000	80000	120000
1951	Tipo 342	(V) 12 cyl.	Touring	15000	20000	30000
1951	Tipo 500	4 cyl.	Grand Prix Racing	60000	30000	105000
1951	Tipo 625	4 cyl.	Grand Prix Racing	60000	80000	105000
1952	Tipo 375	(V) 12 cyl.	Touring	80000	100000	120000
1952	Tipo 500	4 cyl.	Racing	60000	80000	100000
1952	Tipo 625	4 cyl.	Racing	60000	80000	100000
1952	Tipo 553	4 cyl.	Grand Prix	60000	80000	100000
1953	Tipo 500 Mondial	4 cyl.	Roadster	80000	100000	125000
1953	Tipo 166	4 cyl.	Roadster	60000	75000	100000
1953	Tipo 375	(V) 12 cyl.	Touring	80000	100000	125000
1953	Tipo 533	4 cyl.	Grand Prix Racing	60000	80000	105000
1953	Tipo 555	4 cyl.	Grand Prix Racing	60000	80000	105000
1953	Tipo 625	4 cyl.	Grand Prix Racing	60000	80000	105000
1954	Tipo 375	(V) 12 cyl.	Sport	80000	100000	120000
1954	Tipo 342	(V) 12 cyl.	Touring	15000	20000	30000
1955	250 GT	(V) 12 cyl.	Touring	12000	15000	30000
1955	250 GT	(V) 12 cyl.	Berlinetta	60000	75000	90000
1956	Tipo 375	(V) 12 cyl.	Touring	20000	30000	46000
1956	Tipo 250	(V) 12 cyl.	Gran Turismo Coupe	12000	20000	30000

YEAR	MODEL	ENGINE	BODY	F	G	E
1956	Tipo 250	(V) 12 cyl.	Berlinetta	60000	75000	90000
1957	500 Testa Rosa	2 Litre.	Roadster	80000	100000	125000
1957	250 GT	(V) 12 cyl.	Touring	12000	30000	30000
1958	250 GT	(V) 12 cyl.	Berlinetta	60000	75000	90000
1958	250 GT	(V) 12 cyl.	Coupe	12000	15000	30000
1959	250 GT	(V) 12 cyl.	G.T. Coupe	12000	20000	25000
1959	250 GT	(V) 12 cyl.	Berlinetta	60000	75000	90000
1960	Tipo 250 GT	(V) 12 cyl.	Cabriolet	20000	25000	35000
1960	250 GT	(V) 12 cyl.	Coupe	12000	15000	20000
1960	Tipo 250 GT	(V) 12 cyl.	Berlinetta	60000	75000	100000
1960	Tipo 250 GT	(V) 12 cyl.	2 + 2	10000	15000	25000
1961	250	(V) 12 cyl.	Berlinetta	20000	80000	100000
1961	250 GT	(V) 12 cyl.	California Roadster	70000	90000	120000
1961	Tipo 250	3 Litre	2 + 2	10000	15000	20000
1961	Testa Rosa	(V) 12 cyl.	Racing Sport	100000	200000	260000
1961	250 GT	(V) 12 cyl.	Cabriolet Convertible	20000	25000	35000
1961	250 GT	(V) 12 cyl.	Coupe Closed	10000	15000	25000
1962	250 GT	(V) 12 cyl.	California	70000	90000	110000
1962	250	(V) 12 cyl.	2 + 2	10000	15000	25000
1962	400 SA	(V) 12 cyl.	Super-America	20000	30000	40000
1962	250	(V) 12 cyl.	Berlinetta	80000	90000	110000
1963	250 GT	(V) 12 cyl.	California Roadster	80000	100000	130000
1963	250	(V) 12 cyl.	Berlinetta	80000	90000	110000
1963	Tipo 250	3 Litre	Gran Turismo 2 + 2	10000	15000	24000
1963	Tipo 250 GTO	3 Litre	GTO	300000	350000	400000
1964	250 GTE	12 cyl.	2 + 2 Coupe	10000	15000	24000

YEAR	MODEL	ENGINE	BODY	F	G	E
1964	Tipo 250 GT	(V) 12 cyl.	California Roadster	80000	100000	120000
1964	Tipo 275	(V) 12 cyl.	GTB	25000	30000	35000
1965	GT 330	(V) 12 cyl.	Coupe	10000	12000	15000
1965	Tipo 500 SA	(V) 12 cyl.	Coupe	40000	50000	70000
1965	Tipo 275	(V) 12 cyl.	Gran Turismo	25000	30000	40000
1966	275 GTB	(V) 12 cyl.	Berlinetta	30000	35000	40000
1966	Tipo 275 GT	(V) 12 cyl.	Convertible	30000	35000	45000
1966	Tipo 330	(V) 12 cyl.	Gran Turismo 2 + 2	12000	15000	20000
1966	365 P3	12 cyl.	Sports	300000	350000	400000
1966	Tipo 206 S	(V) 6 cyl.	Sport	100000	150000	200000
1967	275 GTB-4	12 cyl.	Coupe	45000	60000	70000
1967	330 GTS	12 cyl.	Touring	40000	50000	60000
1967	330 GT	(V) 12 cyl.	Coupe 2 + 2	12000	15000	24000
1967	330 GTC	(V) 12 cyl.	Coupe	20000	25000	30000
1968	330 GT	(V) 12 cyl.	Coupe 2 + 2	12000	15000	24000
1968	330 GTC	(V) 12 cyl.	Coupe	20000	25000	30000
1968	365 GT	(V) 12 cyl.	Coupe 2 + 2	15000	20000	30000
1968	Tipo 365	(V) 12 cyl.	Gran Turismo 2 + 2	4400	14000	33000
1969	312/P	(V) 12 cyl.	Sport	100000	150000	200000
1969	365	(V) 12 cyl.	Gran Turismo 2 + 2	15000	20000	30000
1969	246	(V) 6 cyl.	Gran Turismo	14000	16000	25000
1970	246	(V) 6 cyl.	Gran Turismo	14000	16000	25000
1970	365	(V) 12 cyl.	Gran Turismo 2 + 2	15000	20000	30000

YEAR	MODEL	ENGINE	BODY	F	G	E
1971	GT 365	12 cyl.	2 + 2 Coupe	15000	20000	30000
1971	246	(V) 6 cyl.	Gran Turismo	15000	18000	25000
1971	365 GTS-4	(V) 12 cyl.	Berlinetta	45000	50000	70000
1971	312-P	(V) 12 cyl.	Sport	100000	150000	200000
1972	Dino 246	6 cyl.	Gran Turismo Coupe	15000	18000	25000
1973	Dino 246	6 cyl.	Coupe	15000	18000	25000
1973	Dino 246 GTS	6 cyl.	GTS Spider or Convertible	20000	30000	40000
1973	365 GTB-4	12 cyl.	Coupe	50000	60000	65000
1973	365 GT-4	12 cyl.	2 + 2	25000	30000	35000
1973	BB	12 cyl.	Berlinetta Coupe	35000	40000	50000
1974	Dino	6 cyl.	246 GT	15000	20000	25000
1974	Dino	6 cyl.	246 GTS	25000	30000	40000
1974	365 GTS-4	12 cyl.	Spider	80000	90000	100000
1974	365 GT4	12 cyl.	2 + 2	25000	30000	35000
1974	365 GT4 BB	12 cyl.	Boxer	35000	40000	45000
1975	365 GT4	12 cyl.	2 + 2	25000	30000	35000
1975	365 GT4 BB	12 cyl.	Boxer	35000	40000	45000
1976	308 GTB	8 cyl.	Coupe	20000	22000	25000
1976	365 GT4	12 cyl.	2 + 2	25000	30000	35000
1976	365 GT4 BB	12 cyl.	Boxer	35000	40000	45000
1977	(Same as 1976)					
1978	308 GTB	8 cyl.	Coupe	20000	24000	30000
1978	308 GTS	8 cyl.	Spider	22000	25000	28000
1978	400 GT, 400A	12 cyl.	2 + 2	25000	30000	35000
1978	512 BB	12 cyl.	Boxer	35000	42000	50000
1979	(Same as 1978)					
1980	308 GTBi	8 cyl.	Coupe	22000	25000	35000
1980	308 GTSi	8 cyl.	Spider	30000	35000	45000
1980	400i	12 cyl.	2 + 2	30000	35000	45000
1980	512 BBi	12 cyl.	Boxer	40000	50000	55000
1981	308 GTBi	8 cyl.	Coupe	25000	30000	40000
1981	308 GTSi	8 cyl.	Spider	30000	35000	45000

YEAR	MODEL	ENGINE	BODY	F	G	E
1981	400i	12 cyl.	2 + 2	35000	40000	45000
1981	512 BBi	12 cyl.	Boxer	50000	55000	65000
1982	308 GTSi	8 cyl.	Spider	40000	44000	48000
1982	400i	12 cyl.	2 + 2	35000	40000	45000
1982	512 BBi	12 cyl.	Boxer	55000	60000	75000

FERRIS (United States, 1920–22)

YEAR	MODEL	ENGINE	BODY	F	G	E
1920		6 cyl. (Continental)	Roadster	3250	8500	20000

FIAT (Italy, 1907-to-date)

YEAR	MODEL	ENGINE	BODY	F	G	E
1907		2 cyl.	Phaeton	1750	3500	8000
1907	16/24	4.2 Litre	Tonneau	2100	4250	8500
1908	60	10.2 Litre	Racing	25000	50000	100000
1908		6 cyl.	Racing	18250	37500	75000
1909	10/14	4 cyl.	Touring	18250	37500	75000
1910	Tipo D	1.8 Litre	Racing	25000	50000	100000
1911	Tipo 1	1.8 Litre	Racing	25000	50000	100000
1912	Tipo 2	2.8 Litre	Racing	5000	10000	20000
1913	Tipo 3	6 cyl.	7 Passenger Touring	1850	3750	7500
1914	Tipo 4	5.7 Litre	Racing	10000	20000	40000
1915	Tipo 5	9 Litre	Racing	25000	50000	100000
1916	Tipo 6	3 Litre	Racing	12500	25000	50000
1917	Tipo 8		Racing	8750	17500	35000
1919	Tipo 501	1.5 Litre	2 Passenger	1750	3500	7000
1920	Tipo 519	4.8 Litre	2 Passenger	2100	4250	8500
1921		(V) 12 cyl.	Coupe de Ville	3100	8250	22500
1922		2 Litre	Racing	2500	5000	10000
1923		6 cyl.	Sport Roadster	3750	7500	13000
1924		1.5 Litre	Racing	2000	4000	8000
1925	509	4 cyl.	Saloon Sedan	1000	2500	5000
1926	509-S Barchetta	4 cyl.	Open 2 Passenger	1000	2750	5500
1927	Tipo 520	6 cyl.	Racing	25000	50000	100000
1928	Tipo 521	2.5 Litre	Sedan	1100	2250	5500
1929	Tipo 528	3.7 Litre	Sport	1500	3000	8000
1930	Tipo 514	1.4 Litre	Sport	1700	1750	5500
1931	Tipo 522	6 cyl.	Sport	1500	3000	8000
1932	Tipo 508	995cc	Sedan	650	1250	5500

YEAR	MODEL	ENGINE	BODY	F	G	E
1933		6 cyl.	Sport	850	1750	5500
1934	Tipo 518	1.7 Litre	Sedan	650	1250	5500
1934	Balilla	1.9 Litre				
		995cc	Sport	750	1500	5900
1935	Balilla	1.9 Litre	Sport	750	1500	5900
1936	Tipo 527	6 cyl.	Sedan	650	1250	4500
1936	Tipo 500-A	570cc	Coupe	500	1000	5000
1937	Tipo 508-C	1089cc	Roll-top Convertible	1200	3250	6500
1938	1100-S	6 cyl.	Coupe	600	2200	5400
1939		6 cyl.	7 Passenger	750	2500	5000
1940	1100-S	6 cyl.	Coupe	650	2250	5500
1948	Topolino	4 cyl.	Sedan	500	2000	5100
1950	'1400'	4 cyl.	Sport	550	1100	5200
1952	8-V	(V) 8 cyl.	Sport Coupe	1100	4250	7500
1953	1100/103	1.1 Litre	Sedan	650	2250	4500
1953	'1900'	(V) 8 cyl.	Sport	1100	3250	7500
1955	'600'	633cc	Sedan	1000	1650	4250
1956	Multipla		Station Wagon	800	1600	4200
1957	Nuova 500	2 cyl.	Minicar	825	1650	3250
1959		6 cyl.				
		1.8 Litre	Sedan	850	1750	3500
1970	850	4 cyl.	Replica	650	1850	3000
1971	124	4 cyl.	Convertible Coupe	1300	2500	4000
1973	850	4 cyl.	Roadster	1000	2500	4000

FIRESTONE-COLUMBUS (United States, 1907–15)

YEAR	MODEL	ENGINE	BODY	F	G	E
1907	High-wheel		Buggy	2700	7250	13500
1909	Mechanical	(Greyhound)	Roadster	3500	8000	16500
1911			Touring	3000	8000	17000
1911		26 hp	Roadster	3500	9000	18500

FITCH (United States, 1949–51; 1966)

YEAR	MODEL	ENGINE	BODY	F	G	E
1949		(V) 8 cyl.	Sport	1500	4000	9000
1951		(Ford 60)	Sport	1500	4000	9000
1966	Phoenix	(Corvair)	Sport	1200	2300	7500

FLANDERS (United States, 1909–15)

YEAR	MODEL	ENGINE	BODY	F	G	E
1910	20	4 cyl.	Roadster	3750	9500	18000
1910	20	4 cyl.	Roadster	3000	8000	18000
1910	20		Coupe	2600	5200	13250

YEAR	MODEL	ENGINE	BODY	F	G	E
1911	20		Touring	3000	8000	18000
1912	Tiffany	Electric	Touring	6200	14000	28000
1912	20		Roadster	3000	8000	18000
1913	20		Roadster	3000	8000	18000
1915	20		Touring	2000	8400	18000

FLINT (United States, 1902–27)

1902		1 cyl.	Runabout	2250	6500	12900
1923		6 cyl. (Continental)	Touring	2200	7400	16800
1924	E 55	6 cyl. (Continental)	Touring	2250	8500	17000
1925	H 40	6 cyl. (Continental)	Touring	2100	8250	17500
1926	Z 18	6 cyl. (Continental)	Touring	2500	9000	18000

F.N. (Brazil, 1899–1935)

1899	3.5	2 cyl.	Voiturette	1150	3250	7500
1912	2700	4 cyl.	Limousine	1100	3100	7250
1924	1300		Sport	1000	2900	6750
1933		8 cyl.	Sedan	900	2800	6500
1934	Prince Albert	8 cyl.	Sedan	900	2800	6500

FORD (United States, 1903-to-date)

1903	A	2 cyl.	Runabout	9600	13000	26000
1904	A-AC	2 cyl.	Runabout	6900	17650	29250
1904	A-AC	2 cyl.	Tonneau	7625	15175	29000
1904	B	4 cyl.	Touring	11500	23000	40000
1904	C	2 cyl.	Runabout	9600	12600	26000
1905	B	4 cyl.	Touring	12500	23000	40000
1905	C	2 cyl.	Runabout	4600	9825	19000
1906	F	2 cyl.	Touring	5000	9600	20000
1906	N	4 cyl.	Runabout	5000	8600	14500
1907	R	4 cyl.	Runabout	5000	8500	14500
1907	N	4 cyl.	Runabout	5000	8600	14500
1907	K	6 cyl.	Runabout	20000	50000	80000
1908	T	4 cyl.	Touring	4600	9800	19000
1908	S	4 cyl.	Runabout	2800	6500	18000
1908	R	4 cyl.	Runabout	2800	6500	18000
1908	N	4 cyl.	Runabout	3975	9000	18850
1908	K	6 cyl.	Touring	20000	50000	80000
1909	T	4 cyl.	Coupe	5000	10000	18000
1909	T	4 cyl.	Runabout	5000	10000	19000

YEAR	MODEL	ENGINE	BODY	F	G	E
1909	T	4 cyl.	Touring	5000	10000	17500
1909	T	4 cyl.	Town	4600	9725	21000
1910	T	4 cyl.	Runabout	3100	6900	14000
1910	T	4 cyl.	Touring	3100	6900	15000
1910	T	4 cyl.	Town	4400	9200	21000
1911	T	4 cyl.	Torpedo Roadster	3700	8000	16500
1911	T	4 cyl.	Touring	5400	8600	19000
1911	T	4 cyl.	Tourabout	5000	8500	19000
1911	T	4 cyl.	Town Car	4000	8000	17500
1911	T	4 cyl.	Van	2800	6400	14000
1911	T	4 cyl.	Runabout	4000	8000	17500
1912	T	4 cyl.	Roadster	3100	6900	15500
1912	T	4 cyl.	Torpedo Roadster	3800	8000	16500
1912	T	4 cyl.	Touring	4000	8000	17500
1912	T	4 cyl.	Town	3700	7740	21000
1912	T	4 cyl.	Town Car	4300	8400	18500
1912	T	4 cyl.	Van	2800	6500	14000
1913	T	4 cyl.	Roadster	3600	7300	14250
1913	T	4 cyl.	Touring	4000	7200	15500
1913	T	4 cyl.	Town	3600	7225	18850
1914	T	4 cyl.	Roadster	3500	7200	14500
1914	T	4 cyl.	Touring	4000	7500	15000
1914	T	4 cyl.	Town	3600	7225	18850
1914	T	4 cyl.	Coupelet	3700	7440	21000
1914	T	4 cyl.	Coupe	3100	4600	10000
1915	T	4 cyl.	Roadster	2800	6400	14000
1915	T	4 cyl.	Touring	4000	7200	15000
1915	T	4 cyl.	Center Door Sedan	3500	5750	12500
1915	T	4 cyl.	Coupelet	3700	7840	22000
1916	T	4 cyl.	Roadster	2500	4800	15000
1916	T	4 cyl.	Touring	3000	4800	13000
1916	T	4 cyl.	Center Door Sedan	2800	4000	10000
1916	T	4 cyl.	Coupe	2600	3600	10500
1916	T	4 cyl.	Town Car	4200	6000	11000
1917	T	4 cyl.	Coupe	2500	4000	7000
1917	T	4 cyl.	Roadster	2400	4600	11500

YEAR	MODEL	ENGINE	BODY	F	G	E
1917	T	4 cyl.	Touring	3000	4600	12000
1917	T	4 cyl.	Center Door Sedan	3600	5400	9000
1917	T	4 cyl.	Town Car	2200	4000	11000
1918	T	4 cyl.	Roadster	2300	3600	11000
1918	T	4 cyl.	Touring	2000	4000	14000
1918	T	4 cyl.	Center Door Sedan	3600	4600	9000
1918	T	4 cyl.	Coupe	3600	5000	8200
1918	T	4 cyl.	Town Car	4200	6000	11000
1919	T	4 cyl.	Roadster	2600	3600	10500
1919	T	4 cyl.	Touring	2600	4400	10500
1919	T	4 cyl.	Center Door Sedan	3600	5000	8200
1919	T	4 cyl.	Coupe	3600	5000	8200
1919	T	4 cyl.	Town Car	4200	6000	11000
1920	T	4 cyl.	Touring	2200	4000	11000
1920	T	4 cyl.	Roadster	1600	3500	10000
1920	T	4 cyl.	Coupe	1600	2500	6500
1920	T	4 cyl.	Center Door Sedan	3600	5000	8200
1921	T	4 cyl.	Roadster	1600	3500	10000
1921	T	4 cyl.	Touring	2200	4000	11000
1921	T	4 cyl.	Coupe	2500	4600	13000
1921	T	4 cyl.	Center Door Sedan	2700	4800	13000
1922	T	4 cyl.	Roadster	1600	3000	11500
1922	T	4 cyl.	Touring	1600	3000	11500
1922	T	4 cyl.	Coupe	1800	3000	7200
1923	T	4 cyl.	Roadster	1600	3000	11500
1923	T	4 cyl.	Touring	1600	3000	11500
1923	T	4 cyl.	Tudor	1900	3700	12000
1923	T	4 cyl.	Fordor	2095	4000	13000
1924	T	4 cyl.	Roadster	2095	4000	10500
1924	T	4 cyl.	Touring	2000	4000	11000
1924	T	4 cyl.	Coupe	1900	2600	7000
1924	T	4 cyl.	Tudor	1700	3300	12500
1924	T	4 cyl.	Fordor	1700	3700	12000
1924	T	4 cyl.	Roadster Pickup	2075	4000	12250
1925	T	4 cyl.	Roadster	1700	3700	11000
1925	T	4 cyl.	Touring	1900	3700	11000

Ford — 1911 "Model T Touring"
Courtesy of Towe Ford Museum, Deer Lodge, Montana

YEAR	MODEL	ENGINE	BODY	F	G	E
1925	T	4 cyl.	Coupe	1600	2600	6500
1925	T	4 cyl.	Fordor	2000	3800	12250
1926	T	4 cyl.	Roadster	2000	3800	11500
1926	T	4 cyl.	Touring	2000	3700	12000
1926	T	4 cyl.	Coupe	1900	3200	11750
1926	T	4 cyl.	Tudor	2500	6000	11500
1927	T	4 cyl.	Roadster	2000	4800	11000
1927	T	4 cyl.	Touring	2000	4800	12250

YEAR	MODEL	ENGINE	BODY	F	G	E
1927	T	4 cyl.	Coupe	1500	4150	11000
1927	T	4 cyl.	Fordor	1900	3200	5750
1928	AR	4 cyl.	Touring	4600	10400	24000
1928	AR	4 cyl.	Roadster	4800	10400	25000
1928	AR	4 cyl.	Tudor	2000	4800	14000
1928	A	4 cyl.	Roadster Deluxe	4000	9700	24000
1928	A	4 cyl.	Touring	4200	9900	22500
1928	A	4 cyl.	Coupe	2600	4500	10000
1928	A	4 cyl.	Sport Coupe	4000	5500	13000
1928	A	4 cyl.	Tudor	2500	4600	7000
1928	A	4 cyl.	Fordor	1900	4800	7500
1929	A	4 cyl.	Roadster	4000	9400	26000
1929	A	4 cyl.	Touring	4600	10400	22500
1929	A	4 cyl.	Coupe	2500	5400	10000
1929	A	4 cyl.	Sport Coupe	2800	5000	13000
1929	A	4 cyl.	Cabriolet	3000	4750	20500
1929	A	4 cyl.	Tudor	2800	4600	11000
1929	A	4 cyl.	Town Sedan	2000	5100	12000
1929	A	4 cyl.	Sedan	1900	4800	10500
1930	A	4 cyl.	Roadster	3900	7500	26000
1930	A	4 cyl.	Deluxe Roadster	4600	7600	27500
1930	A	4 cyl.	Touring	5500	12350	22500
1930	A	4 cyl.	Cabriolet	3900	6575	26500
1930	A	4 cyl.	Coupe	2600	4600	10000
1930	A	4 cyl.	Sport Coupe	2500	4600	12000
1930	A	4 cyl.	Tudor	3000	5500	12500
1930	A	4 cyl.	Fordor	2200	4700	12000
1930	A	4 cyl.	Fordor 3 window	2300	4200	9000
1930	A	4 cyl.	Victoria	2800	5650	15000
1931	A	4 cyl.	Roadster	4300	7400	26500
1931	A	4 cyl.	Deluxe Roadster	4600	8000	27500
1931	A	4 cyl.	Phaeton	4800	8500	27000
1931	A	4 cyl.	Cabriolet	4000	7000	26500

YEAR	MODEL	ENGINE	BODY	F	G	E
1931	A	4 cyl.	Slant w/s Cabriolet	5100	7950	27500
1931	A	4 cyl.	A-400 Convertible	5300	13100	28000
1931	A	4 cyl.	Victoria	2800	6000	15500
1931	A	4 cyl.	Coupe	2700	5000	12500
1931	A	4 cyl.	Sport Coupe	3300	6500	13600
1931	A	4 cyl.	Station Wagon	3600	7500	13500
1931	A	4 cyl.	Tudor	2300	4800	12350
1931	A	4 cyl.	Fordor	2400	4500	11000
1931	A	4 cyl.	Deluxe Fordor	3000	4500	11500
1931	A	4 cyl.	Town Sedan	2700	6200	13600

Ford — 1930 "Model A Roadster"
Courtesy of White Post Restorations, White Post, Virginia

YEAR	MODEL	ENGINE	BODY	F	G	E
1932	B	4 cyl.	Roadster	6500	10000	28500
1932	B	4 cyl.	Touring	5700	13600	26700
1932	B	4 cyl.	Coupe	2800	5500	12500
1932	B	4 cyl.	Tudor	2500	5000	10500
1932	B	4 cyl.	Fordor	2500	6900	13600
1932	18	(V) 8 cyl.	Deluxe Roadster	6900	11500	34500
1932	18	(V) 8 cyl.	Deluxe Touring	9200	17800	37000
1932	18	(V) 8 cyl.	Cabriolet	6600	9600	22500
1932	18	(V) 8 cyl.	B-400 Convertible	6900	17800	36600
1932	18	(V) 8 cyl.	Victoria	4000	7000	22500
1932	18	(V) 8 cyl.	Tudor	3000	5000	12500
1932	18	(V) 8 cyl.	Fordor	3000	5000	11600
1932	18	(V) 8 cyl.	Station Wagon	6200	8200	21400
1932	18	(V) 8 cyl.	Pickup	2000	5500	14000
1933	40	(V) 8 cyl.	Roadster	5600	8400	21500
1933	40	(V) 8 cyl.	Phaeton	5700	9000	26500
1933	40	(V) 8 cyl.	Coupe 3 window	2800	5500	11200
1933	40	(V) 8 cyl.	Coupe	2700	7100	14100
1933	40	(V) 8 cyl.	Victoria	4000	6200	16000
1933	40	(V) 8 cyl.	Tudor	2700	4400	11200
1933	40	(V) 8 cyl.	Fordor	2200	5700	12000
1933	40	(V) 8 cyl.	Station Wagon	4300	6700	16500
1933	40	(V) 8 cyl.	Cabriolet	5600	8200	23500
1934	40	(V) 8 cyl.	Roadster	6000	9000	30500
1934	40	(V) 8 cyl.	Phaeton	9000	20500	33500
1934	40	(V) 8 cyl.	Cabriolet	6000	9000	21500
1934	40	(V) 8 cyl.	Coupe 3 window	2800	7700	15000
1934	40	(V) 8 cyl.	Coupe	2700	6200	12500
1934	40	(V) 8 cyl.	Tudor	2600	4200	8250
1934	40	(V) 8 cyl.	Victoria	4000	6500	16000
1934	40	(V) 8 cyl.	Fordor	2800	5000	9000
1934	40	(V) 8 cyl.	Station Wagon	4100	6500	16000
1934	40	4 cyl.	Roadster	6000	9000	30500
1934	40	4 cyl.	Sedan	2400	6200	13500

Ford — 1931 "Model A Station Wagon"

YEAR	MODEL	ENGINE	BODY	F	G	E
1935	48	(V) 8 cyl.	Roadster	7600	10100	26000
1935	48	(V) 8 cyl.	Phaeton	7600	11000	26000
1935	48	(V) 8 cyl.	Cabriolet	7100	11100	27500
1935	48	(V) 8 cyl.	Convertible Sedan	7600	11300	27500
			Coupe			
			3 window	3300	5500	10500
1935	48	(V) 8 cyl.	Coupe	2500	5600	12000
1935	48	(V) 8 cyl.	Tudor	2500	4200	8000
1935	48	(V) 8 cyl.	Fordor	1550	3200	7100
1935	48	(V) 8 cyl.	Station Wagon	3700	6000	14000
1935	48	(V) 8 cyl.	Sedan Delivery	2800	7200	14600
1936	68	(V) 8 cyl.	Roadster	7400	11200	27000
1936	68	(V) 8 cyl.	Phaeton	7300	11000	25500
1936	68	(V) 8 cyl.	Cabriolet	6600	10200	24500
1936	68	(V) 8 cyl.	Club Cabriolet	7100	11200	25500

YEAR	MODEL	ENGINE	BODY	F	G	E
1936	68	(V) 8 cyl.	Convertible Sedan	9000	12000	30000
1936	68	(V) 8 cyl.	Convertible Sedan w/Trunk	4800	12000	25600
1936	68	(V) 8 cyl.	Coupe 3 window	3600	5600	10500
1936	68	(V) 8 cyl.	Coupe	2700	6900	13400
1936	68	(V) 8 cyl.	Tudor	2300	4000	8100
1936	68	(V) 8 cyl.	Fordor	1500	3400	6500
1936	68	(V) 8 cyl.	Deluxe Sedan	2400	6600	14000
1936	68	(V) 8 cyl.	Station Wagon	3600	6600	15000
1936	68	(V) 8 cyl.	Sedan Delivery	3000	7700	14000
1937	74	(V) 8 cyl. (60 hp)	Coupe	1900	4600	11000
1937	74	(V) 8 cyl. (60 hp)	Coupe Pickup	1700	4800	9000
1937	74	(V) 8 cyl.	Fordor	1500	3400	6500
1937	74	(V) 8 cyl.	Coupe	2000	3000	7400
1937	78	(V) 8 cyl.	Roadster	7400	11200	27250
1937	78	(V) 8 cyl.	Phaeton	7300	10600	25500
1937	78	(V) 8 cyl.	Cabriolet	6600	10200	24500
1937	78	(V) 8 cyl.	Club Cabriolet	5600	9400	20000
1937	78	(V) 8 cyl.	Convertible Sedan	6100	9600	20500
1937	78	(V) 8 cyl.	Coupe	2600	4000	8000
1937	78	(V) 8 cyl.	Club Coupe	3000	4500	9000
1937	78	(V) 8 cyl.	Tudor	2000	3500	7100
1937	78	(V) 8 cyl.	Station Wagon	4000	6000	14500
1938	Standard	(V) 8 cyl.	Coupe	2000	3800	7500
1938	Standard	(V) 8 cyl.	Sedan	1200	3700	8900
1938	Standard	(V) 8 cyl.	Station Wagon 2500	4600	9200	18000
1938	Deluxe	(V) 8 cyl.	Phaeton	4000	6700	17500
1938	Deluxe	(V) 8 cyl.	Convertible	4000	6700	19500
1938	Deluxe	(V) 8 cyl.	Club Convertible	2600	4200	9500

YEAR	MODEL	ENGINE	BODY	F	G	E
1938	Deluxe	(V)8 cyl.	Convertible Sedan	3100	6100	17000
1938	Deluxe	(V)8 cyl.	Coupe	2400	4000	8600
1938	Deluxe	(V)8 cyl.	Club Coupe	3600	6100	17000
1938	Deluxe	(V)8 cyl.	Tudor	1600	3000	7600
1938	Deluxe	(V)8 cyl.	Fordor	1900	3000	8000
1939	Standard	(V)8 cyl.	Coupe	1900	3000	6600
1939	Standard	(V)8 cyl.	Fordor	1650	3000	6000
1939	Standard	(V)8 cyl.	Station Wagon	3600	6100	12500
1939	Standard	(V)8 cyl.	Coupe	2000	3400	6400
1939	Deluxe	(V)8 cyl.	Convertible	5000	8700	25500
1939	Deluxe	(V)8 cyl.	Convertible Sedan	5000	8200	26500
1939	Deluxe	(V)8 cyl.	Coupe	2000	3700	7000
1939	Deluxe	(V)8 cyl.	Tudor Sedan	1400	5100	9600
1939	Deluxe	(V)8 cyl.	Fordor	1750	3600	6700
1939	Deluxe	(V)8 cyl.	Station Wagon	3100	6000	13500
1940	Standard	(V)8 cyl.	Coupe	2600	4100	11000
1940	Standard	(V)8 cyl.	Sedan	1600	5100	9600
1940	Standard	(V)8 cyl.	Station Wagon	4500	8600	19500
1940	Deluxe	(V)8 cyl.	Convertible	5600	8600	26500
1940	Deluxe	(V)8 cyl.	Coupe	2700	5000	11500
1940	Deluxe	(V)8 cyl.	Tudor	1200	5400	10000
1940	Deluxe	(V)8 cyl.	Sedan	1400	5300	10000
1940	Deluxe	(V)8 cyl.	Station Wagon	3000	7100	16000
1940	Deluxe	(V)8 cyl.	Sedan Delivery	2700	7200	16000
1940	Standard	(V)8 cyl.	Pickup	3000	5500	10000
1941	Special	(V)8 cyl.	Coupe	1600	2600	7000
1941	Special	(V)8 cyl.	Tudor	2500	3600	6400
1941	Special	(V)8 cyl.	Fordor	2600	4000	7000
1941	Deluxe	(V)8 cyl.	Coupe 2 Passenger	2000	3200	7000
1941	Deluxe	(V)8 cyl.	Club Coupe	2300	5200	10000

YEAR	MODEL	ENGINE	BODY	F	G	E
1941	Deluxe	(V) 8 cyl.	Station Wagon	4100	6100	13500
1941	Deluxe	(V) 8 cyl.	Tudor	2800	4000	6800
1941	Deluxe	(V) 8 cyl.	Fordor	2900	4200	7100
1941	Super Deluxe	(V) 8 cyl.	Convertible	4100	7600	22500
1941	Super Deluxe	(V) 8 cyl.	Club Coupe	1800	5200	9400
1941	Super Deluxe	(V) 8 cyl.	Tudor	2200	3100	5500
1941	Super Deluxe	(V) 8 cyl.	Fordor	2400	3700	6000
1941	Super Deluxe	(V) 8 cyl.	Station Wagon	4600	9100	20500
1941		(V) 8 cyl.	Pickup	1300	4400	8400
1942	Special	(V) 8 cyl.	Coupe	2600	3500	6300
1942	Special	(V) 8 cyl.	Tudor	1400	2400	5400
1942	Special	(V) 8 cyl.	Fordor	2000	3000	5900
1942	Deluxe	(V) 8 cyl.	Coupe	3000	4000	7000
1942	Deluxe	(V) 8 cyl.	Tudor	2000	3000	6000
1942	Deluxe	(V) 8 cyl.	Fordor	3500	4600	7000
1942	Special	6 cyl.	Coupe	1900	4000	7200
1942	Deluxe	(V) 8 cyl.	Coupe	1600	2500	6400
1942	Deluxe	(V) 8 cyl.	Tudor	1200	2200	5400
1942	Super Deluxe	(V) 8 cyl.	Convertible	3600	6100	18100
1942	Super Deluxe	(V) 8 cyl.	Club Coupe	1300	3000	8000
1942	Super Deluxe	(V) 8 cyl.	Tudor	1450	2350	5500
1942	Super Deluxe	(V) 8 cyl.	Fordor	1300	2800	6000
1942	Super Deluxe	(V) 8 cyl.	Station Wagon	4000	5600	12500
1946	Deluxe	6 cyl.	Tudor	1200	2200	5000
1946	Deluxe	(V) 8 cyl.	Coupe	2400	3800	6000
1946	Deluxe	(V) 8 cyl.	Tudor	2000	3500	5400
1946	Deluxe	(V) 8 cyl.	Fordor	2100	3700	5600
1946	Super Deluxe	(V) 8 cyl.	Convertible	2400	7000	16000
1946	Super Deluxe	(V) 8 cyl.	Sportsman Convertible	6000	10500	28500

YEAR	MODEL	ENGINE	BODY	F	G	E
1946	Super Deluxe	(V) 8 cyl.	Club Coupe	1850	4800	8000
1946	Super Deluxe	(V) 8 cyl.	Tudor	1200	2200	5000
1946	Super Deluxe	(V) 8 cyl.	Fordor	1250	2300	5000
1946	Super Deluxe	(V) 8 cyl.	Station Wagon	3400	6500	16500
1947	Deluxe	(V) 8 cyl.	Coupe	2000	3000	6400
1947	Deluxe	(V) 8 cyl.	Tudor	2000	3500	5500
1947	Deluxe	(V) 8 cyl.	Fordor	2400	3800	5800
1947	Super Deluxe	(V) 8 cyl.	Convertible Club	4100	8600	19250
1947	Super Deluxe	(V) 8 cyl.	Coupe	1700	3000	7250
1947	Super Deluxe	(V) 8 cyl.	Sportsman Convertible	6000	9900	27500
1947	Super Deluxe	(V) 8 cyl.	Tudor	1700	3500	8000
1947	Super Deluxe	(V) 8 cyl.	Fordor	1700	3500	8000
1947	Super Deluxe	(V) 8 cyl.	Station Wagon	3700	7500	17000
1948	Deluxe	6 cyl.	Sedan	1200	2000	5000
1948	Super Deluxe	(V) 8 cyl.	Convertible	4000	8700	18500
1948	Super Deluxe	(V) 8 cyl.	Sportsman Convertible	6000	10400	28500
1948	Super Deluxe	(V) 8 cyl.	Club Coupe	1900	3500	8500
1948	Super Deluxe	(V) 8 cyl.	Tudor	1700	3600	8000
1948	Super Deluxe	(V) 8 cyl.	Fordor	1700	3600	8000
1948	Super Deluxe	(V) 8 cyl.	Station Wagon	3600	7600	18500
1949	Deluxe	(V) 8 cyl.	Sedan	1000	1700	4500
1949	Deluxe	(V) 8 cyl.	Coupe	1600	3600	7200
1949	Custom	(V) 8 cyl.	Convertible	3600	6000	14000
1949	Custom	(V) 8 cyl.	Club Coupe	1350	2250	5000

YEAR	MODEL	ENGINE	BODY	F	G	E
1949	Custom	(V) 8 cyl.	Sedan	1000	2000	4250
1949	Custom	(V) 8 cyl.	Station Wagon	3600	5500	14000
1949	Deluxe	(V) 8 cyl.	Convertible	5000	10000	15000
1950	Deluxe	(V) 8 cyl.	Business Coupe	1200	2500	5000
1950	Deluxe	(V) 8 cyl.	Sedan	1000	2000	4000
1950	Custom	(V) 8 cyl.	Convertible	3600	5600	14500
1950	Custom	(V) 8 cyl.	2 Door Sedan	1200	2200	5000
1950	Custom	(V) 8 cyl.	Crestliner	1375	2600	7000
1950	Custom	(V) 8 cyl.	Station Wagon	3600	5800	14500
1951	Deluxe	(V) 8 cyl.	Business Coupe	1000	2000	5000
1951	Deluxe	(V) 8 cyl.	Sedan	1000	1700	4000
1951	Custom	(V) 8 cyl.	Convertible	3800	6200	14500
1951	Custom	(V) 8 cyl.	Crestliner	1500	3000	7000
1951	Custom	(V) 8 cyl.	Club Coupe	1400	2800	6000
1951	Custom	(V) 8 cyl.	Victoria	1500	2800	14500
1951	Custom	(V) 8 cyl.	Station Wagon	3600	5600	14500
1952	Mainline	6 cyl.	Business Coupe	1000	1750	3500
1952	Customline	(V) 8 cyl.	Club Coupe	1000	2000	4500
1952	Customline	(V) 8 cyl.	Country Squire	1800	2800	9500
1952	Crestline	(V) 8 cyl.	Convertible	1750	3600	10000
1952	Crestline	(V) 8 cyl.	Victoria	1600	2600	5000
1952	Crestline	(V) 8 cyl.	Country Squire	1800	3400	8500
1953	Mainline	(V) 8 cyl.	Business Coupe	1000	1600	3600
1953	Mainline	(V) 8 cyl.	Sedan	700	1600	3600
1953	Customline	(V) 8 cyl.	Sedan	800	1600	3600
1953	Customline	(V) 8 cyl.	2 Door Sedan	1000	1700	3500
1953	Customline	(V) 8 cyl.	Club Coupe	1000	2000	4250

YEAR	MODEL	ENGINE	BODY	F	G	E
1953	Customline	(V) 8 cyl.	Sedan	800	1600	3500
1953	Crestline	(V) 8 cyl.	Convertible	2000	3700	10000
1953	Crestline	(V) 8 cyl.	Victoria	1700	2700	5000
1953	Crestline	(V) 8 cyl.	Country Squire	1850	4600	8600
1954	Mainline	(V) 8 cyl.	Business Coupe	700	1700	3250
1954	Mainline	6 cyl.	Station Wagon	1700	2800	8000
1954	Customline	(V) 8 cyl.	Sedan	1700	2800	8000
1954	Customline	(V) 8 cyl.	Club Coupe	1700	3000	8000
1954	Customline	(V) 8 cyl.	Station Wagon	1700	3000	8000
1954	Crestline	(V) 8 cyl.	Convertible	2600	4600	15000
1954	Crestline	(V) 8 cyl.	Victoria	2100	4000	8000
1954	Crestline	(V) 8 cyl.	Skyliner	2800	6400	18000
1954	Crestline	(V) 8 cyl.	Sedan	1700	3500	8500
1954	Crestline	(V) 8 cyl.	Country Squire Station	1700	3200	8000
1955	Ranch Wagon	(V) 8 cyl.	Station Wagon	1100	1600	3500
1955	Country Squire	(V) 8 cyl.	Station Wagon	1600	2600	5000
1955	Mainline	6 cyl.	Business Sedan	700	1400	3000
1955	Customline	(V) 8 cyl.	Sedan	1000	1500	3000
1955	Fairlane	(V) 8 cyl.	Convertible	3600	6000	13500
1955	Fairlane	(V) 8 cyl.	Victoria	1600	2600	7600
1955	Fairlane	(V) 8 cyl.	Crown Victoria	2200	4000	9500
1955	Fairlane	(V) 8 cyl.	Crown Victoria w/Glass Top	4600	7500	14500
1955	Fairlane	(V) 8 cyl.	Town Sedan	1100	1700	4000
1955	Fairlane	(V) 8 cyl.	Club Sedan	1150	1700	4000
1955	Thunderbird	(V) 8 cyl.	Roadster	7100	17500	38500
1956	Mainline	6 cyl.	2 Door Sedan	700	1400	3500

YEAR	MODEL	ENGINE	BODY	F	G	E
1956	Mainline	(V) 8 cyl.	Business Sedan	1100	2000	4000
1956	Country Squire	(V) 8 cyl.	Station Wagon	1900	4200	7500
1956	Customline	(V) 8 cyl.	2 Door Sedan	1200	1800	3500
1956	Customline	(V) 8 cyl.	Victoria	1700	2300	4500
1956	Fairlane	(V) 8 cyl.	Convertible	3800	6500	14600
1956	Fairlane	(V) 8 cyl.	Victoria	1950	3500	9000
1956	Fairlane	(V) 8 cyl.	Crown Victoria	2100	4600	14000
1956	Fairlane	(V) 8 cyl.	Crown Victoria w/Glass Top	4800	7600	16500
1956	Fairlane	(V) 8 cyl.	Victoria Sedan	1850	3500	9000
1956	Fairlane	(V) 8 cyl.	Club Sedan	1600	3100	8000
1956	Fairlane	(V) 8 cyl.	Town Sedan	1300	2000	3500
1956	Parklane	(V) 8 cyl.	2 Door Station Wagon	1800	3900	9000
1956	Thunderbird	(V) 8 cyl.	Roadster	4900	16100	36400

Ford — 1955 "Thunderbird"
Courtesy of White Post Restorations, White Post, Virginia

YEAR	MODEL	ENGINE	BODY	F	G	E
1956	Country Sedan	(V) 8 cyl.	Station Wagon	1100	2000	4000
1956	City Squire	(V) 8 cyl.	Station Wagon	1400	2500	4600
1957	Custom	6 cyl.	Sedan	800	1400	2500
1957	Fairlane	(V) 8 cyl.	Club Sedan	1000	1300	3250
1957	Fairlane	(V) 8 cyl.	Victoria	2100	4500	8000
1957	Fairlane 500	(V) 8 cyl.	Convertible	1600	3600	10000
1957	Fairlane 500	(V) 8 cyl.	Skyliner Convertible	3000	6900	17500
1957	Fairlane 500	(V) 8 cyl.	Town Sedan	1600	2800	7000
1957	Fairlane 500	(V) 8 cyl.	Victoria Sedan	1700	2900	7000
1957	Thunderbird	(V) 8 cyl.	Roadster	5500	14600	36000
1957	Thunderbird "F"	(V) 8 cyl. (Supercharged)	Roadster	7200	15500	38000
1957	Thunderbird "E"	(V) 8 cyl. (Supercharged)	Roadster	6000	17700	35000
1958	Fairlane	(V) 8 cyl. (Supercharged)	Town Sedan	1000	1400	3000
1958	Fairlane	(V) 8 cyl. (Supercharged)	Town Victoria	1000	1500	3000
1958	Fairlane 500	(V) 8 cyl. (Supercharged)	Convertible	2700	4200	10000
1958	Fairlane 500	(V) 8 cyl. (Supercharged)	Club Victoria	1300	2000	4500
1958	Fairlane 500	(V) 8 cyl. (Supercharged)	Skyliner Convertible	2000	3600	11500
1958	Fairlane 500	(V) 8 cyl. (Supercharged)	Town Sedan	1300	2700	4500
1958	Fairlane 500	(V) 8 cyl. (Supercharged)	Club Sedan	1300	2700	4500
1958	Thunderbird	(V) 8 cyl. (Supercharged)	Hardtop	2100	3700	12500

YEAR	MODEL	ENGINE	BODY	F	G	E
1958	Thunderbird					
		(V) 8 cyl. (Super-charged)	Convertible	2000	3000	12500
1958	Country Squire	(V) 8 cyl. (Super-charged)	Station Wagon	1800	3900	8000
1959	Fairlane 500	(V) 8 cyl. (Super-charged)	Club Sedan	500	900	2500
1959	Fairlane 500	(V) 8 cyl. (Super-charged)	Town Victoria	700	1300	3000
1959	Galaxie	(V) 8 cyl. (Super-charged)	Convertible	2700	5300	12000
1959	Galaxie	(V) 8 cyl. (Super-charged)	Skyliner Convertible	2000	4000	13000
1959	Galaxie	(V) 8 cyl. (Super-charged)	Victoria	1500	2900	7200
1959	Thunderbird					
		(V) 8 cyl. (Super-charged)	Hardtop	1500	2500	7000
1959	Thunderbird					
		(V) 8 cyl. (Super-charged)	Convertible	1700	3600	12500
1960	Galaxie	(V) 8 cyl. (Super-charged)	Town Sedan	1100	2200	4300
1960	Galaxie	(V) 8 cyl. (Super-charged)	Town Victoria	1100	2200	4300
1960	Galaxie	(V) 8 cyl. (Super-charged)	Club Victoria	1900	3200	6000
1960	Starliner	(V) 8 cyl. (Super-charged)	Hardtop	1800	2900	7000
1960	Sunliner	(V) 8 cyl. (Super-charged)	Convertible	2600	4700	9500
1960	Country Squire	(V) 8 cyl. (Super-charged)	Station Wagon	700	1400	2500
1960	Thunderbird					
		(V) 8 cyl. (Super-charged)	Convertible	1900	3700	13500
1960	Thunderbird					
		(V) 8 cyl. (Super-charged)	Hardtop	1400	2300	7500
1960	Thunderbird					
		(V) 8 cyl. (Super-charged)	Hardtop w/Sun Roof	1700	3200	8600

YEAR	MODEL	ENGINE	BODY	F	G	E
1960	Falcon	6 cyl.	2 Door Sedan	500	1000	2400
1961	Falcon Futura	6 cyl.	Coupe	1600	2400	6000
1961	Galaxie	(V) 8 cyl.	Victoria	1700	2400	6500
1961	Galaxie	(V) 8 cyl.	Skyliner Hardtop	1800	2600	8000
1961	Galaxie	(V) 8 cyl.	Town Sedan	1100	2000	4000
1961	Galaxie	(V) 8 cyl.	Club Sedan	1100	2000	4000
1961	Galaxie	(V) 8 cyl.	Victoria Hardtop	1400	2500	4600
1961	Galaxie	(V) 8 cyl.	Convertible	2200	4500	9600
1961	Thunderbird	(V) 8 cyl.	Hardtop	1100	1600	6000
1961	Thunderbird	(V) 8 cyl.	Convertible	2500	6000	15000
1962	Falcon Futura	6 cyl.	Coupe	1600	2600	6600
1962	Galaxie 500	(V) 8 cyl.	Convertible	1000	2000	4500
1962	Galaxie 500	(V) 8 cyl.	Convertible	1600	3000	6800
1962	Galaxie 500	8 cyl. (V)	Sedan 2 or 4 door	1100	2200	4000
1962	Galaxie 500	(V) 8 cyl.	Sedan Hardtop 2 or 4 Door	1400	2500	4600
1962	Galaxie XL	(V) 8 cyl.	Hardtop	1000	1400	3100
1962	Galaxie XL	(V) 8 cyl. 406	Convertible	2200	4200	10000
1962	Thunderbird	(V) 8 cyl.	Hardtop	1200	2400	6000
1962	Thunderbird	(V) 8 cyl.	Hardtop Landau	1300	2600	6000
1962	Thunderbird	(V) 8 cyl.	Convertible	2000	3000	8500
1962	Thunderbird	(V) 8 cyl.	Sport Roadster	4100	7700	22000
1963	Falcon Futura	6 cyl.	Hardtop	1600	2900	6000
1963	Falcon Futura	6 cyl.	Convertible	2500	4700	9700
1963	Falcon Sprint	(V) 8 cyl. 260	Sport Coupe	1500	2400	4000

YEAR	MODEL	ENGINE	BODY	F	G	E
1963	Falcon Sprint	(V) 8 cyl. 260	Sport Convertible	2100	3400	7000
1963	Fairlane 500	(V) 8 cyl. 260	Sport Coupe	1500	1900	4000
1963	Galaxie 500	(V) 8 cyl. 390	Hardtop	1500	2100	4000
1963	Galaxie 500	(V) 8 cyl. 406	Convertible	1000	2200	4000
1963	Galaxie 500 XL	(V) 8 cyl. 390	Convertible	2100	3500	7250
1963	Galaxie 500 XL	(V) 8 cyl. 427	Sport Coupe	1600	2900	5500
1963	Thunderbird	(V) 8 cyl.	Hardtop	1200	2400	6000
1963	Thunderbird	(V) 8 cyl.	Landau Hardtop	1200	2600	7000
1963	Thunderbird	(V) 8 cyl.	Sport Roadster	4000	12500	20000
1963	Thunderbird	(V) 8 cyl.	Convertible	2900	3500	9000
1964	Falcon Sprint	(V) 8 cyl. 260	Hardtop	1600	2900	4750
1964	Falcon Sprint	(V) 8 cyl. 260	Convertible	1700	4200	8500
1964	Fairlane	(V) 8 cyl. 260	Sport Coupe	1300	3200	7000
1964	Fairlane	(V) 8 cyl. 260	Sedan	1100	2000	4000
1964	Fairlane	(V) 8 cyl. 260	Custom	1000	1800	3600
1964	Fairlane	(V) 8 cyl. 260	Hardtop	1100	2000	4000
1964	Galaxie 500 XL	(V) 8 cyl. 390	Convertible	1800	4000	8500
1964	Galaxie 500 XL	(V) 8 cyl. 352	Sport Coupe	1300	3200	7200
1964	Galaxie 500 XL	(V) 8 cyl. 427	Sport Coupe	1700	3500	7250
1964	Thunderbird	(V) 8 cyl.	Hardtop	1300	3200	7000
1964	Thunderbird	(V) 8 cyl.	Landau Hardtop	1800	3200	19000

YEAR	MODEL	ENGINE	BODY	F	G	E
1964	Thunderbird	(V) 8 cyl.	Convertible	2800	5600	11000
1964	Mustang	(V) 8 cyl. 260	Convertible	2000	8200	27200
1964	Mustang	(V) 8 cyl. 260	Hardtop	1300	3600	6750
1965	Galaxie 500 XL	(V) 8 cyl. 390	Hardtop	1300	3000	5500
1965	Galaxie 500 XL	(V) 8 cyl. 390	Convertible	1800	3600	9000
1965	Mustang	6 cyl.	Hardtop	2000	3500	7000
1965	Mustang	(V) 8 cyl. 289	Convertible	1800	7000	26000
1965	Mustang	(V) 8 cyl. 289	Fastback 2 + 2	2000	5200	10500
1965	Shelby GT 350	(V) 8 cyl. 289	Fastback	3200	7500	14750
1965	LTD	(V) 8 cyl. 390	Hardtop Sedan	1400	2200	5500
1966	Fairlane 500 GTA	(V) 8 cyl. 390	Convertible	1700	4200	9500
1966	Galaxie 500 XL	(V) 8 cyl. 428	Convertible	1900	4800	9250
1966	Mustang	6 cyl.	Hardtop	1200	3900	6700
1966	Mustang GT	(V) 8 cyl. 289	Hardtop	2200	6500	10500
1966	Mustang GT	(V) 8 cyl. 289	Convertible	5750	1100	31000
1966	Mustang GT	(V) 8 cyl. 289	Fastback 2 + 2	2300	4800	9250
1966	Mustang	6 cyl.	Convertible	2000	6800	12500
1966	Shelby GT 350	(V) 8 cyl. 289	Fastback	3500	7000	17000
1966	Thunderbird	(V) 8 cyl.	Hardtop	1400	3900	8000
1966	Thunderbird	(V) 8 cyl.	Landau	1800	5500	8500
1966	Thunderbird	(V) 8 cyl.	Convertible	3000	7500	12500
1967	Fairlane	(V) 8 cyl.	Sedan	1000	1800	3800
1967	Fairlane	(V) 8 cyl.	Coupe	1100	2000	4000
1967	Fairlane 500	(V) 8 cyl.	Sedan	1000	1800	3800

YEAR	MODEL	ENGINE	BODY	F	G	E
1967	Fairlane 500	(V) 8 cyl.	Coupe	1100	2000	4000
1967	Fairlane	(V) 8 cyl.	Convertible	1400	2500	4500
1967	Galaxie 500 XL	(V) 8 cyl.	Convertible	1800	5500	8500
1967	Mustang	(V) 8 cyl.	Hardtop	1300	4200	8000
1967	Mustang GT	(V) 8 cyl.	Convertible	3500	7800	13500
1967	Shelby GT 350	(V) 8 cyl.	Convertible	3900	8900	18500
1967	Shelby GT 500	(V) 8 cyl.	Fastback 2 + 2	2600	6800	17000
1967	Thunderbird	(V) 8 cyl.	Hardtop	1300	3600	8250
1967	Thunderbird	(V) 8 cyl.	Sedan	1300	4000	7900
1968	Fairlane	(V) 8 cyl.	Sedan	1000	1800	3600
1968	Fairlane	(V) 8 cyl.	Hardtop	1200	2100	4200
1968	Fairlane	(V) 8 cyl.	Station Wagon	1000	1800	3600
1968	Thunderbird	(V) 8 cyl.	Sedan	1300	4000	7800
1968	Galaxie 500 XL	(V) 8 cyl.	Convertible	2200	4400	9000
1968	Galaxie 500	(V) 8 cyl.	Convertible	1800	4000	9000
1968	Mustang	6 cyl.	Hardtop	2200	4000	7500
1968	Mustang	(V) 8 cyl.	Convertible	1800	7100	12100
1968	Mustang GT	(V) 8 cyl.	Fastback 2 + 2	2000	5000	9500
1968	Shelby GT 500	(V) 8 cyl.	Convertible	3600	8200	16000
1968	Shelby GT 500 KR	(V) 8 cyl.	Fastback	3600	6200	14000
1968	Shelby GT 500 KR	(V) 8 cyl.	Convertible	3800	8700	20000
1968	Torino	(V) 8 cyl.	Sedan	1000	1800	3600
1968	Torino	(V) 8 cyl.	Hardtop	1100	2000	4000
1968	Torino	(V) 8 cyl.	Station Wagon	1000	1800	3600
1969	Galaxie 500 XL	(V) 8 cyl.	Convertible	1800	5000	9000

YEAR	MODEL	ENGINE	BODY	F	G	E
1969	Mustang	(V) 8 cyl.	Convertible	1800	5800	12500
1969	Torino GT	(V) 8 cyl.	Fastback	1100	2000	4000
1969	Shelby GT 350	(V) 8 cyl.	Fastback	2800	5900	10000
1969	Shelby GT 500	(V) 8 cyl.	Convertible	3700	9200	18000
1969	Mustang Boss 302	(V) 8 cyl.	Fastback	2600	6500	10000
1969	Mustang	(V) 8 cyl.	Convertible	2000	5800	10200
1970	Fairlane 500	(V) 8 cyl.	Sedan	1000	2000	3800
1970	Fairlane 500	(V) 8 cyl.	Hardtop	1100	2200	4000
1969	Talladega (Torino)	(V) 8 cyl.	Fastback	1400	3200	7000
1970	Galaxie XL	(V) 8 cyl.	Convertible	1800	3400	8000
1970	Mustang Boss 302	(V) 8 cyl.	Fastback	3000	8000	10000
1970	Mustang Boss 429	(V) 8 cyl.	Fastback	3200	7100	11000
1970	Mustang	(V) 8 cyl.	Convertible	2000	6000	10100
1971	LTD	(V) 8 cyl.	Convertible	2000	3500	8300
1971	Mustang Boss 351	(V) 8 cyl.	Fastback	3000	7000	10000
1971	Mustang	(V) 8 cyl.	Convertible	2200	5200	9000
1972	LTD	(V) 8 cyl.	Convertible	1800	5000	8100
1972	Mustang	(V) 8 cyl.	Convertible	2000	5200	9400
1973	Mustang	(V) 8 cyl.	Convertible	2000	5200	9400

G

YEAR	MODEL	ENGINE	BODY	F	G	E
GALE (United States, 1904–10)						
1904		1 cyl.	Roadster	2500	9000	20000

YEAR	MODEL	ENGINE	BODY	F	G	E
1904		1 cyl.	Runabout	2600	10400	20000
1905		2 cyl.	Runabout	2800	10600	20500
1907		4 cyl.	Runabout	3000	11000	21500

GALLOWAY (United States, 1908–10; 1915–17)

1908		2 cyl.	Roadster	3500	8800	17000
1915		4 cyl.	Runabout	3600	9000	20000

GARDNER (United States, 1919–31)

1922	S5A	4 cyl.	Touring	3800	6600	17000
1923	S5B	4 cyl.	Touring	3800	6600	17000
1924	S5C	6 cyl.	Touring	5000	9000	24000
1924	S5C	8 cyl.	Sedan	3500	5800	13900
1926	6B	8 cyl.	Cabriolet	4500	10800	24000
1926	6B	8 cyl.	Roadster	6000	18000	40000
1926	6B	8 cyl.	Sedan	3500	6800	15000
1927	90	8 cyl.	Sedan	3500	6800	15000
1928	88	8 cyl.	Sedan	3500	6800	14900
1929	120	8 cyl.	Cabriolet	5000	15000	29000
1929	120	8 cyl.	Sedan	3500	6800	15000
1929	130	8 cyl.	Roadster	6500	19000	42000

GARFORD (United States, 1906–12; 1916)

1906	40	4 cyl.	Touring	4000	10500	24500
1916		6 cyl.	Touring	5400	16000	29000

GARY (United States, 1916–17)

1916	34	6 cyl.	Roadster	3000	9000	24000
1916	34	6 cyl.	Touring	3500	9500	25000

GEARLESS (United States, 1907–23)

1907	50	4 cyl.	Runabout	3900	12700	28000
1908	75	4 cyl.	Roadster	4500	15000	32000
1909	Olympic 35	4 cyl.	Touring	3800	13800	25000
1921		4 cyl.	Roadster	2500	11000	20000
1921		4 cyl.	Touring	5800	11500	21000

GENEVA (United States, 1901–17)

1901		2 Steam	Open	6600	15000	30000
1916		Herschell-Spillman	Speedster	4500	13800	28000

GERONIMO (United States, 1917–20)

1917		4 cyl.	Touring	2900	7900	17000
1918		6 cyl.	Touring	3750	8750	17500

YEAR	MODEL	ENGINE	BODY	F	G	E
GILBERN (Great Britain, 1959-to-date)						
1959	4 S	(Coventry-Climax)	Gran Turismo Coupe	1500	3100	5200
1966	Genie	(V) 6 cyl. (Ford)	Sport	1600	3200	5500
1969	Invader	(V) 6 cyl. (Ford)	Coupe	1700	3300	5600
1972	Mark 2	(Ford)	Sport	1800	3750	6500
1973	Mark 3	(Ford)	Coupe	1900	3800	6500
GILCHRIST (Great Britain, 1920–23)						
1920		(Hotchkiss)	Touring	2000	5750	11000
1920		(Hotchkiss)	Closed	1800	5400	9800
GRAHAM-PAIGE; GRAHAM (United States, 1927–41)						
1928	629	6 cyl.	Sedan	2000	4000	10000
1929	621	6 cyl.	Touring	6000	9000	28000
1929	619	6 cyl.	Coupe	3000	4000	8000
1930	620	6 cyl.	Roadster	2500	6000	17000
1930	612	6 cyl.	Convertible Sedan	3000	8500	20000
1930		6 cyl.	Rumble Seat Coupe	1500	3000	9250
1930	827	8 cyl.	Sedan	1700	3200	8500
1930	837	8 cyl.	Phaeton	4000	15000	29000
1931	127 Custom	8 cyl.	Cabriolet	5600	8500	30000
1931	56 Prosperity	6 cyl.	Sedan	1500	3000	9200
1932	57 Blue Streak	8 cyl.	Rumble Seat Coupe	2000	4700	9500
1932	57 Blue Streak	8 cyl.	Sedan	1800	4000	9000
1932	57 Blue Streak	8 cyl.	Cabriolet	3000	7700	19000
1932	54 Special	6 cyl.	Sedan	1600	3200	8500
1933	57 A Custom	8 cyl.	Sedan Side Mount	2000	4500	9900
1933	57 A Custom	8 cyl.	Sedan	1800	4000	9000
1933	58	6 cyl.	Sedan	1600	3500	9500
1934	68	6 cyl.	Sedan	1600	3500	9500
1935	Cavalier	6 cyl.	Cabriolet	2200	6000	15500
1935	Cavalier	8 cyl. (Supercharged)	Sedan	1500	4400	9300

YEAR	MODEL	ENGINE	BODY	F	G	E
1935	Crusader	6 cyl.	Sedan	1200	4000	9200
1935	Crusader	6 cyl.	Coach	1000	3500	9000
1936	Cavalier	6 cyl.	Sedan	1000	3500	9000
1936	Cavalier	6 cyl.	Coupe	1200	3800	9000
1937	116	6 cyl. (Supercharged)	Sedan	1000	6500	12000
1937	116	6 cyl. (Supercharged)	Cabriolet	2000	7200	13500
1938	96	6 cyl.	Sedan	1000	3500	9800
1938	97	6 cyl.	Sedan	1000	3500	9600
1939	96	6 cyl.	Sedan	1000	3500	9600
1939	96	6 cyl.	Victoria	1250	4000	10200
1940	Hollywood	6 cyl.	Sedan	1000	3800	10000
1941	Hollywood	6 cyl.	Sedan	2000	4500	12000
1941	Hollywood	6 cyl.	Sedan	2000	4500	12000
1941	Hollywood	6 cyl.	Convertible Coupe	4000	13000	26000

GRANT (United States, 1913–22)

YEAR	MODEL	ENGINE	BODY	F	G	E
1914	M	4 cyl.	Roadster	3800	6750	17000
1915	T	6 cyl.	Touring	4000	7600	18500
1917	K	6 cyl.	Sedan	3500	7000	17000
1921	HZ	6 cyl.	Touring	3000	6000	15000
1921	HZ	6 cyl.	Sedan	2500	5000	10000

GRAY (United States, 1922–26)

YEAR	MODEL	ENGINE	BODY	F	G	E
1922	N	4 cyl.	Touring	1800	7600	14000
1923	N	4 cyl.	Touring	2000	7000	14600
1924	N	4 cyl.	Touring	2400	8600	16000
1926	N	4 cyl.	Sedan	1200	4800	10400

GRAY-DORT (Canada, 1915–25)

YEAR	MODEL	ENGINE	BODY	F	G	E
1915		4 cyl. (Lycoming)	Touring	3000	4800	11500
1918	Special	4 cyl. (Lycoming)	Sport	2400	4600	11000
1922	Special	4 cyl. (Lycoming)	Touring	2000	4000	10000
1923		6 cyl.	Touring	2400	4600	11000

GROUT (United States, 1899–1912)

YEAR	MODEL	ENGINE	BODY	F	G	E
1899		Steam	Runabout	6500	15000	29000
1904		Steam	Touring	6500	15000	29000
1905		4 cyl. 30	Touring	7500	12000	21000

YEAR	MODEL	ENGINE	BODY	F	G	E
G.T.M. (Great Britain, 1966-to-date)						
1966		BMC Mini	Racing	1000	2500	4000
GUERRAZ (France, 1900–02)						
1900		(Bolide)	Open	1250	4400	9500
1900		(Aster)	Open	1300	3500	9750
1901		(Buchet)	Open	1300	3500	9750
1902		(Sonsin)	Vis-a-vis	1300	3500	9750
GUILICK (France, 1914–29)						
1914		4 cyl. (Atlos)	Open	1000	3000	8000
1914		4 cyl. (Ruby)	Open	1200	3200	8200
1914		4 cyl. (CIME)	Open	1000	3000	8000

H

YEAR	MODEL	ENGINE	BODY	F	G	E
HACKETT (United States, 1916–19)						
1916		4 cyl. (G.B.&S.)	Touring	2600	6000	13500
1917		4 cyl. (G.B.&S.)	Roadster	2900	7000	14500
HAL (United States, 1916–18)						
1916	Twelve	(V) 12 cyl. (Weideley)	Roadster	4400	15400	36000
1916	Twelve	(V) 12 cyl. (Weideley)	Coupe	3800	10500	20000
1917	Twelve	(V) 12 cyl. (Weideley)	Sedan	4400	10400	20000
1918	Twelve	(V) 12 cyl. (Weideley)	Sedan	4600	10000	20000
1918	Twelve	(V) 12 cyl. (Weideley)	Limousine	5000	12000	25000

YEAR	MODEL	ENGINE	BODY	F	G	E

HALL (United States, 1904–15)

1904	Rear					
	Entrance	2 cyl.	Tonneau	4600	7000	13000
1914	Tandem	4 cyl.	Cycle	4000	6000	10000

HALLADAY (United States, 1905–22)

1905		4 cyl. (Oswald)	Runabout	3200	6000	11000
1907	35/40	4 cyl.				
		(Rutenber)	Roadster	3400	6500	14000
1912	50	6 cyl.	Touring	3600	7000	17000
1914	40	4 cyl.	Sedan	2600	5000	10500
1922	60	6 cyl.	Touring	3000	6500	16800

HAMLIN-HOLMES; HAMLIN (United States, 1919–30)

1919		4 cyl.				
		(Lycoming)	Touring	2400	7500	14500
1926		(Lycoming)	Racing	4000	12000	25000
1928		(Lycoming)	Sedan	1700	5500	11500

HANDLEY-KNIGHT; HANDLEY (United States, 1921–23)

1921		4 cyl. (Knight)	Sedan	1600	4250	9500
1921	6/60	6 cyl.				
		(Midwest)	Sedan	1800	4500	10000
1921	6/40	6 cyl. (Falls)	Sedan	1750	4500	10000

HANSON (United States, 1917–23)

1917	50	6 cyl.				
		(Continental)	Touring	4400	12000	25000
1920	66	6 cyl.				
		(Continental)	Sedan	3600	7000	12000

HENNEY (United States, 1921–31)

1921	Sport	6 cyl.				
		(Continental)	Touring	2800	7750	16500
1921		8 cyl.				
		(Lycoming)	Sedan	2300	6650	13500
1927		8 cyl.				
		(Lycoming)	Limousine	2500	6800	14500

HENRY (United States, 1910–12)

1910	D L	4 cyl.	Tonneau	2300	6500	14800
1911	D L	4 cyl.	Roadster	2500	7600	15500
1912	D L	4 cyl.	Roadster	3600	8000	15900

YEAR	MODEL	ENGINE	BODY	F	G	E

HENRY J (United States, 1950–54)

YEAR	MODEL	ENGINE	BODY	F	G	E
1950	Deluxe	4 cyl. (Willys)	2 Door Sedan	1500	2800	6500
1951	Deluxe	6 cyl. (Willys)	2 Door Sedan	1200	2100	5500
1952	Vagabond	6 cyl.	2 Door Sedan	1400	2300	5500
1953	Vagabond	6 cyl.	2 Door Sedan	1850	3000	6500
1954	Corsair	6 cyl. (Willys)	2 Door Sedan	1500	2600	6000

HERCULES (United States, 1907–14)

YEAR	MODEL	ENGINE	BODY	F	G	E
1907		Electric	Runabout	2900	8500	16000
1907		Electric	Brougham	2900	8500	16000
1907	141	Electric	Landaulet	3500	9800	18500
1914		4 cyl.	Touring	2300	7500	14500

HEWITT (United States, 1906–07)

YEAR	MODEL	ENGINE	BODY	F	G	E
1906		(V)8 cyl.	Open	3000	6750	16500
1907		1 cyl.	Open	1500	5750	11500

HIGHLANDER (United States, 1921)

YEAR	MODEL	ENGINE	BODY	F	G	E
1921		6 cyl. (Continental)	Touring	2000	7750	16500
1921		6 cyl. (Continental)	Sport	2200	8000	16800

HILTON (United States, 1921)

YEAR	MODEL	ENGINE	BODY	F	G	E
1921		4 cyl. (Herschell-Spillman)	Coupe	2000	5500	10500

HISPANO-SUIZA (Spain, 1904–44)

YEAR	MODEL	ENGINE	BODY	F	G	E
1904	20	4 cyl. (T-head)	Touring	8000	16000	32000
1907	30/40	6 cyl.	Voiturette	9000	20000	44000
1908	60/65	6 cyl.	Touring	10000	25000	56000
1910	40	6 cyl.	Sedanca de Ville	10000	26000	65000
1910		T-head	Racing Voiturette	20000	71000	140000
1910		6 cyl.	Touring	10000	25000	65000
1914	16	4 cyl.	Sedan	6000	10000	28000
1917	30	4 cyl.	Touring	8000	16000	39000
1919	H 6 B	3.7 Litre	Sedan	4500	12000	26000

YEAR	MODEL	ENGINE	BODY	F	G	E
1930	H6	6 cyl.	Phaeton	18000	55000	140000
1930		3 Litre	Touring	12000	28000	75000
1935	Tipo 60	3 Litre	Sedan	10000	20000	32000
1937	Tipo 49	3.7 Litre	Sedan	10000	20000	33000
1938	Tipo 64	3 Litre	Touring	22000	55000	120000
1940	Tipo 56	8 Litre	Sedan	12000	21000	68000

HOPPENSTAND (United States, 1948–49)

1948		2 cyl.	Coupe	800	2000	4000
1949		2 cyl.	Convertible	1000	2300	4500

HORCH (Germany, 1900–39)

1900		2 cyl.	Roadster	4000	8750	17500
1901	10/12	2 cyl.	Sedan	2100	3500	9500
1902	16/20	4 cyl.	Sedan	3100	3500	9500
1904	18/22	4 cyl.	Sedan	3100	3500	9500
1906		6 cyl.	Roadster	5250	14500	32500
1906	6/18	4 cyl.	Touring	4500	12000	24000
1924	300	8 cyl.	Sedan	3000	7750	17000
1927	305	8 cyl.	Sedan	3000	7750	17000
1927	306	8 cyl.	Roadster	8500	15000	48000
1928	375	8 cyl.	Touring	9000	18000	43000
1929	400	8 cyl.	Touring	9500	20000	45000
1929	405	8 cyl.	Touring	9500	20000	45000
1930	450	8 cyl.	Touring	10000	22000	48000
1932	670	(V) 12 cyl.	Drop Head Coupe	15000	25000	55000
1932		(V) 12 cyl.	Cabriolet	17000	40000	90000
1937		(V) 12 cyl.	Cabriolet	12000	37500	85000
1938		(V) 12 cyl.	Cabriolet	11500	35000	80000
1939		(V) 12 cyl.	Sport Cabriolet	10500	25000	70000

HOUPT; HOUPT-ROCKWELL (United States, 1909–12)

1909	60	4 cyl.	Limousine	2500	8000	16000
1909	90	6 cyl.	Landaulet	2750	8500	17000
1910	90	6 cyl.	Touring	2900	9000	18000

HOWARD (United States, 1900–30)

1900		Steam	Buggy	3500	12000	25000
1903		4 cyl.	Roi des Belges	2400	7750	13500
1903		3 cyl.	Touring	1000	4000	11000
1913		6 cyl.	5 Passenger	2500	8000	17000

YEAR	MODEL	ENGINE	BODY	F	G	E
1913	60	6 cyl. (Continental)	Touring	2750	8500	16500
1929	Silver Morn	6 cyl. (Continental)	Touring	2750	8300	16500
1929		8 cyl.	Touring	2900	8750	17500
1929		8 cyl.	Roadster	3000	9000	18000

HUDSON (United States, 1901–57)

YEAR	MODEL	ENGINE	BODY	F	G	E
1901		Steam		4400	16000	37500
1909	20	4 cyl.	Touring	6500	13000	15500
1910	20	4 cyl.	Roadster	5600	11000	14500
1911	33	4 cyl.	Touring	3100	5500	12500
1912	33	4 cyl.	Coupe	3300	7000	15500
1912	33	4 cyl.	Limousine	2800	6500	17000
1912	33	4 cyl.	Roadster	2800	5100	16500
1912	33	4 cyl.	Touring	4600	10000	21000
1913	37	4 cyl.	Touring	3500	5500	17500
1913	37	4 cyl.	Roadster	3600	7400	16250
1913	37	4 cyl.	Coupe	3300	7000	15500
1913	37	4 cyl.	Limousine	3600	7400	16250
1913	54	6 cyl.	Touring	3800	7600	17250
1913	54	6 cyl.	Roadster	3700	7500	16500
1913	54	6 cyl.	Coupe	3200	6800	15000
1914	40	6 cyl.	Touring	3300	7000	15500
1914	54	4 cyl.	Roadster	4100	7400	19500
1915	40	4 cyl.	Touring	4500	8200	15500
1915	40	6 cyl.	Roadster	3800	6300	17000
1915	40	6 cyl.	Phaeton	3800	6300	17000
1915	54	6 cyl.	Sedan	3300	7000	15500
1915	54	6 cyl.	Phaeton	3800	6300	17000
1916	Super Six	6 cyl.	Touring	4500	7400	19500
1916	Super Six	6 cyl.	Roadster	3100	6100	15200
1917	Super Six	6 cyl.	Sedan	2900	5200	12500
1917	Super Six	6 cyl.	Touring	4400	7400	20000
1917	Super Six	6 cyl.	Roadster	1600	2900	12000
1917	Super Six	6 cyl.	Phaeton	2700	4300	12500
1917	Super Six	6 cyl.	Town Car	1600	2900	12000
1918	Super Six	6 cyl.	Touring	4000	7000	19000
1918	Super Six	6 cyl.	Roadster	2700	4300	12500
1918	Super Six	6 cyl.	Phaeton	3000	4700	13000
1918	Super Six	6 cyl.	Sedan	1100	3700	10500
1918	Super Six	6 cyl.	Coupe	1300	4000	11250
1919	Super Six	6 cyl.	Touring	4600	7000	19000

YEAR	MODEL	ENGINE	BODY	F	G	E
1919	Super Six	6 cyl.	Sedan	1200	3000	9000
1919	Super Six	6 cyl.	Phaeton	3000	4700	13000
1919	Super Six	6 cyl.	Cabriolet	1600	2900	12000
1920	Super Six	6 cyl.	Touring	3800	8000	19500
1920	Super Six	6 cyl.	Sedan	1200	3000	9000
1920	Super Six	6 cyl.	Phaeton	2400	5400	13500
1921	Super Six	6 cyl.	Coach	1800	6000	15000
1921	Super Six	6 cyl.	Sedan	1200	3000	9000
1921	Super Six	6 cyl.	Coupe	1500	3500	9500
1921	Super Six	6 cyl.	Phaeton	2200	5600	13500
1922	Super Six	6 cyl.	Coupe	1900	3600	8000
1922	Super Six	6 cyl.	Sedan	1000	2800	7000
1922	Super Six	6 cyl.	Coupe	1100	2900	7200
1922	Super Six	6 cyl.	Cabriolet	3000	5900	13000
1923	Super Six	6 cyl.	Touring	3600	5600	18000
1923	Super Six	6 cyl.	Sedan	1200	3000	9000
1923	Super Six	6 cyl.	Coupe	1500	3400	9500
1923	Super Six	6 cyl.	Phaeton	2200	5400	13000
1924	Super Six	6 cyl.	Victoria	1800	4000	14000
1924	Super Six	6 cyl.	Sedan	1200	3000	9000
1924	Super Six	6 cyl.	Phaeton	1000	2800	7000
1924	Super Six	6 cyl.	Speedster	800	2100	6300
1925	Super Six	6 cyl.	Sedan	1200	3000	9000
1925	Super Six	6 cyl.	Phaeton	2700	4300	13000
1925	Super Six	6 cyl.	Brougham	1600	3500	10000
1926	Custom	6 cyl.	Brougham	2450	5200	15500
1927	Standard Six	6 cyl.	Phaeton	3800	6300	18000
1927	Standard Six	6 cyl.	Brougham	1200	3000	9000
1927	Super Six	6 cyl.	Sedan	2000	4000	11000
1927	Super Six	6 cyl.	Brougham	3300	7000	15500
1927	Standard Six	6 cyl.	7 Passenger Sedan	2500	3800	9000
1928	Super Six	6 cyl.	Cabriolet	3800	8700	28000
1929	Greater Hudson	6 cyl.	Boattail Roadster	8800	19000	45000
1930	Great Eight	8 cyl.	Dual Cowl Phaeton	8500	19000	39000
1930	Great Eight	8 cyl.	Roadster	7500	16000	32000
1930	Great Eight	8 cyl.	Sedan	2300	3700	10500
1930	Great Eight	8 cyl.	Brougham	2600	4500	11250
1931	Greater Eight	8 cyl.	Roadster	9600	16000	40000

YEAR	MODEL	ENGINE	BODY	F	G	E
1931	Greater Eight	8 cyl.	Sedan	1200	3000	9000
1931	Greater Eight	8 cyl.	Phaeton	10000	20000	46000
1931	Great Eight	8 cyl.	Sedan	2600	4500	11250
1931	Great Eight	8 cyl.	Phaeton	8750	17500	39000
1931	Great Eight	8 cyl.	Brougham	2600	4500	11250
1932	LT	6 cyl.	Cabriolet	4500	14000	30000
1933		6 cyl.	Sedan	2700	4300	12500
1933	Terraplane	6 cyl.	Sedan	3000	5900	13500
1934	LTS	6 cyl.	Coupe	3100	6000	13500
1935	HHU Custom	6 cyl.	Cabriolet	3800	6300	17000
1936	67 Custom	8 cyl.	Sedan	1000	2800	7000
1936	65 Custom	8 cyl.	Coupe	2200	3600	13800
1936	65 Custom	8 cyl.	Convertible	3800	6300	17000
1937	Six	8 cyl.	Sedan	2400	3900	12000
1937	Custom	6 cyl.	Convertible	3700	12000	26000
1937	Six	6 cyl.	Coupe	3000	5000	12000
1938	Country Club	8 cyl.	Sedan	2150	3200	6000
1938	Standard 89	6 cyl.	Sedan	1600	3000	5500
1938	Standard 89	6 cyl.	Brougham	1600	3000	5500
1938	Standard 89	6 cyl.	Convertible	2400	5200	15500
1939	112	6 cyl.	Sedan	2300	3700	10500
1940	Deluxe 40	6 cyl.	Coupe	2150	3200	6000
1940	Deluxe 45	8 cyl.	Sedan 2 or 4 Door	1600	3000	5500
1940	44	8 cyl.	Sedan	1600	3000	5500
1940	44	8 cyl.	Coupe	2300	3500	6750
1940	44	8 cyl.	Convertible	2700	4300	12500
1940	Country Club	8 cyl.	Sedan	2000	3100	5750
1941	Deluxe	6 cyl.	Sedan	1600	3000	5500
1941	Deluxe	6 cyl.	Convertible	2400	3900	12000
1941	Super 11	6 cyl.	Sedan	1600	3000	5500
1941	Super 11	6 cyl.	Coupe	2000	3400	5800
1941	Commodore 14	8 cyl.	Sedan	2150	3200	6000
1941	Commodore 14	8 cyl.	Convertible	2400	5200	15500
1942	Commodore 8	8 cyl.	Sedan	1200	3000	9000
1946	Super 6	6 cyl.	4 Door	1200	3000	9000
1947	Super 6	6 cyl.	Coupe	1200	3000	9000
1948	Super 6	6 cyl.	Convertible Coupe	2700	6000	14800

YEAR	MODEL	ENGINE	BODY	F	G	E
1949	Commodore 6	6 cyl.	Sedan	1700	3000	6000
1950	Pacemaker	6 cyl.	Coupe	1100	2600	6000
1951	Hornet	6 cyl.	Sedan	1300	2200	5900
1952	Hornet	6 cyl.	Sedan	900	2200	4000
1953	Super Jet	6 cyl.	Sedan 4 Door	800	1700	5250
1954	Hornet	6 cyl.	Convertible	3600	6000	11000
1954	Hornet	6 cyl.	Club Sedan	1500	2000	4000
1954	Hornet	6 cyl.	Hollywood Hardtop	1400	2400	7000
1955	Hornet	(V) 8 cyl.	Sedan	700	1400	6500
1955	Custom Hornet	(V) 8 cyl. (Hollywood)	2 Door Hardtop	900	1600	6000
1956	Hornet	8 cyl.	Sedan	700	1200	5900
1956	Wasp	6 cyl.	Sedan	800	1600	2800
1957	Hornet	8 cyl.	Sedan	600	1100	5500
1957	Hornet	(V) 8 cyl.	2 Door Hardtop	1000	1900	6500

I

YEAR	MODEL	ENGINE	BODY	F	G	E
IDEAL (United States, 1902–14)						
1902		1 cyl.	2 Passenger	2000	5900	12750
1909		Electric	4 Passenger	3200	8400	17750
1914		2 cyl. (Spacke)	Cycle	1100	3000	5000
IDEN (Great Britain, 1904–07)						
1904		4 cyl.	Touring	1100	4250	9500
1904		4 cyl.	Coupe	1000	4100	9250
1905		4 cyl.	Touring	1200	4400	9800
1907		(V) 2 cyl.	Landaulet	1150	4300	9600

YEAR	MODEL	ENGINE	BODY	F	G	E
ILLINOIS (United States, 1910–14)						
1910–40		4 cyl.	Touring	2300	6500	13800
1914–40		4 cyl.	Tonneau	3250	7400	14500
IMP (United States, 1913 and 1955)						
1913		(V) 2 cyl.	Cycle	2000	4000	8750
1955		(Gladden) (Air-cooled)	Runabout	800	1800	4500
IMPERIAL (United States, 1903–16) (1950–73 See Chrysler)						
1903		2 cyl.		2000	6800	13500
1906		4 cyl.				
		(Rutenber)	Roadster	3500	11500	23000
1907		4 cyl.	Touring	3300	11000	22500
1907		6 cyl.	Touring	3900	12800	25000
1909		6 cyl.	Touring	3900	12800	25000
1916		6 cyl.	Speedster	3700	12500	24000
INDIAN (United States, 1928–29)						
1928		(Indian)	Roadster	2900	7500	14750
1929		4 cyl.				
		(Continental)	Coupe	2500	5500	11000
INNES (United States, 1921)						
1921		4 cyl.	Touring	2000	7000	16000
1921		4 cyl.	Roadster	2600	8600	17400
INTERNATIONAL (Great Britain, 1898–1904)						
1898		1 cyl.	Racing	1000	4000	9750
1898		2 cyl.	Racing	1000	5000	11750
1899		2 cyl.	Racing	1100	5200	11000
1901	Charette	6 hp (DeDion)	Phaeton	1200	5500	12750
1903		4 cyl. (Aster)	Tonneau	1150	4300	9500
1904	Portland	1 cyl. (Aster)	Tonneau	1150	3300	9000
INTERNATIONAL; I.H.C. (United States, 1907-to-date)						
1907	IHC	1 cyl.	Motor Buggy	3000	7000	15000
1907	IHC	2 cyl.	Surrey	3200	7250	15500
1908	High-wheel	2 cyl.	Motor Buggy	3000	7000	15000
1910	C	4 cyl.	Touring	3200	7400	15750
1911	J-30	4 cyl.	Touring	3000	7000	15000

YEAR	MODEL	ENGINE	BODY	F	G	E
1961	Scout	4 cyl.	Utility	1500	2750	7500
1967	Travelall	6 cyl.	Station Wagon	1500	2500	6500
1967	Travelall	8 cyl.	Station Wagon	1500	2500	6500

INTER-STATE (United States, 1909–18)

1909	35	4 cyl.	Touring	2900	7600	16000
1913	45	4 cyl. (Beaver)	7 Passenger Touring	3200	8500	17000
1915	T	4 cyl. (Beaver)	7 Passenger Touring	3200	8500	17000

INVICTA (Great Britain, 1900–50)

1900		Invicta	Voiturette	2250	4500	9750
1925		6 cyl. (Meadows)	Touring	3450	6500	13000
1928		3 Litre	Drop Head Coupe	2500	5000	10500
1930		4.5 Litre	Roadster	3500	6500	16500
1930		4.5 Litre	Phaeton	3750	7500	18000
1930		4.5 Litre	Low Chassis Coupe	3500	6500	12500
1931	12/45	6 cyl. (Blackburne)	Sport Sedan	2000	4000	8000
1933	12/90			3500	7500	15000
1949	Black Prince	6 cyl. (Meadows)	Drop Head Coupe	3000	6000	12000

IROQUOIS (United States, 1904–08)

1904	20	4 cyl.	Runabout	1500	4500	13000
1907	25/30	4 cyl.	Runabout	2000	6500	16000
1908	35/40	4 cyl.	Touring Car	2500	7000	17000
1964		(V) 8 cyl. (Corvette)	Coupe	2200	4250	8500
1965	Grifo	(V) 8 cyl. (Chevrolet)	Gran Turismo Coupe	2250	5500	10750
1968	Fidia	(V) 8 cyl. (Chevrolet)	Sedan	2000	3750	7500
1969	Lele	5.7 Litre	Sedan	2000	3750	7500
1970	Lele	(V) 8 cyl. (Ford)	Sedan	2100	4000	7800

YEAR	MODEL	ENGINE	BODY	F	G	E
ISOTTA-FRASCHINI (Italy, 1900–49)						
1900		1 cyl. (Aster)	Racing	8000	18000	36000
1902		2 cyl.	Racing	9000	20000	40000
1907	Tipo C	11.3 Litre	Racing	9000	20000	40000
1908		4 cyl.	Racing Voiturette	10000	22000	44000
1909		4 cyl. (T-head)	Sport	12500	25000	50000
1914	KM		Boattail Speedster	15000	30000	60000
1914		4 cyl.	Touring	15200	30000	60000
1922	Tipo 8	8 cyl.	Sport Touring	16000	36000	72000
1923		8 cyl.	Touring	12000	24000	65000
1925	50/100 hp	8 cyl.	Touring	14000	33000	70000
1926	8 A	8 cyl.	Roadster	25000	60000	125000
1926	8 A	8 cyl.	Cabriolet	27000	74000	140000
1928		8 cyl.	Town	12500	30000	68000
1928	8 A 4 Ps	8 cyl.	Convertible	26000	69000	140000
1929	Special	8 cyl.	Convertible Coupe	35000	85000	200000
1929		8 cyl.	Limousine	15000	28000	81000
1930	8 A	8 cyl.	Phaeton	35000	85000	200000
1930	8 A	8 cyl.	Coupe	15000	26000	45000
1947	Tipo 8 C (V) Monerosa	8 cyl.	Sedan	9000	17000	33000
ITALIA (Italy, 1904–34)						
1904		4 cyl. (T-head)		4000	8000	16000
1906	Targa Florio		Touring	3200	6500	15000
1908	14/20	2.6 Litre		3000	6000	12000
1909	35	4 cyl.	Limousine	3200	7000	13000
1921	50	4 cyl.	Sedanca de Ville	1750	3500	7500
1922	51-F	6 cyl.	Racing	2600	5350	10500
1925	61	6 cyl.	Sedan	1400	2750	5500
1929		6 cyl.	Roadster	2750	5500	11000

J

YEAR	MODEL	ENGINE	BODY	F	G	E
JACKSON (United States, 1903–23)						
1903	6 hp	Steam	Open	4000	11000	22000
1904	6 hp	Steam	Open	4000	11000	22000
1905	20 hp	2 cyl.	Coupe	2000	6000	13500
1906	30/35 hp	4 cyl.	Touring	2400	8800	16500
1913		6 cyl. (Northway)	Coupe	3000	6500	13000
1916		(V) 8 cyl. (Ferro)	Touring	5000	14000	30000
1923	6-51	6 cyl.	Touring	4200	9500	23000
JAEGER (United States, 1932–33)						
1932		6 cyl.	Convertible	3000	7000	16000
1933		6 cyl. (Continental)	Coupe	2000	5000	10750
1933		6 cyl.	Convertible	3000	7000	16000
1933		6 cyl. (Continental)	Coupe	2000	5000	10750
JAGUAR (Great Britain, 1945-to-date)						
1934	SS-1	2.7 Litre	Roadster	5100	15000	31000
1934	SS-1	2.7 Litre	Touring	4100	13000	30000
1934	SS-1	2.7 Litre	Phaeton	6000	17000	35000
1935	S-100	2.7 Litre	Roadster	7000	19000	48000
1936	SS-1	2.7 Litre	Roadster	4600	15000	22000
1936	SS-100	2.7 Litre	Touring	4000	13000	31000
1937	SS-1	1.6 Litre	Touring	7000	19000	36000
1937	SS-100	3.5 Litre	Roadster	9000	24000	50000
1938	SS-1	2.7 Litre	Sedan	2700	4900	14000
1938	SS-1	2.7 Litre	Cabriolet	5500	14000	36000
1938	SS-100	3.5 Litre (Supercharged)	Roadster	14000	33000	66000
1938	SS-100	3.5 Litre	Speedster	12000	20000	53000
1939	SS-100	3.5 Litre	Drop Head Coupe	9000	18000	46000
1940	SS-100	3.5 Litre	Sedan	4000	7900	17000
1941	SS-100	3.5 Litre	2 Passenger	7900	15000	30000

YEAR	MODEL	ENGINE	BODY	F	G	E
1946	Mark IV	1.8 Litre	Cabriolet	5200	10000	19000
1946	Mark V	3.5 Litre	Sedan	3600	7000	13000
1947		3.5 Litre	Sedan	3600	7000	13000
1948	Mark IV	2.7 Litre	Cabriolet	3800	8000	15000
1948	Mark IV	6 cyl.	Sedan	1800	3800	9800
1949	Mark IV	6 cyl. 3.4 Litre	Sport	3300	8200	15000
1949	Mark IV	6 cyl.	Convertible	4400	9000	17000
1949	Mark V	6 cyl.	Sedan	1000	4000	9250
1949	Mark V	6 cyl.	Cabriolet	2700	6900	14000
1950	Mark V	6 cyl.	Sedan	1600	4500	8800
1950	XK 120	3.4 Litre	Sport	2300	4600	11000
1950	Mark VII	6 cyl.	Sedan	1500	4000	8200
1951	XK 120	6 cyl.	Coupe	2700	5000	10000
1951	C Type	4.5 Litre	Sport Racing	4900	10000	24000
1951	XK 120	3.4 Litre	Roadster	3800	9600	18000
1951	Mark VII	6 cyl.	Sedan	1500	4000	9250
1951	XK 120-C	6 cyl.	Sport Racing	5200	11000	23000
1952	XK 120	3.4 Litre	Coupe	2700	5000	10000
1952	XK 120	3.4 Litre	Roadster	2500	9300	18000
1953	XK 120	3.4 Litre	Roadster	3000	9500	18000
1953	XK 120-C	6 cyl.	Sport Racing	4900	11000	21000
1953	Mark VII	6 cyl.	Saloon Sedan	2400	4900	10000
1954	Mark VII	6 cyl.	4 Door Sedan	1500	5700	9250
1954	XK 120-M	190 bhp	Roadster	4800	11000	24000
1954	XK 120	3.4 Litre	Coupe	3100	5100	10000
1954	XK 120-C	6 cyl.	Roadster	3700	7300	18000
1954	XK 120	3.4 Litre	Drop Head Coupe	2300	4600	12000
1954	D Type	6 cyl. 2.5 Litre	Sport Racing	5600	12000	24000
1955	XK 140	210 hp	Coupe	1700	4600	12000
1955	XK 140	6 cyl. 210 hp	Roadster	4000	9100	20000
1955	Mark VII	6 cyl.	Sedan	1200	4500	10000
1956	XK 140	2.4 Litre	Drop Head Coupe	1700	5700	13000
1956	XK 140		Roadster	4200	8400	25000
1956	Mark VII	2.4 Litre	Sedan	11000	4400	10000

YEAR	MODEL	ENGINE	BODY	F	G	E
1957	D Type	2.4 Litre	Sport Racing	3400	9000	24000
1957	XK 150	2.4 Litre	Coupe	1300	4900	10400
1957	Mark VIII	3.4 Litre	Sedan	1100	4400	10000
1958	XK 55	3.4 Litre	Sport	6200	12000	27000
1958	XK 150	3.4 Litre	Coupe	2500	5000	10000
1958	XK 150	3.4 Litre	Roadster	3800	7400	19000
1959		3.8 Litre	Sedan	1300	3800	10000
1959	XK 150	3.4 Litre	Coupe	1500	4000	11000
1959	XK 150	2.4 Litre	Convertible	2800	5700	16000
1959	Mark IX	3.8 Litre	Sedan	1300	3800	10000
1960	Mark IX	3.8 Litre	Sedan	1700	3900	11000
1960	XK 150	3.4 Litre	Coupe	1700	3900	11000
1960	XK 150	3.8 Litre	Convertible	3100	6200	16000
1960	XK 150	3.8 Litre	Roadster Sport	3500	7500	17000
1961	Mark II	3.8 Litre	Sedan	1300	3600	8000
1961	E Type	3.8 Litre	Coupe	2400	3800	11000
1962	Mark X	3.8 Litre	Sport Sedan	2000	3800	11000
1962		3.8 Litre	Sedan	1300	4000	9250
1963	Mark II	3.8 Litre	Sport	1600	4200	11000
1963	XKE	3.8 Litre	Coupe	2200	3300	11000
1964	S Type	3.4 Litre	Roadster	3300	6600	16000
1964	XKE	8 cyl.	Coupe 2 x 2	3800	7700	15000
1964	XKE	3.8 Litre	Convertible	3500	7900	15000
1965	E Type	4.2 Litre	Sport Racing	3500	8200	16000
1965	Mark X	4.2 Litre	Sport	2300	4700	11000
1966	Mark II	4.2 Litre	Sedan	1300	2900	8250
1966	XKE	4.2 Litre	Sport Racing	3300	7700	16000
1967	E Type	4.2 Litre	Sport	2400	4900	11000
1967	420	4.2 Litre	Sedan	1300	3100	8500
1973	E Type	(V) 12 cyl.	Sport Coupe	4900	8200	16000
1973	E Type	(V) 12 cyl.	Roadster	5200	11000	22000

JEANNIN (United States, 1908–09)

1908	High-Wheel	Air-cooled	Buggy	2650	8250	16500
1908	High-Wheel		Surrey	2250	7250	14500
1908	High-Wheel		Runabout	2250	7250	14500

YEAR	MODEL	ENGINE	BODY	F	G	E
JEEP (United States, 1963-to-date)						
1963		4 cyl.	Station Wagon	750	2250	5500
1963		6 cyl.	Station Wagon	1000	2600	5750
1965	Wagoneer	(V) 8 cyl.	Station Wagon	1000	2600	5750
1965	Universal	4 cyl. (Perkins Diesel)	Station Wagon	1000	2600	5750
1965	Universal	(V) 6 cyl. (Buick)	Station Wagon	1100	2000	5500
1968	Jeepster	(V) 6 cyl.	Convertible	2500	3550	6750
1971	Jeepster	4 cyl.	Convertible	1500	2250	5250
1971	Jeepster	(V) 6 cyl.	Convertible	2250	3300	6000
1972	Jeepster	(V) 6 cyl.	Station Wagon	1250	2250	4000
1972	Jeepster	(V) 8 cyl.	Roadster	2300	3450	6250
1972	Jeepster	(V) 6 cyl.	Convertible	1400	2500	4800
JENSEN (Great Britain, 1936-to-date)						
1936		(V) 8 cyl. (Ford	Sport Touring	4500	9000	17500
1938	4 Dr	(V) 8 cyl. (Ford)	Sedan	1350	2750	8500
1938	D C	8 cyl. (Meadows)	Phaeton	3750	8500	17000
1950		6 cyl.	Sedan	1150	3250	7500
1950	Interceptor	6 cyl. (Austin)	Cabriolet	1250	3500	8000
1954	541	6 cyl.	Gran Turismo Sedan	1000	3000	7500
1963		(V) 8 cyl. (Chrysler)	Coupe	1200	3000	7500
1966	F F	6.3 Litre	Coupe	2000	4000	9000
1969	Director	(V) 8 cyl.	Limousine	3000	6000	13000
1974	Interceptor	(V) 8 cyl.	Coupe	3000	5500	10500
1974	Interceptor	(V) 8 cyl.	Convertible	6000	12000	27000
JENSEN-HEALEY (Great Britain, 1972-to-date)						
1972	2 S	4 cyl. (Lotus)	Sport	1100	2250	4500
1973	JH-5		Sport	2000	3550	9500
JEWEL (United States, 1906–09)						
1906		1 cyl.	Touring	2750	6500	13000

YEAR	MODEL	ENGINE	BODY	F	G	E
1907		1 cyl.	Roadster	2900	6750	13500
1908	40	4 cyl. (Rutenber)	Roadster	3000	7000	15000
1908		4 cyl. (Rutenber)	Touring	3150	7250	15500

JEWETT (United States, 1923–26)

1923		4 cyl.	Sport Touring	2150	7200	16500
1923		4 cyl.	Phaeton	2400	8750	17500
1924		4 cyl.	Touring	2000	8000	17000
1926		4 cyl.	Sedan	1150	3250	8500
1926		4 cyl.	Sport Touring	2150	8250	17500

JOHNSON (United States, 1905–12)

1905		Steam	Open	3500	11000	22000
1906	30	Steam	Open	3500	11000	22000
1907	50	6 cyl.	Touring	2150	9250	18500

JONES (United States, 1915–20)

1915		6 cyl.	Touring	3500	11000	24000
1917		6 cyl.	Touring	3900	12500	25000
1918	Sport	6 cyl.	Touring	4500	13000	28000
1919	Sport	6 cyl.	Touring	3500	10500	23000

JONES-CORBIN (United States, 1902–07)

1902		1 cyl. (DeDion)	Runabout	2000	6000	13000
1903		2 cyl. (DeDion)	Runabout	2150	6250	13500
1905		4 cyl. (DeDion)	Tonneau	2250	7500	14000
1906		4 cyl.	Touring	2400	7750	15500

JONZ (United States, 1908–11)

1908	20	2 cyl.	Touring	2400	7800	15500
1909	30	3 cyl.	Coupe	2500	9000	18000
1911	40	4 cyl.	Touring	3250	11000	22000

JORDAN (United States, 1916–31)

1916	B	6 cyl. (Continental)	Touring	4500	13000	26000
1919	C	6 cyl. (Continental)	Touring	5000	14000	27000
1920	Playboy	6 cyl. (Continental)	Roadster	5500	14500	30000
1923	MX	6 cyl. (Continental)	Sedan	2050	5000	10000

YEAR	MODEL	ENGINE	BODY	F	G	E
1925	Playboy	6 cyl. (Continental)	Roadster	5400	14000	28000
1925	L	8 cyl. (Continental)	Touring	4400	11750	23500
1926	J	8 cyl. (Continental)	Sedan	2500	5000	10500
1927	J	8 cyl. (Continental)	Sedan	2500	5000	10500
1927	Little Custom	6 cyl. (Continental)	Touring	3150	4950	11500
1928	Playboy	8 cyl. (Continental)	Cabriolet	5000	10000	22000
1928	Playboy	8 cyl. (Continental)	Roadster	5500	11500	23500
1928	Series Z	8 cyl. (Continental)	Roadster	5000	11000	22500
1929		8 cyl. (Continental)	Sedan	2400	3750	9500
1929	Playboy	8 cyl. (Continental)	Roadster	6150	13250	28500
1929	JE	8 cyl. (Continental)	Cabriolet	3000	9000	19000
1929	Series Z	8 cyl. (Continental)	Club Sedan	2000	6000	13500
1930	Speedway	8 cyl. (Continental)	Sport Sedan	1800	5700	12500
1930	Series 90	8 cyl. (Continental)	Sedan	1600	5300	12000
1930	Series T	8 cyl. (Continental)	Roadster	5000	13000	28000
1930	Series T	8 cyl. (Continental)	Cabriolet	4500	11800	23500
1930	Series T	8 cyl. (Continental)	Speedster	4800	12500	27000
1931	80	8 cyl. (Continental)	Sedan	2800	6700	13500

K

YEAR	MODEL	ENGINE	BODY	F	G	E
KAISER (United States, 1946–54)						
1947	Manhattan	6 cyl.	Sedan	1550	2200	5500
1948	Custom	6 cyl.	Sedan	1500	2200	5500
1949	Virginian	6 cyl.	Hardtop Sedan	2000	3300	8000
1950	Virginian	6 cyl.	4 Door Convertible	3000	6000	13500
1951	Deluxe	6 cyl.	4 Door	1300	2000	5500
1951	Dragon	6 cyl.	Sedan	1200	2500	5500
1951	Special	6 cyl.	2 Door Sedan	1200	2200	5000
1952	Manhattan	6 cyl.	Sedan	1200	2200	5000
1952	Deluxe	6 cyl.	2 Door Sedan	1200	2200	5000
1954	Manhattan	6 cyl.	Sedan	1200	2600	5500
1954	Special	6 cyl.	Sedan	1200	2400	5250
1954	Darrin	6 cyl.	Roadster	3000	9600	21000
1955	Manhattan	6 cyl. (Super-charged)	Sedan	1850	2800	7000
KANSAS CITY (United States, 1905–09)						
1905		2 cyl.	Roadster	4500	9000	17000
1909		6 cyl.	Touring	8500	18000	30000
KERNS (United States, 1909–15)						
1909	High-Wheel	2 cyl. (Speedwell)	Buggy	2650	6250	12500
1909	High-Wheel	3 cyl.	Buggy	2650	6250	13500
1914	Lu-Lu	4 cyl.	Cycle	1000	3000	6000
1915	L High-Wheel	4 cyl.	Buggy	2650	6250	13500
KELLER (United States, 1948–50)						
1948		4 cyl. (Continental)	Convertible	1250	3300	6000
1948		4 cyl. (Hercules)	Sedan	1500	2200	3800
1949		4 cyl. (Hercules)	Station Wagon	1600	2900	4800

YEAR	MODEL	ENGINE	BODY	F	G	E
KELSEY (United States, 1913–24)						
1913		6 cyl.	Coupe	1650	4250	9500
1921		4 cyl. (Gray)	Coupe	1000	4000	8000
1921		4 cyl. (Lycoming)	Coupe	1000	4000	8000
1921		6 cyl. (Falls)	Touring	2600	7000	14000
KENSINGTON (United States, 1899–1904)						
1899		Electric	Runabout	3500	8000	16000
1899		Steam	Runabout	4500	10000	21000
1902		2 cyl. (Kelecon)	Runabout	1950	3900	12500
KENWORTHY (United States, 1920–22)						
1920	Line-o-Eight	8 cyl.	Touring	6200	16000	35000
1920		6 cyl.	Sport Touring	4200	12000	23000
1920		4 cyl.	Sport Touring	2800	8000	16000
KEYSTONE (United States, 1899–1915)						
1899		Steam		3800	10500	20500
1909	Six-Sixty	6 cyl.	Touring	2900	8750	15500
1910		6 cyl.	Roadster	3000	9000	16000
1915		6 cyl. (Rutenber)	Touring	3000	9000	16000
KIBLINGER (United States, 1907–09)						
1907	High-Wheel	2 cyl. (Air-cooled)	Buggy	3000	7800	15000
1909		2 cyl.	Roadster	2800	6000	13000
KIET (Great Britain, 1950–61)						
1950		500cc (Norton)	Sport	800	1450	3750
1951		1.5 Litre (MG)	Racing	1500	2100	4750
1951		BSA (650cc)	Sport Runabout	450	1500	3250
1953		(Bristol)	Sport	1750	3500	7000
1953		(DeSoto)	Racing	1900	4000	7750
1954			Sport	1250	2900	5750
1954		4 cyl.	Racing	1250	3750	7500
KING (Great Britain, 1904–70)						
1904		2 cyl.	Runabout	1300	3750	6500
1957		Ford	Racing	1550	4100	8200

YEAR	MODEL	ENGINE	BODY	F	G	E
KING (United States, 1910–24)						
1910	35	4 cyl.	Coupe	3500	3700	16000
1915	30	(V) 8 cyl.	Coupe	3900	4300	17000
1916	26	(V) 8 cyl.	Touring	5000	8000	18000
1917		(V) 8 cyl.	Touring	4500	7000	17000
1918	29	(V) 8 cyl.	Touring	4200	6500	16000
1919	G	(V) 8 cyl.	Touring	4200	6500	16000
1920	H	(V) 8 cyl.	Touring	5000	10000	20000
1921	J	(V) 8 cyl.	Sedan	4000	7500	15000
KING & BIRD (Great Britain, 1903)						
1903		DeDion	Dogcart	950	1900	4750
KISSEL (United States, 1906–31)						
1906		4 cyl.	Coupe	3000	7000	18000
1909		6 cyl.	Roadster	4500	10000	19000
1909		6 cyl.	Semi-Racing	4800	11000	22000
1912	30	6 cyl.	Touring	4000	7000	14000
1913	40	6 cyl.	Touring	4000	7000	14000
1917	42	(V) 12 cyl. (Weidely)	Touring	3500	6800	13000
1918	Silver Special	6 cyl.	Speedster	4000	7000	14000
1920	Goldbug	6 cyl.	Runabout	18000	30000	40000
1922	45	6 cyl.	Sedan	1800	3500	8500
1923	45	6 cyl.	Boattail Speedster	8500	15000	28000
1923	45	6 cyl.	Sedan	1900	3700	8800
1925	Gold Bug	6 cyl.	Speedster	12000	22500	40000
1926	55	6 cyl.	Speedster	8500	15000	28000
1927	55	6 cyl.	Speedster	9000	17000	22000
1928	70	6 cyl.	Cabriolet	3500	6000	14000
1928	805	6 cyl.	Club Sedan	2500	4800	10500
1929	White Eagle 6	6 cyl.	Speedster	9500	18000	36000
1929		8 cyl.	Coupe	2400	5500	11000
1929		8 cyl.	Sedan	2000	5000	10000
KLINE KAR (United States, 1910–24)						
1910	60	6 cyl.	Roadster	2400	7750	14500
1910	30	4 cyl.	Roadster	2000	5000	11000
1920	6–55	6 cyl. (Continental)	Touring	2300	8300	16500
1924	60-L	6 cyl. (Continental)	Touring	2150	8200	16500

YEAR	MODEL	ENGINE	BODY	F	G	E
KNOX (United States, 1900–15)						
1900	3-Wheel	1 cyl.	Runabout	4000	8000	16000
1904	Model F-1	1 cyl.	Runabout	5000	10000	18000
1908		4 cyl.	Runabout	4000	8000	16000
1908		6 cyl.	Runabout	5000	12000	25000
1910		4 cyl.	Raceabout	10000	20000	30000
1912	40	4 cyl.	Touring	4500	9500	18000
1915	66	6 cyl.	Limousine	4000	9000	17000
KOEB-THOMPSON (United States, 1910–11)						
1910		4 cyl.	Touring	2500	7500	16000
KOEHLER (United States, 1910–14)						
1910	Montclair	4 cyl.	Touring	1900	7750	16500
1913		4 cyl.	Touring	2000	8000	17000
K.R.C. (Great Britain, 1922–24)						
1922		(V) 2 cyl.	Sport	950	2900	6750
1923		4 cyl.	Sport	750	2500	6000
1924		4 cyl.	Sport	750	2500	6000
KRIT (K.R.I.T.) (United States, 1909–16)						
1909	22	4 cyl.	3 Passenger	3400	7800	15500
1910	22	4 cyl.	4 Passenger	3600	8000	16000
1911	22	4 cyl.	Roadster	3600	8000	16000
1913	22	4 cyl.	Roadster	3600	8000	16000
1915	22	4 cyl.	Touring	3800	8800	16750

L

YEAR	MODEL	ENGINE	BODY	F	G	E
LAFAYETTE (United States, 1920–36)						
1920		(V) 8 cyl.	Limousine	3500	8500	18000
1923	134	(V) 8 cyl.	Touring	6000	12000	28000
1924		(V) 8 cyl.	Sedan	4000	9500	19000

YEAR	MODEL	ENGINE	BODY	F	G	E
LAGONDA (Great Britain, 1906–63)						
1906		(V) 2 cyl.	Sport			
			Touring	2800	11300	22500
1907	20	4 cyl.	Sport			
			Touring	4000	12000	26000
1909	Torpedo	6 cyl.	Sport			
			Touring	8000	20000	40000
1910		4 cyl.	Touring	4200	13400	27000
1911		4 cyl.	Sport			
			Touring	3200	12000	25000
1913		4 cyl.	Sport	3400	11800	24000
1920		2 Litre	Sport			
			Touring	1650	7250	16500
1924	12/24	2 Litre	Sport			
			Touring	1750	6500	15000
1925		1954cc	Sport	1900	6750	15500
1926	14/60	6 cyl.	Semi-Sport	2150	7250	16500
			Touring			
1927	Speed Model	2 Litre	Sport	2400	5750	14500
1928		3 Litre	Sedan	2000	5000	10000
1929		2 Litre	Sedan	1750	4500	9000
1930		2 Litre	Cabriolet	3150	7250	16500
1930		3 Litre	Boattail			
			Speedster	5400	14750	37500
1930		3 Litre	Sport			
			Touring	4500	10000	20000
1931		3 Litre	Sport			
			Touring	4500	10000	20500
1932	Continental	4 cyl.	Sport			
			Touring	4500	10000	20000
1933	16/18	6 cyl.	Sport			
			Touring	5500	13000	26000
	M-45	6 cyl. 4.5 Litre	Sport			
			Touring	5750	13500	27000
1934	Selector-Special	6 cyl.	Sport			
			Touring	6400	14750	28750
1935	Rapide	6 cyl. 4.5 Litre	Sedan	2250	4500	9000
1936	LG-45	6 cyl.	Sport Sedan	3000	5000	11000
1937		(V) 12 cyl.	Convertible			
			Sedan	8500	23000	55000

YEAR	MODEL	ENGINE	BODY	F	G	E
1938		(V) 12 cyl.	Sedan	4250	8500	16000
1939		(V) 12 cyl.	Convertible Victoria	8650	24250	56000
1939		6 cyl.	Convertible Coupe	4150	12250	23500
1939		(V) 12 cyl.	Drop Head Coupe	6250	16500	38000
1940		(V) 12 cyl.	Sedan Deville	4500	9000	19000
1948		6 cyl.	Drop Head Coupe	3250	6500	13000
1950		6 cyl.	Sedanca de Ville	3000	6000	12000
1953		6 cyl. 3 Litre	Sedan	2250	4500	9000
1954		6 cyl. 3 Litre	Sedan	2250	4500	9000
1955		6 cyl. 3 Litre	Sedan	2250	4500	9000
1957		6 cyl. 3 Litre	Sedan	2200	4400	9000
1958		6 cyl. 3 Litre	Sedan	2250	4250	8500
1959		4.5 Litre	Sedan	2300	4450	9250
1960	Rapide	3996cc	Sedan	2300	4500	9000
1963	Rapide	DB4	Saloon Sedan	2300	3450	8250

LAMBERT (United States, 1891; 1904–17)

1891	3-Wheel		Cycle	2400	4800	9600
1904		2 cyl.	Touring	3500	8000	16000
1906		2 cyl.	Touring	3500	8000	16000
1907		4 cyl. (Continental)	Touring	4250	8500	20000
1908		(Buda)	Touring	4750	9500	25000
1909		6 cyl.	Roadster	5000	10000	26000

LAMBORGHINI (Italy, 1963-to-date)

1963		(V) 12 cyl.	Gran Turismo Coupe	3750	7500	17000
1966	400 GT	(V) 12 cyl.	Coupe	4000	8600	17500
1967	400	(V) 12 cyl.	Gran Turismo Coupe 2 + 2	3250	6500	14000
1967	Miura P 400	(V) 12 cyl.	Gran Turismo Coupe	3450	6900	14750

YEAR	MODEL	ENGINE	BODY	F.	G	E
1967	Marzal	6 cyl.	Coupe	2100	4200	8500
1968	Espada	(V) 12 cyl.	Coupe	3500	7000	14000
1970	Jarama	(V) 12 cyl.	Coupe 2 + 2	4250	9000	18000
1971	Urraco	(V) 8 cyl.	Coupe	4500	9000	18000
1972	Countach	(V) 12 cyl.	Coupe	10000	16500	32500
1974	Espada	(V) 12 cyl.	Coupe (Hatchback)	27500	32500	38000

LANCIA (Italy, 1906-to-date)

YEAR	MODEL	ENGINE	BODY	F.	G	E
1906	Alfa	4 cyl.	Touring	3000	9000	18000
1908	Di-Alfa	6 cyl.	Touring	4000	12800	25500
1910	Beta	3.1 Litre	Touring	4000	12800	25500
1911	Eta	4.1 Litre	Limousine	2500	6000	14000
1912	Gamma	4.1 Litre	Touring	4800	12500	25000
1913	Delta	2.6 Litre	Touring	2500	6000	14500
1914	Theta	4.9 Litre	Touring	4800	12500	25000
1919	Kappa	12 cyl.	Coupe	4500	13500	27000
1920	DiKappa	(V) 8 cyl.	Touring	7500	16500	37000
1920	Torino	6 cyl.	Roadster	6000	14000	28000
1921	TriKappa	6 cyl.	Saloon Sedan	2750	5500	11000
1922	Lambda	4 cyl.	Sedanca de Ville	2500	5000	10000
1923		2.1 Litre	Torpedo	3000	6000	12000
1924		2.1 Litre	Touring	2650	5250	10500

Lamborghini — 1970 "Iselro"

YEAR	MODEL	ENGINE	BODY	F	G	E
1926		2.4 Litre	Sedan	1500	3000	6000
1927		2.6 Litre	Sedan	1500	3000	6000
1928		2.1 Litre	Touring	1650	3250	6500
1929	Dilambda	(V) 8 cyl.	Sedan	1850	3700	7500
1930		2.1 Litre	Sedan	1250	2500	5000
1931	Artena	(V) 8 cyl.	Sedan	1400	3400	6750
1932	Farina	(V) 8 cyl.	Sedan	1400	3250	6500
1935	Astura	(V) 8 cyl.	Coupe	1500	3400	6750
1935	Agusta	4 cyl.	Sedan	950	1900	3750
1939	Aprilia	1352cc	Sedan	900	1800	3600
1940	Ardea	(V) 8 cyl.	Convertible Coupe	3000	7000	14000
1948		1.5	Sedan	700	1400	2750
1950		(V) 6 cyl.	Sedan	1250	2500	6000
1951	Aurelia	2 Litre	Coupe	800	1600	3200
1953	Ardea	6 cyl.	Touring	1950	3900	7750
1954	B 15	6 cyl.	Sedan	800	1600	3250
1955	Appia	4 cyl.	Sedan	800	1950	3850
1956	Flaminia	(V) 6 cyl.	Coupe	1000	2600	5200
1959		(V) 8 cyl.	Spyder	1300	2900	6750

L & E (United States, 1922–31)

YEAR	MODEL	ENGINE	BODY	F	G	E
1922		6 cyl. (Air-cooled)	Touring	3950	7900	17000
1931		6 cyl. (Air-cooled)	Sedan	2150	4250	10500

LANDGREBE (Germany, 1921–24)

YEAR	MODEL	ENGINE	BODY	F	G	E
1921	3-Wheel		Cycle	750	1500	3000
1924	3-Wheel		Cycle	950	1900	3500

LA SALLE (United States, 1927–40)

YEAR	MODEL	ENGINE	BODY	F	G	E
1927		(V) 8 cyl.	Phaeton	9800	21000	43000
1927	303	(V) 8 cyl.	Dual Cowl Phaeton	21000	42000	75000
1927	303	(V) 8 cyl.	Cabriolet	10400	21000	47500
1927	303	(V) 8 cyl.	Coupe	3800	8900	20000
1927	303	(V) 8 cyl.	Town Sport	6600	10000	32500
1927	303	(V) 8 cyl.	Roadster	12500	29000	54000
1928	303	(V) 8 cyl.	Sedan	3300	7400	16000
1928	303		Convertible Coupe	8900	14000	42500

YEAR	MODEL	ENGINE	BODY	F	G	E
1928	328	(V) 8 cyl.	Dual Cowl			
			Phaeton	20000	38000	80000
1929	328	(V) 8 cyl.	Cabriolet	7100	17500	40000
1929	328		Sedan	3800	7900	18800
1929	328	(V) 8 cyl.	Sport			
			Roadster	11500	34000	75000
1929	328		Coupe	4600	8400	19000
1929	328	(V) 8 cyl.	Sedan	9400	14600	46000
1929	328	(V) 8 cyl.	Victoria	4100	8900	19000
1930	340	(V) 8 cyl.	Touring	11500	28000	52000
1930	340	(V) 8 cyl.	Cabriolet	9400	22000	47000
1930	340	(V) 8 cyl.	Roadster	13500	31000	56000
1930	340	(V) 8 cyl.	Club Sedan	5600	8400	19000
1931	345A	(V) 8 cyl.	Cabriolet	9900	19000	41000
1931	345A	(V) 8 cyl.	Sedan	9600	15500	46500
1932	345B	(V) 8 cyl.	Cabriolet	11000	21000	46000
1932	345B	(V) 8 cyl.	Victoria			
			Coupe	6600	11500	21500
1932	345B	(V) 8 cyl.	Club Sedan	6600	11500	20000
1933	345C	(V) 8 cyl.	Club Sedan	5200	9400	19000
1933	345C	(V) 8 cyl.	Cabriolet	9400	16000	40000
1934	350	8 cyl.	Sedan	5100	8100	28200
1935	350	8 cyl.	Convertible			
			Coupe	5100	15500	30000
1935	350	8 cyl.	Coupe	5500	8800	31000
1935	350	8 cyl.	Sedan	2300	5600	27000
1936	36-50	8 cyl.	Coupe	2900	7800	28000
1936	36-50	8 cyl.	Convertible			
			Coupe	4600	13000	30000
1936	36-50	8 cyl.	Sedan	2300	6600	27000
1937	37-50	(V) 8 cyl.	Club Coupe	2600	7700	28200
1937	37-50	(V) 8 cyl.	Sedan	2100	6800	27500
1937	37-50	(V) 8 cyl.	Convertible			
			Sedan	11700	18200	51200
1937	37-50	(V) 8 cyl.	Convertible			
			Coupe	4600	13000	30000
1938	38-50	(V) 8 cyl.	Sedan	2100	6800	13200
1939	39-50	(V) 8 cyl.	Sedan	2200	6600	15800
1939	50	(V) 8 cyl.	Convertible	9400	14600	45500
1939	50	(V) 8 cyl.	Coupe	4500	6800	24100
1939	50	(V) 8 cyl.	Convertible			
			Sedan	9600	15100	46200

YEAR	MODEL	ENGINE	BODY	F	G	E
1940	50	(V)8 cyl.	Sedan	2000	5800	12000
1940	50	(V)8 cyl.	Convertible Sedan	9600	15100	46200
1940	50	(V)8 cyl.	Convertible	9400	14600	45200
1940	52	(V)8 cyl.	Convertible Sedan	5600	10700	30000
1940	52	(V)8 cyl.	Sedan	2100	5400	10400
1940	52	(V)8 cyl.	Convertible Coupe	4400	8900	21000
1940	52	(V)8 cyl.	Club Coupe	2300	5800	12000

LEACH (United States, 1899–1923)

1899		2 cyl.	Runabout	2500	7000	15000
1920		(Continental) Sedan		2000	5500	12500
1922	Power Plus Six	6 cyl.	Roadster	4000	15000	22000
1923	Six California Top	6 cyl.	Touring	3500	13000	18000

LEADER (Great Britain, 1905–09)

1905	10	4 cyl.		1300	3650	7250
1905	14	4 cyl.	Touring	1300	3650	7300
1906	10/20	4 cyl.	2 Passenger	1300	3625	7250
1906	20/30	4 cyl.	2 Passenger	1400	3750	7500
1907	60	(V)8 cyl.	Sport	2000	6000	12000
1909	12/16	4 cyl.	2 Passenger	1300	3650	7250

LEDA (Great Britain, 1969–72)

1969	LT 20		Racing	1650	3250	7500
1972	LT 27		Racing	1850	3650	7250
1972	BH 2		Racing	1850	3650	7250

LENOX (United States, 1908–18)

1908		Electric	Victoria	3650	8250	17500
1911	A	4 cyl.	Touring	3500	7000	14000
1911	A	8 cyl.	Touring	5150	10250	21500
1913	MO 60	4 cyl.	Speedster	4500	10000	20000

LESCINA (United States, 1916)

1916	Model V	6 cyl.	Touring	2250	8500	17000
1916	Model V	6 cyl.	Sedan	1800	3500	7500

LEWIS (United States, 1898–1916)

1898		1 cyl.	Runabout	2000	6000	13000
1910		4 cyl.	Touring	2900	7500	15000
1913		6 cyl.	Touring	2900	7750	15500

YEAR	MODEL	ENGINE	BODY	F	G	E
LEWIS (Great Britain, 1923–24)						
1923		(V) 2 cyl.	2 Passenger	1800	3650	6500
1924		4 cyl.	2 Passenger	2000	4400	8800
LEXINGTON (United States, 1909–28)						
1909		4 cyl.	Touring	3250	6500	13000
1915	Minute Man	6 cyl.	Roadster	4500	13500	28000
1916	6N	6 cyl.	Touring	4200	13500	27000
1917	6-0-17	6 cyl.	Roadster	3800	12500	25000
1920	520	6 cyl.	Touring	3500	12000	24000
1925	Concord	6 cyl.	Sedan	2500	5500	10000
1926	6-50	6 cyl.	Phaeton	4800	14500	28000
LIBERTY (United States, 1914–24)						
1914		(V) 2 cyl.	Cycle	1800	3600	8400
1917	10A	6 cyl.	Touring	2500	11500	22000
1920	10C	6 cyl.	Touring	2500	11500	22000
1921	Cavalier 10C	6 cyl.	Phaeton	3000	12500	23500
LINCOLN (United States, 1909; 1911–14; 1920-to-date)						
1909	High-Wheel	2 cyl.	Buggy	7000	9700	20400
1911	High-Wheel	2 cyl.	Buggy	6900	9200	19400
1914		4 cyl.	Roadster	6600	9700	20400
1920	Leland	(V) 8 cyl.	Roadster	9000	20000	38000
1920	Leland	(V) 8 cyl.	Phaeton	9000	20000	38000
1920	Leland	(V) 8 cyl.	Touring	9200	19900	38500
1920	Leland	(V) 8 cyl.	Coupe	6000	13600	20900
1921	Leland	(V) 8 cyl.	Roadster	8400	18000	33000
1921	Leland	(V) 8 cyl.	Phaeton	8700	19500	36000
1921	Leland	(V) 8 cyl.	Touring	9200	19000	33000
1921	Leland	(V) 8 cyl.	Sedan	6000	9200	16000
1922	Leland	(V) 8 cyl.	Sport Roadster	9000	20000	38000
1922	Leland	(V) 8 cyl.	Convertible Touring	9000	20000	38000
1922	Leland	(V) 8 cyl.	Touring	8200	19000	33000
1922	Leland	(V) 8 cyl.	Sedanca de Ville	8400	17000	35000
1922	Leland	(V) 8 cyl.	Sedan	4400	7600	15000
1923	L	(V) 8 cyl.	Roadster	8400	18000	33000
1923	L	(V) 8 cyl.	Phaeton	8600	19000	35500
1923	L	(V) 8 cyl.	Town Car	8600	12500	32500
1923	L	(V) 8 cyl.	Convertible Coupe	7600	16000	33000

YEAR	MODEL	ENGINE	BODY	F	G	E
1923	L	(V) 8 cyl.	7 Passenger Limousine	5000	10000	20000
1923		(V) 8 cyl.	Touring	10000	14500	26000
1923	L	(V) 8 cyl.	Sedan	4200	7300	16000
1924	L	(V) 8 cyl.	Convertible Coupe	6200	17000	36000
1924	Judkins-L	(V) 8 cyl.	Coupe	4900	7600	18500
1924	L	(V) 8 cyl.	Sedan	4400	7900	16000
1924	L	(V) 8 cyl.	Touring	9000	20000	38000
1924	L	(V) 8 cyl.	Roadster	8700	19500	36000
1924	L	(V) 8 cyl.	Phaeton	9500	21000	39500
1924	L	(V) 8 cyl.	Cabriolet	7700	17500	31000
1924	L	(V) 8 cyl.	Town Car	6500	10000	23000
1925	Brunn-L	(V) 8 cyl.	Cabriolet	5400	8000	18500
1925	L	(V) 8 cyl.	Doctor Coupe	4400	7600	18000
1925	L	(V) 8 cyl.	Roadster	8100	11500	35500
1925	L	(V) 8 cyl.	Sedan	4400	8700	17000
1925	L	(V) 8 cyl.	Limousine	4000	6000	13500
1925	L	(V) 8 cyl.	Sedan	4600	7200	16000
1925	L	(V) 8 cyl.	Dual Cowl Phaeton	9900	25000	55000
1925	L	(V) 8 cyl.	Sedan	4200	6700	16000
1925	L	(V) 8 cyl.	Coupe	6600	8100	24500
1925	L	(V) 8 cyl.	3 Window Sedan	4300	7000	15000
1926	L	(V) 8 cyl.	Touring	8600	12500	32500
1926	L	(V) 8 cyl.	Sedan	3100	6300	16000
1926	L	(V) 8 cyl.	Dual Cowl Phaeton	10000	26000	55000
1926	L	(V) 8 cyl.	Roadster	8500	14500	36000
1926	L	(V) 8 cyl.	Coupe	4400	7300	16500
1926	L	(V) 8 cyl.	Sedan	3100	6700	15000
1926	L	(V) 8 cyl.	Berline	4400	8200	19000
1926	Holbrook-L	(V) 8 cyl.	Cabriolet	8600	12500	30000
1926	Brunn-L	(V) 8 cyl.	Brougham	6000	9400	22500
1926	L	(V) 8 cyl.	Limousine	4000	6000	14500
1926	L	(V) 8 cyl.	Sedan	4300	7300	16000
1926	L	(V) 8 cyl.	Sport Touring	9200	15200	36500
1927	L	(V) 8 cyl.	Sedan	4400	6300	15700
1927	L	(V) 8 cyl.	Coupe	4300	7100	20500

YEAR	MODEL	ENGINE	BODY	F	G	E
1927	L	(V) 8 cyl.	Limousine	4500	10000	20000
1927	L	(V) 8 cyl.	7 Passenger Touring	7600	17000	41000
1927	L	(V) 8 cyl.	Dual Cowl Phaeton	14000	28000	57000
1927	Holbrook-L	(V) 8 cyl.	Cabriolet	8200	15500	32500
1927	L	(V) 8 cyl.	Roadster	8400	19000	43000
1928	Locke	(V) 8 cyl.	Sport Phaeton	7100	20000	44000
1928		(V) 8 cyl.	Sedan	5400	8700	18000
1928	Judkins	8 cyl.	Sedan	5200	8200	19000
1928	Locke	8 cyl.	Roadster	8200	25000	52000
1928		8 cyl.	Sedan	3800	7400	16000
1928	Judkins	8 cyl.	Coupe	9000	12600	27500
1928	L	8 cyl.	Touring	6700	19000	40000
1928	L	8 cyl.	Dual Cowl Phaeton	16000	33000	60000
1929	L	8 cyl.	Brougham Town Cabriolet	6400	16000	34000
1929	L	8 cyl.	Brougham	4700	8500	18000
1929	Locke	(V) 8 cyl.	Touring	8700	22500	45000
1929	L	(V) 8 cyl.	Sedan	3500	8500	17000
1929	L	(V) 8 cyl.	Cabriolet	10500	25000	48000
1929	L	(V) 8 cyl.	Sedan	4200	6700	16000
1929	L	(V) 8 cyl.	Roadster	11000	25000	49000
1929	L	(V) 8 cyl.	Victoria Convertible	12700	30000	59000
1929	L	(V) 8 cyl.	Sport Phaeton	6500	25000	50000
1929	L	(V) 8 cyl.	Dual Cowl Phaeton	9300	29000	65000
1930	L	(V) 8 cyl.	Victoria Coupe	5500	9200	16000
1930	L	(V) 8 cyl.	7 Passenger Touring	7600	19000	41000
1930	L	(V) 8 cyl.	Coupe	6000	9000	17500
1930	L	(V) 8 cyl.	Cabriolet	10500	26000	45000
1930	L	(V) 8 cyl.	Landau Coupe	5200	8900	19000
1931		(V) 8 cyl.	Roadster Convertible	10700	26000	47000

YEAR	MODEL	ENGINE	BODY	F	G	E
1931		(V) 8 cyl.	Sport Phaeton	9200	27000	55000
1931	LeBaron	(V) 8 cyl.	Cabriolet	11500	28000	55000
1931	LeBaron	(V) 8 cyl.	Sedan	4800	7400	16000
1931	K	(V) 8 cyl.	Sport Phaeton	18000	38000	72000
1931	Murphy	(V) 8 cyl.	Convertible Coupe	9700	25000	46000
1931			Sport Touring	12200	21200	56500
1932	KA	(V) 8 cyl.	Roadster	18000	38000	73000
1932	KA	(V) 8 cyl.	Coupe	6400	16000	34000
1932	KA	(V) 8 cyl.	Phaeton	19000	36000	76000
1932		(V) 12 cyl.	Roadster	14700	37000	83000
1932		(V) 12 cyl.	Sport Phaeton	19000	25500	76000
1932	LeBaron	(V) 8 cyl.	Dual Cowl Phaeton	18000	38000	73000
1932		(V) 8 cyl.	Sedan	6300	9400	20500
1932		(V) 8 cyl.	Victoria Sedan	4600	8900	18000
1932	LeBaron	(V) 8 cyl.	Cabriolet	12000	25000	50000
1932		(V) 8 cyl.	Dual Cowl Phaeton	17000	42000	90000
1932	Custom	(V) 8 cyl.	Convertible Victoria	19000	36000	76000
1932		(V) 8 cyl.	Sedan	5300	8600	17000
1932	KB	(V) 12 cyl.	Cabriolet	14700	35000	69000
1932	KB	(V) 12 cyl.	Touring Sedan	5700	10500	21000
1933	KA	(V) 8 cyl.	Touring 7 Passenger	19000	36000	76000
1933	KA	(V) 8 cyl.	Roadster Convertible	17000	35500	68000
1933	KA	(V) 8 cyl.	Sedan	6200	15000	31000
1933	KA	(V) 8 cyl.	Coupe	7600	19000	41000
1933	Brunn	(V) 12 cyl. KA	Cabriolet	17000	39000	81000
1933		(V) 12 cyl.	7 Passenger Sedan	5700	10500	21000
1933		(V) 12 cyl.	Convertible Victoria	17000	47000	97000

YEAR	MODEL	ENGINE	BODY	F	G	E
1933		(V) 12 cyl.	Sedan	5200	10000	22000
1933	LeBaron	(V) 12 cyl.	Coupe	5400	12000	29000
1933	LeBaron	(V) 12 cyl.	Convertible Sedan	18000	46000	94000
1933	LeBaron	(V) 12 cyl.	Convertible Phaeton	18000	47000	97000
1933		(V) 12 cyl.	Roadster	18000	47000	97000
1934	LeBaron	(V) 12 cyl.	Cabriolet	16000	37000	79000
1934	Dietrich	(V) 12 cyl.	Convertible Coupe	14000	30000	73000
1934		(V) 12 cyl.	Sedan	5400	11000	24000
1934		(V) 12 cyl.	Convertible Victoria	16000	44000	88000
1934		(V) 12 cyl.	Coupe	5200	12700	27000
1934		(V) 12 cyl.	Dual Cowl Phaeton	17000	42000	105000
1934		(V) 12 cyl.	Limousine	6100	14800	30000
1935	Dietrich	(V) 12 cyl.	Convertible Coupe	12600	36000	86000
1935		(V) 12 cyl.	4 Door Convertible Sedan	13600	32000	81000
1935		(V) 12 cyl.	Town Sedan	6000	14700	29000
1935		(V) 12 cyl.	Coupe	5200	13000	27000
1935		(V) 12 cyl.	Convertible	12200	31000	67000
1936	LeBaron	(V) 12 cyl.	Convertible	12700	35000	77000
1936		(V) 12 cyl.	Brougham	6000	14700	29000
1936		(V) 12 cyl.	Town Sedan	5700	12000	25000
1936		(V) 12 cyl.	Convertible Sedan	12600	30000	69000
1936	LeBaron	(V) 12 cyl.	Coupe	5900	9700	19000
1936	Zephr	(V) 12 cyl.	Sedan	4400	7000	16000
1936	K	(V) 12 cyl.	Phaeton	19000	38000	83000
1936	K	(V) 12 cyl.	Cabriolet	17000	36000	70000
1936	Judkins-K	(V) 12 cyl.	Limousine	4900	9200	19000
1937	K		Convertible Sedan	15000	35000	65000
1937	K	(V) 12 cyl.	Phaeton	17000	38000	62000
1937	Zephyr	(V) 12 cyl.	Coupe	3900	7000	15000
1937	Zephyr	(V) 12 cyl.	Sedan	3300	6000	14000
1937	K	(V) 12 cyl.	Sedan	4400	7600	17000

Lincoln — 1934 "Convertible Roadster"

YEAR	MODEL	ENGINE	BODY	F	G	E
1937	2 Ps K	(V) 12 cyl.	Coupe	6000	9200	19000
1937	K	(V) 12 cyl.	Convertible Sedan	15000	35000	65000
1937	K	(V) 12 cyl.	Roadster	15000	35000	65000
1938	LeBaron-K	(V) 12 cyl.	Convertible Roadster	9500	15500	35500
1938	Brunn-K	(V) 12 cyl.	Victoria Convertible	8500	15000	40000
1938	K	(V) 12 cyl.	Town Sedan	6000	9200	19000
1938	K	(V) 12 cyl.	Sedan	5400	8700	18000
1938	LeBaron-K	(V) 12 cyl.	Convertible Sport	10000	15500	35500
1938	Zephyr	(V) 12 cyl.	Coupe	3900	6600	15000
1938	Zephyr	(V) 12 cyl.	Sedan	6200	10000	17000
1938	Zephyr	(V) 12 cyl.	2 or 4 Door Convertible Coupe	8000	17000	30000
1938	LeBaron-K	(V) 12 cyl.	Convertible Sedan	12000	26000	50000

YEAR	MODEL	ENGINE	BODY	F	G	E
1938	Brunn-K	(V) 12 cyl.	Town Limousine	6000	9800	24000
1938	Brunn-K	(V) 12 cyl.	Berline	7000	11000	26000
1939	K	(V) 12 cyl.	Convertible Sedan	15000	23000	47000
1939	K	(V) 12 cyl.	Town Sedan	15000	23000	47000
1939	Zephyr	(V) 12 cyl.	Convertible Coupe	7500	11500	28500
1939	Zephyr	(V) 12 cyl.	Coupe 3 Window	3900	6500	15000
1939	Zephyr	(V) 12 cyl.	Sedan	4500	6500	14000
1939	Zephyr	(V) 12 cyl.	Town Sedan	6200	10000	17000
1939	K	(V) 12 cyl.	Phaeton	16000	26000	57000
1940	Continental	(V) 8 cyl.	Coupe	5000	15100	32000
1940	K	(V) 12 cyl.	Limousine	6500	19000	22000
1940	K	(V) 12 cyl.	Convertible Coupe	9700	19000	30000
1940	K	(V) 12 cyl.	Coupe	6200	12000	17000
1940	K	(V) 12 cyl.	Convertible Sedan	14000	21000	33000
1940	K	(V) 12 cyl.	Cabriolet	20000	20000	32000
1940	Zephyr	(V) 12 cyl.	Sedan	4400	6300	13000
1940	Brunn-K	(V) 12 cyl.	Brougham	6300	12000	24000
1940	K	(V) 12 cyl. 4.8 Litre	Sedan	6300	11000	19000
1940	Zephyr	(V) 12 cyl.	Convertible Coupe	5400	11000	20000
1940	Zephyr	(V) 12 cyl.	Sedan	3500	5200	11000
1941	Zephyr	(V) 12 cyl.	Coupe 3 Window	4500	6500	14000
1941	Continental	(V) 12 cyl. 4.8 Litre	Convertible	4900	15000	31000
1941	Continental	(V) 12 cyl.	Hardtop	3800	9700	19000
1941	Custom	(V) 12 cyl.	8 Passenger Limousine	3200	8700	17000
1941	Zephyr	(V) 12 cyl.	Club Coupe	3800	6200	13000
1941	Zephyr	(V) 12 cyl.	Cabriolet	5400	9700	20000
1941	Zephyr	(V) 12 cyl.	Sedan	3800	6500	13000
1941	Zephyr	(V) 12 cyl.	Limousine 8 Passenger	3000	6500	12000
1942	Custom	(V) 12 cyl.	Limousine	4400	7400	17000
1942	Zephyr	(V) 12 cyl.	Sedan	3800	6500	13000

YEAR	MODEL	ENGINE	BODY	F	G	E
1942	Custom	(V) 12 cyl.	Sedan/Limo	4400	7400	17000
1942	72	(V) 12 cyl.	Coupe	3800	6000	13000
1942	77A	(V) 12 cyl.	Club Coupe	3000	5100	12000
1942	76	(V) 12 cyl.	Convertible Coupe	4100	9200	19000
1942	Continental	(V) 12 cyl.	Cabriolet	4900	9700	22000
1942	Zephyr	(V) 12 cyl.	Coupe	3000	6500	12000
1942	Zephyr	(V) 12 cyl.	Cabriolet	5100	11000	25000
1942	Zephyr	(V) 12 cyl.	Convertible Coupe	6800	10500	30500
1946	76	(V) 12 cyl.	Convertible	6500	8700	20500
1946	73	(V) 12 cyl.	Sedan	2200	4200	12000
1946	Continental	(V) 12 cyl.	Convertible Cabriolet	5100	11000	25000
1946	Continental	(V) 12 cyl.	Club Coupe	3400	8200	17000
1947	76	(V) 12 cyl.	Convertible Coupe	5100	14000	28000
1947	77	(V) 12 cyl.	Club Coupe	2900	7000	16000
1947	73	(V) 12 cyl.	Sedan	2700	6700	15000
1947	Continental	(V) 12 cyl.	Coupe	4200	7000	17600
1947	Continental	(V) 12 cyl.	Cabriolet	5100	12000	22000
1948	Continental	(V) 12 cyl.	Convertible	6800	10500	30500
1948	Continental	(V) 12 cyl.	Coupe	4250	7500	15000
1948	76	(V) 12 cyl.	Convertible	4100	13000	25000
1948	77	(V) 12 cyl.	Club Coupe	3600	7400	15000
1949	Cosmopolitan	(V) 8 cyl.	Fastback Sedan	1400	2900	6500
1949	Cosmopolitan	(V) 8 cyl.	Sedan	1300	5500	7000
1949	Cosmopolitan 76	(V) 8 cyl.	Convertible	3000	4000	13500
1949	72	(V) 8 cyl.	Club Coupe	1200	2900	7000
1949	74	(V) 8 cyl.	Sport Sedan	1300	3100	7400
1950	Cosmopolitan	(V) 8 cyl.	Convertible	2700	4100	13000
1950	Cosmopolitan	(V) 8 cyl.	Club Coupe	1500	3500	7000
1950	Cosmopolitan	(V) 8 cyl.	Sport Sedan	1100	2600	5100
1950	Cosmopolitan	(V) 8 cyl.	Capri Coupe	1500	3000	5900

YEAR	MODEL	ENGINE	BODY	F	G	E
1950	Lido	(V) 8 cyl.	Coupe	1300	2500	6300
1951	Cosmopolitan					
		(V) 8 cyl.	Convertible	2400	4900	12000
1951	Lido	(V) 8 cyl.	Coupe	1300	3200	6400
1951	Cosmopolitan					
		(V) 8 cyl.	Sport Sedan	1350	2700	6000
1951	Cosmopolitan					
		(V) 8 cyl.	Coupe	1300	2500	5000
1951	Cosmopolitan					
		(V) 8 cyl.	Capri Coupe	1200	2400	4800
1952	Capri	(V) 8 cyl.	2 Door Hardtop	1200	2300	4750
1952	Cosmopolitan					
		(V) 8 cyl.	Sedan	1200	2100	4500
1952	Cosmopolitan		Sport Coupe			
		(V) 8 cyl.	Hardtop	1400	3000	6000
1952	Cosmopolitan					
		(V) 8 cyl.	Convertible	2250	5000	11000
1953	Capri	(V) 8 cyl.	Convertible	3800	7700	12500
1953	Capri	(V) 8 cyl.	2 Door Hardtop	1200	2400	6200
1953	Capri	(V) 8 cyl.	Sedan	1100	2300	4400
1953	Cosmopolitan		Sport Coupe			
		(V) 8 cyl.	Hardtop	1200	2500	5000
1953	Cosmopolitan					
		(V) 8 cyl.	Sedan	1200	2400	5000
1954	Capri	(V) 8 cyl.	2 Door Hardtop	1300	2300	6000
1954	Capri	(V) 8 cyl.	Sedan	1200	2800	5900
1954	Capri	(V) 8 cyl.	Convertible	3400	5800	13000
1954	Cosmopolitan					
		(V) 8 cyl.	Sedan	1400	2600	6200
1954	Cosmopolitan		Sport Coupe			
		(V) 8 cyl.	Hardtop	1500	3300	7400
1955	Capri	(V) 8 cyl.	Sedan	1400	2800	5500
1955	Capri	(V) 8 cyl.	Coupe Hardtop	1400	2600	5700
1955	Custom	(V) 8 cyl.	Sedan	1200	2200	5400
1955	Capri	(V) 8 cyl.	Convertible	3400	6000	13000
1956	Premiere	(V) 8 cyl.	Sedan	1200	4000	7500
1956	Premiere	(V) 8 cyl.	Convertible	4100	6600	17200
1956	Capri	(V) 8 cyl.	Sport Coupe Hardtop	1000	2000	7000

YEAR	MODEL	ENGINE	BODY	F	G	E
1956	Continental		2 Door			
	Mark II	(V) 8 cyl.	Hardtop	3800	9250	27500
1956	Capri	(V) 8 cyl.	Sedan	1200	3300	6500
1957	Continental					
	Mark II	(V) 8 cyl.	Convertible	7700	17000	38000
1957	Continental		2 Door			
	Mark II	(V) 8 cyl.	Hardtop	5000	9000	18500
1957	Capri	(V) 8 cyl.	Sedan	1200	2100	4500
1957	Capri	(V) 8 cyl.	2 Door			
			Hardtop	1200	2300	5000
1957	Capri	(V) 8 cyl.	Hardtop			
			Landau	1200	2300	5000
1957	Premiere	(V) 8 cyl.	2 Door			
			Hardtop			
			Coupe	1500	3800	7750
1957	Premiere	(V) 8 cyl.	Hardtop			
			Landau	1600	3900	8200
1958	Mark III	(V) 8 cyl.	Sedan	1100	2300	6200
1958	Mark III	(V) 8 cyl.	Convertible	2200	5000	16500
1958	Mark III	(V) 8 cyl.	Hardtop			
			Coupe	800	1500	7200
1958	Capri	(V) 8 cyl.	Sedan	1200	2600	4500
1958	Capri	(V) 8 cyl.	2 Door			
			Hardtop	1200	2900	4750
1958	Premiere	(V) 8 cyl.	2 Door			
			Hardtop	2000	3800	7200
1959	Mark IV	(V) 8 cyl.	Sedan	1100	2100	4700
1959	Mark IV	(V) 8 cyl.	Town	1200	2350	4950
1959	Mark IV	(V) 8 cyl.	Executive			
			Limousine	1500	3450	6000
1959	Mark IV	(V) 8 cyl.	Coupe	1200	2950	4200
1959	Premiere	(V) 8 cyl.	Coupe	1100	3000	6400
1959	Premiere	(V) 8 cyl.	Sedan	1150	2700	6100
1959	Mark IV	(V) 8 cyl.	Landau	1200	2400	5200
1959	Mark IV	(V) 8 cyl.	Formal			
			Sedan	1250	3400	6250
1960	Continental (V) 8 cyl.		2 Door			
			Convertible	1600	3500	12000
1961	Continental (V) 8 cyl.		4 Door			
			Convertible	1900	4800	13000
1962	Continental (V) 8 cyl.		4 Door			
			Convertible	1900	4700	13500

YEAR	MODEL	ENGINE	BODY	F	G	E
1963	Continental (V) 8 cyl.		4 Door Sedan	1100	2300	6300
1963	Continental (V) 8 cyl.		4 Door Convertible	2000	5200	12750
1964	Continental (V) 8 cyl.		4 Door Convertible	2500	5500	13000
1964	Continental (V) 8 cyl.		4 Door Sedan	1100	2400	6000
1965	Continental (V) 8 cyl.		4 Door Convertible	1450	4000	13000
1965	Continental (V) 8 cyl.		4 Door Sedan	1100	2300	6300
1966	Continental (V) 8 cyl.		4 Door Convertible	1800	4600	13500
1967	Continental (V) 8 cyl.		4 Door Convertible	2000	6000	13500
1968	Continental Mark III	(V) 8 cyl.	Coupe	1100	2600	6750
1969	Mark III	(V) 8 cyl.	Coupe	1100	2600	6300
1970	Continental Mark III	(V) 8 cyl.	Coupe	2500	3500	7000

LOTUS (Great Britain, 1952-to-date)

YEAR	MODEL	ENGINE	BODY	F	G	E
1952		(Consul)	Sport	750	3500	6000
1953		(Ford) 10	Sport Racing	900	3750	6500
1954	J 4	(MG) 1.25 Litre	Sport	1000	3900	6750
1955	Mark 9	(Bristol) 2 Litre	Racing	1100	4250	7500
1956	Mark 10	(Ford) 10	Racing	1100	4250	7500
1957	Mark 11	1.2 Litre	Sport	1000	4000	7000
1958	Elite	1.2 Litre (Coventry-Climax)	Coupe	1000	4250	7500
1958	Mark 15	2.2 Litre	Sport	1000	4000	7000
1959	Elite	1.5 Litre	Coupe	1100	4250	7500
1959	Mark 17	2.2 Litre	Coupe	1000	4000	7000
1960	Elite		Coupe	1250	4500	8000
1961	Mark 20	(Cosworth Ford)	Coupe	1200	4400	7500
1961	Super Seven	1.5 Litre	Sport	900	3750	7750
1962	Elite	1.5 Litre	Coupe	1500	4000	8000

YEAR	MODEL	ENGINE	BODY	F	G	E
1965	Elan	116 E (Ford)	Convertible	1100	3250	7500
1966	Mark 46					
	Europa	1.5 Litre	Coupe	900	2750	6000
1967	Mark 49	(Ford)	Racing	1250	4500	9000
1970	Europa S-2					
	(Turbo-					
	charged)	4 cyl.		1200	4000	8500

M

YEAR	MODEL	ENGINE	BODY	F	G	E
MASERATI (Italy, 1926-to-date)						
1926	Tipo 26	1.5 Litre	Racing	3100	6200	14000
1926	Tipo 26	1.5 Litre	Sport	2900	5900	13000
1927	26 B	2 Litre	Racing	3600	7400	14000
1928	28 B	2 Litre	Sport	3800	7600	15000
1929	Tipo 14	2 Litre	Sport	3400	7500	13000
1930	8 C 2500	8 cyl.	Racing	7100	16000	31000
1930	8 C 1500	1.5 Litre	Racing	6900	14000	30000
1931	8 C 1100	8 cyl.	Racing	6300	13000	27000
1932	8 C 2800	2.5 Litre	Racing	7600	16000	34000
1933	8 C 3000	8 cyl.	Racing	8200	18000	36000
1934	8 CM 34	3 Litre	Racing	10200	22000	45000
1935	Tipo B	(V) 8 cyl.	Grand Prix Racing	7100	15000	30000
1935	Tipo B	6 cyl.	Touring	5700	13000	26000
1936	V 8 R1	2.6 Litre	Voiturette	6500	14000	28000
1937	6 CM	6 cyl.	Voiturette	4600	9300	19000
1938	4 CM 1100	4 cyl.	Grand Prix Racing	4200	12000	24000
1939	4 CL	4 cyl.	Sport	4400	8000	16000
1939	8 CTF	8 cyl.	Sport	8000	15000	30000
1940	4 CL	4 cyl.	Grand Prix Racing	6400	12000	34000

YEAR	MODEL	ENGINE	BODY	F	G	E
1940	8 CL	8 cyl.	Grand Prix Racing	7700	15000	30000
1941	8 CTF	8 cyl.	Grand Prix Racing	7400	14000	30000
1943	A 6	4 cyl.	Grand Prix	3800	11000	20000
1944	A 6	4 cyl.	Grand Prix	3600	11000	17500
1945	A 6	2 Litre	Coupe	3500	10000	17500
1946	A 6	6 cyl.	Sport Racing	5300	11000	24000
1947	4 CLT	4 cyl.	Grand Prix	4000	11000	14000
1948	4 CLT/48	4 cyl.	Grand Prix	3700	6300	14000
1949	4 CLT/48	4 cyl.	Grand Prix	3700	7000	14000
1950	4 CLT/48	4 cyl.	Grand Prix	4000	7400	14000
1951	A 6	6 cyl.	Sport Racing	4200	7700	16000
1953	A 6 SS G	6 cyl.	Grand Prix	4000	7600	15000
1953	A 6 GCS 2000	6 cyl.	Sport	4600	8200	16000
1953	A 6 G 2000	6 cyl.	Touring	5100	8500	16000
1954	250 F	6 cyl.	Grand Prix	4700	7700	15000
1955	300 S	6 cyl.	Sport	7100	9600	18000
1955	150 S	4 cyl.	Sport	4600	7600	13000
1956	200 S	2 Litre	Sport	4100	6400	13000
1957	300 S	6 cyl.	Sport	5300	7700	15000
1957	450 S	(V) 8 cyl.	Coupe	7000	14000	27500
1958	V-12	(V) 12 cyl.	Grand Prix	8200	16000	32000
1958	250 F	3.5 Litre	Sport	5500	8200	18000
1958	450 S	(V) 8 cyl.	Sport	6500	8400	17000
1958	Eldorado	(V) 8 cyl.	Grand Prix	5500	8200	18000
1959	Tipo 60	4 cyl.	Sport Racing	6400	8100	15000
1959	Tipo 61	4 cyl.	Sport Racing	5200	8200	15000
1960	Tipo 151	(V) 8 cyl.	Coupe	5000	12000	24000
1961	Tipo 63	4 cyl.	Sport Racing	4700	7000	16000
1962	Tipo 151	(V) 8 cyl.	Sport Racing	4900	7200	16000
1963	Tipo 63	(V) 8 cyl.	Sport Racing	5300	8700	18000
1964	Tipo 63	(V) 8 cyl.	Sport Racing	5200	8200	18000

YEAR	MODEL	ENGINE	BODY	F	G	E
1965	Tipo 65	(V) 8 cyl.	Sport Racing	5900	8900	20000
1965	Iso Grifo	6 cyl.	Grand Prix	5300	11000	24000
1965	3500 GT	6 cyl.	Touring	5400	8800	19000
1966	35000 GTI Sebring	6 cyl.	Touring	6400	12000	24000
1966	Quattro Porte	(V) 8 cyl.	Touring	7000	13000	26000
1967	Mistral	6 cyl.	Coupe	4800	8700	20000
1968	Mexico	(V) 8 cyl.	2 Door Sedan	4400	6600	14000
1969	Ghibli	(V) 8 cyl.	Coupe	5900	8200	19000
1970		(V) 8 cyl.	Spyder	7700	11000	22000
1971	Indy	(V) 8 cyl.	Coupe	6000	9000	20000
1972	Indy American	(V) 8 cyl.	Coupe	7500	9300	18000
1973	Merak	(V) 6 cyl.	Coupe 2 + 2	7600	9800	20000
1973	Bora	(V) 8 cyl.	Coupe	8500	16000	30000
1973	Ghibli	(V) 8 cyl.	Coupe 2 + 2	8700	13000	28000

McFARLAN (Purchased by E. L. Cord)

1910	5 Passenger	6 cyl.	Touring	3000	8000	22000
1915	7 Passenger	6 cyl.	Touring	4000	9000	29000
1920	Knickerbocker Twin Valve-6		Cabriolet	9000	20000	45000
1923	"SV"	6 cyl.	Touring	8000	16000	32000

MERCEDES–BENZ (1926-to-date)

1901		4 cyl.	Phaeton	13000	26000	52000
1901		4 cyl.	Racing	19000	39000	82000
1902		4 cyl.	Tonneau	13000	26000	52000
1902		4 cyl.	Touring	15000	33000	70000
1902		4 cyl.	Phaeton	14000	29000	64000
1903	Simplex	4 cyl.	Tonneau	13000	26000	52000
1903	Simplex	4 cyl.	Touring	15000	33000	70000
1903	Simplex	4 cyl.	Phaeton	14000	29000	64000
1903	'60'	4 cyl.	Racing	19000	39000	115000
1904	Simplex	4 cyl.	Tonneau	19000	39000	115000
1904		4 cyl.	Limousine	13000	26000	52000
1904	'90'	4 cyl.	Racing	19000	39000	115000
1904		4 cyl.	Phaeton	14000	29000	64000
1904		4 cyl.	Touring	14000	33000	70000
1905	'90'	4 cyl.	Racing	19000	39000	115000

YEAR	MODEL	ENGINE	BODY	F	G	E
1905		4 cyl.	Touring	20000	41000	88000
1905		4 cyl.	Limousine	14000	29000	64000
1905		4 cyl.	Phaeton	13000	26000	52000
1905		4 cyl.	Tonneau	22000	42000	88000
1906	45	4 cyl.	Limousine	13000	26000	52000
1906	18/22	4 cyl.	Racing	19000	39000	82000
1906	18/32	4 cyl.	Landaulet	13000	26000	52000
1906	40/45	4 cyl.	Touring	20000	42000	88000
1907	37/70	6 cyl.	Racing	16000	39000	115000
1907	39/80	6 cyl.	Racing	19000	46000	120000
1907	40/60	6 cyl.	Touring	19000	39000	82000
1907	37/70	6 cyl.	Limousine	9800	19000	46000
1907		6 cyl.	Landaulet	13000	26000	49000
1908		6 cyl.	Landaulet	9800	19000	39000
1908	GP	4 cyl.	Racing	13000	33000	70000
1908	Blitzen-Benz	6 cyl.	Racing	19000	39000	116000
1908	20/50	6 cyl.	Racing	9800	19000	52000
1909	16/45	4.1 Litre	Racing	14000	39000	10400
1909		4.1 Litre	Touring	13000	26000	56000
1909	28/60	6 cyl.	Racing	14000	33000	82000
1909		6 cyl.	Limousine	7800	14000	33000
1909		6 cyl.	Sport	9600	19000	39000
1910	14/30	4 cyl.	Sport	6700	13000	26000
1910	38/80	4 cyl.	Sport	9600	19000	39000
1910	14/30	4 cyl.	Touring	7900	14000	33000
1910	28/60	4 cyl.	Landaulet	9100	17000	34000
1910	Chain Drive	6 cyl.	Racing	19000	52000	120000
1910	28/60	4 cyl.	Phaeton	14000	33000	79000
1911	10/20	4 cyl.	Sport	7900	15000	31000
1911	37/90	4 cyl.	Sport	9900	19000	39000
1911	22/50	4 cyl.	Limousine	7900	14000	33000
1911	16/40	4 cyl.	Touring	7900	14000	33000
1911	16/40	4 cyl.	Phaeton	15000	32000	67000
1912	14/30	4 cyl.	Limousine	7900	14000	33000
1912	38/70	4 cyl.	Sport Phaeton	15000	33000	70000
1912	22/46	4 cyl.	Limousine	7800	15000	32000
1912	29/60	4 cyl.	Limousine	9200	16000	33000
1912	22/40	4 cyl.	Touring	7900	14000	33000
1912	38/70	4 cyl.	Racing	10500	24000	51000
1913	14/35	4 cyl.	Sport	7900	14000	31000
1913	16/50	4 cyl.	Racing	9200	14000	36000

YEAR	MODEL	ENGINE	BODY	F	G	E
1913		4 cyl.	Touring	7900	14000	33000
1913		4 cyl.	Limousine	7900	14000	33000
1913	38/70	4 cyl.	Sport Phaeton	11000	26000	61000
1914	GP	4 cyl.	Racing	9100	15000	35000
1914	28/95	6 cyl.	Touring	9100	15000	47000
1914	28/95	6 cyl.	Sport	7900	14000	44000
1914		4 cyl.	Limousine	7900	14000	33000
1914		4 cyl.	Sport	6700	13000	39000
1915		6 cyl.	Racing	11000	26000	52000
1915		6 cyl.	Touring	6700	16000	42000
1915		6 cyl.	Sport	7900	16000	44000
1915		6 cyl.	Limousine	9900	15000	33000
1915		4 cyl.	Sport	6700	16000	41000
1916		6 cyl.	Racing	7900	23000	60000
1916		6 cyl.	Sport	7900	16000	44000
1916		4 cyl.	Sport	6700	15000	40000
1916		6 cyl.	Limousine	8100	14000	33000
1916		6 cyl.	Touring	6700	16000	42000
1917		6 cyl.	Sport	7900	19000	44000
1917		6 cyl.	Racing	9100	26000	66000
1917		6 cyl.	Touring	7900	18000	44000
1917		6 cyl.	Limousine	7900	14000	30000
1918		6 cyl.	Limousine	7900	14000	31000
1918		6 cyl.	Phaeton	14000	26000	70000
1918		6 cyl.	Touring	10500	20000	64000
1918		6 cyl.	Racing	13000	26000	63000
1918		6 cyl.	Sport	7900	16000	46000
1919		6 cyl.	Cabriolet	6700	16000	46000
1919		6 cyl.	Touring	7900	17000	44000
1919		4 cyl.	Sport	8500	17000	46000
1919		4 cyl.	Racing	9400	27000	61000
1920		6 cyl.	Coupe	5900	11000	23000
1920		6 cyl.	Cabriolet	6700	19000	44000
1920		4 cyl.	Racing	7900	26000	62000
1920		4 cyl.	Sport	6700	18000	42000
1920		4 cyl.	Limousine	7900	15000	28000
1921	28/95	6 cyl.	Sport	9200	18000	49000
1921	6/25/40	4 cyl.	Sport	8500	16000	47000
1921	16/50	6 cyl.	Limousine	7900	15000	44000
1921	10/30	4 cyl.	Racing	11000	28000	64000
1921	6/18	4 cyl.	Sport	7900	19000	44000

YEAR	MODEL	ENGINE	BODY	F	G	E
1922	10/40/65	4 cyl.	Touring	11000	23000	62000
1922		6 cyl.	Racing	13000	28000	67000
1922		6 cyl.	Limousine	10400	15000	31000
1923		4 cyl.	Racing	11000	26000	64000
1923	SC	4 cyl.	Racing	11000	26000	52000
1923	24/100/140	6 cyl.	Touring	13000	26000	71000
1924	25-40	6 cyl.	Touring	10400	23000	64000
1924	SC	8 cyl.	Racing	13000	28000	76000
1924	11/40	6 cyl.	Phaeton	9200	27000	67000
1924	24/100/140	6 cyl. (Super-charged)	4 Passenger Touring	16000	34000	78000
1924		6 cyl.	Roadster	11000	31000	65000
1925	SS	6 cyl.	Touring	19000	52000	120000
1926	K	6 cyl.	Touring	13000	26000	78000
1926	Stuttgart 200	6 cyl.	Cabriolet	10400	19000	46000
1926	Mannheim	6 cyl.	Sedan	5900	11000	23000
1926	SS	6 cyl.	Roadster	28000	49000	120000
1927	S	6 cyl. (Super-charged)	Sport	33000	97000	150000
1927	SSK	6 cyl. (Super-charged)	Sport	44000	120000	350000
1927	K	6 cyl.	Touring	15000	33000	99000
1927	SS	6 cyl.	Touring	26000	94000	240000
1928		8 cyl.	Convertible	19000	39000	97000
1928	SS	6 cyl. (Super-charged)	Sport	26000	71000	230000
1928	15/70/100	6 cyl.	Limousine	10400	19000	39000
1928	Stuttgart 260	6 cyl.	Cabriolet	11000	33000	77000
1928	S	6 cyl.	Speedster	33000	110000	180000
1928		6 cyl.	Touring	19000	33000	77000
1929	230	6 cyl.	Roadster	11000	27000	77000
1929	K	8 cyl.	Limousine	16000	33000	52000
1930	Super Mercedes	8 cyl.	Limousine	13000	26000	46000
1930	'D'	8 cyl.	Coupe	7900	15000	28000
1930		8 cyl.	Cabriolet	11000	22000	42000
1930		8 cyl.	Touring	11000	19000	60000
1931	SSKL	6 cyl. (Super-charged)	Sport Racing	33000	110000	300000
1931	370S	6 cyl.	Convertible	16000	46000	92000
1932	SSK	8 cyl. (Super-charged)	Roadster	26000	100000	340000

YEAR	MODEL	ENGINE	BODY	F	G	E
1933	170	6 cyl.	Roadster	8500	14000	26000
1933	170	6 cyl.	Cabriolet	9200	15000	26000
1933	130 H	4 cyl.	Limousine	5200	9200	16000
1933	290	6 cyl.	Convertible	13000	26000	50000
1933	380	8 cyl.	Convertible	20000	36000	60000
1933	380 K	8 cyl.	Sedan	11000	23000	36000
1934	500 K	8 cyl.	Roadster	30000	100000	290000
1934	150 H	4 cyl.	Sport	5200	10000	20000
1934	290		Cabriolet	13000	23000	44000
1935	500 K	4 cyl.	Sedan	26000	55000	84000
1935	770 K	8 cyl. (Supercharged)	Limousine P.H.	28000	110000	280000
1935	260 D	4 cyl.	Limousine	10400	20000	35000
1935	170 V	4 cyl.	Limousine	6300	14000	27000
1935	170 V	4 cyl.	Convertible	7900	16000	33000
1936	540 K	8 cyl.	Roadster	46000	100000	300000
1936	540 K	8 cyl. (Supercharged)	Cabriolet	22000	52000	130000
1936	500 K	8 cyl. (Supercharged)	Sport Convertible	50000	110000	390000
1936	500 K	8 cyl. (Supercharged)	Coupe	28000	64000	140000
1936	500 K	8 cyl. (Supercharged)	Touring	34000	82000	250000
1937	320	6 cyl. 78 hp	Limousine	14000	23000	39000
1937	500 K	8 cyl. (Supercharged)	Roadster	50000	140000	380000
1937		4 cyl.	Sport	11000	23000	34000
1937	320	6 cyl.	Cabriolet	14000	26000	69000
1937	500 K	8 cyl.	Convertible Coupe	34000	67000	120000
1938	540 K	8 cyl. (Supercharged)	Coupe	15000	33000	80000
1938	230	6 cyl. 55 hp	Convertible	10000	20000	47000
1938	230	8 cyl. (Supercharged)	Cabriolet	10000	20000	47000
1938	770 K	8 cyl. (Supercharged)	Limousine	34000	89000	280000
1938	540 K	8 cyl. (Supercharged)	Cabriolet	34000	69000	140000

YEAR	MODEL	ENGINE	BODY	F	G	E
1938	540 K	8 cyl. (Super-charged)	Roadster	28000	100000	280000
1939	290	8 cyl.	Cabriolet	13000	26000	42000
1939	230	8 cyl.	Roadster	13000	34000	47000
1939	170	4 cyl.	Sport	7900	13000	22000
1939	220	6 cyl.	Sport	9200	15000	26000
1940	770 K	8 cyl. (Super-charged)	Armored Phaeton	52000	180000	390000
1947	170 V	4 cyl.	Sedan	2000	3900	8000
1947	170 D	4 cyl.	Coupe	2300	4600	7900
1948	170 D	4 cyl.	Coupe	2300	4600	7900
1948	170 V	4 cyl.	Coupe	2400	4700	7900
1948	190	6 cyl.	Sedan	2600	4700	9700
1949	170 S	4 cyl.	Limousine	2600	4700	9700
1949	170 D	4 cyl.	Sedan	1900	3600	7900
1949	170 V	4 cyl.	Coupe	2300	4600	9700
1950	170 V	4 cyl.	Sport	3300	6400	11000
1950	170 D	4 cyl.	Convertible Coupe	4600	14000	29000
1950	220	6 cyl.	Sedan	3300	5900	11000
1951	220	6 cyl.	Convertible	5600	16000	33000

Mercedes-Benz — 1938 "540 K Cabriolet"

YEAR	MODEL	ENGINE	BODY	F	G	E
1951	300	6 cyl.	Sedan	2000	3000	8000
1951	300	6 cyl.	Coupe	4600	9200	18000
1951	300	6 cyl.	Sport	4700	9300	19000
1952	300 C	6 cyl.	Cabriolet	8100	12600	41000
1952	300 S	6 cyl.	Sedan	3000	15000	35000
1952	300 S	6 cyl.	Coupe	7000	11500	36100
1952	170 V	4 cyl.	Coupe	3300	4700	9200
1952	170 D	4 cyl.	Cabriolet	3900	6200	14000
1952	170 S	4 cyl.	Limousine	3250	5700	11000
1953	170 SV	4 cyl.	Coupe	3250	5200	11000
1953	170 SD	4 cyl.	Sport	3900	6200	14000
1953	180	4 cyl.	Sedan	3750	6500	10000
1953	300	4 cyl.	Convertible Sedan	8000	26500	46000
1953	300 S	4 cyl.	Convertible Coupe	8000	20000	46000
1953	220	4 cyl.	Cabriolet	5000	8000	28000
1953	300	6 cyl.	Cabriolet	9800	25000	50000
1954	300 B	6 cyl.	Sedan	3900	7900	14000
1954	220	6 cyl.	Limousine	2600	8000	15000
1954	220A	6 cyl.	Coupe	7900	15000	33000
1954	300	6 cyl.	Limousine	4600	8000	16000
1954	300	8 cyl.	Convertible Coupe	8000	20000	41000
1955	190 SL	4 cyl.	Sport Roadster	2600	8100	18000
1955	300 C	6 cyl.	Sedan	3900	7900	15000
1955	300 SC	6 cyl.	Coupe Roadster	9400	35000	57000
1955	300 SL	8 cyl.	Gullwing Coupe	15000	75000	180000
1956	190 SL	4 cyl.	Convertible	2500	5000	16000
1956	220 S	6 cyl.	Sedan	1400	4000	21000
1956	300	6 cyl.	Limousine	3600	7900	15000
1956	300 SC	6 cyl.	Coupe	9000	20000	50000
1956	300	6 cyl.	Convertible Sedan	9200	23000	50000
1956	300 S	6 cyl.	Cabriolet	7900	20000	36000
1957	180	4 cyl.	Sedan	1300	2200	4600
1957	300 SL	8 cyl.	Roadster	9800	25000	55000
1957	300 SL	8 cyl.	Gullwing Coupe	20000	80000	140000

Mercedes-Benz — 1955 "300 SL Gullwing Coupe"

YEAR	MODEL	ENGINE	BODY	F	G	E
1957	190 SL	6 cyl.	Roadster	3000	10000	14000
1957	200 S	6 cyl.	Convertible	3300	9700	16000
1958	190 D	4 cyl.	Sedan	1100	2300	5000
1958	220 SE	6 cyl.	Convertible	3300	10000	20000
1958	220 S	6 cyl.	Sedan	2300	3900	9200
1958	220 S	6 cyl.	Convertible	2800	10000	21000
1959	180	4 cyl.	Sedan	1100	2300	5200
1959	180 D	4 cyl.	Sedan	1400	2800	5300
1959	220 S	6 cyl.	Coupe	2400	6400	13000
1959	300	6 cyl.	Limousine	3300	6400	15000
1959	200 SE	6 cyl.	Coupe	2800	6200	13000
1959	220 S	6 cyl.	Convertible	6200	17000	36000
1959	190 SL	6 cyl.	Convertible	3800	8500	17000
1959	219	4 cyl.	Sedan	1300	2600	5500
1962	230 SL	6 cyl.	Convertible	10000	22000	66000
1962	220 SE	6 cyl.	Coupe	4400	6300	11000
1967	230 SL	6 cyl.	Convertible	11000	20000	70000
1968	250 SL	6 cyl.	Convertible	5200	16000	34000

YEAR	MODEL	ENGINE	BODY	F	G	E
1970	280 SL	6 cyl.	Convertible	4900	16000	30000
1971	220	8 cyl.	Sedan	1100	2300	5500
1971	220D	8 cyl.	Sedan	1500	2700	6500
1971	280 SE	6 cyl.	Convertible	6000	17000	34000
1971	280 SE	3.5 Litre	Convertible	14000	25000	60000
1971	300 SEL	6 cyl.	Convertible	6600	19000	37000
1971	600	8 cyl.	Sedan	5200	16000	34000
1972	250	8 cyl.	Sedan	1250	2500	6000
1972	350 SEL	8 cyl.	Convertible	10000	17000	27000
1972	600	8 cyl.	Sedan	5500	17000	35500
1973	220	8 cyl.	Sedan	1250	2500	6000
1973	450 SEL	(V) 8 cyl.	Convertible	10000	20000	27000

M.G. (Great Britain, 1924-to-date)

YEAR	MODEL	ENGINE	BODY	F	G	E
1924	Super	1.8 Litre	Sport	2400	4800	8000
1926			Sport	2800	5500	8500
1927	Morris Six	6 cyl.	Sport	3000	6500	11500
1928	Morris Minor	4 cyl.	Sport	2000	4400	7000
1929	Midget	4 cyl.	Cabriolet	1800	4100	6500
1930	M Type	4 cyl.	Roadster	2200	4800	7800
1930	Midget	4 cyl.	Roadster	2200	4800	7800
1931	J-2	18/80	Roadster	2500	4900	8250
1932	J-2 Midget	4 cyl.	Roadster	2200	4700	8700
1934	LeMans		Roadster	2600	7200	15500
1934	PA	750cc	Roadster	2300	6500	14500
1935	PA	750cc	Roadster	2300	6500	14500
1936	PB	6 cyl.	Touring	1800	9000	18000
1937	TA	4 cyl.	Roadster	1700	8500	16750
1938	TA	4 cyl.	Roadster	1700	8500	16750
1939	WA	4 cyl.	Convertible Coupe	2800	8000	16500
1947	TC	4 cyl.	Roadster	3500	6000	20500
1948	TC	4 cyl.	Roadster	3500	8800	16500
1949	TC	4 cyl.	Roadster	3500	57000	13000
1950	TD	4 cyl.	Roadster	2400	8000	16500
1951	TD	4 cyl.	Roadster	2400	8000	16500
1952	TD	4 cyl.	Roadster	2800	9000	16200
1953	TD	4 cyl.	Roadster	2800	9000	16200
1954	TF	4 cyl.	Roadster	3000	11000	18000
1955	TF	4 cyl.	Roadster	3000	9000	18000
1959	MGA	1.6 Litre	Roadster	1300	2500	6000
1960	MGA	1.6 Litre	Roadster	1300	2500	6000
1961	MGA	1.6 Litre	Coupe	1600	2800	4500
1962	MGA	1.6 Litre	Roadster	1600	2800	4500

N

YEAR	MODEL	ENGINE	BODY	F	G	E
NASH (United States, 1911–57)						
1918	Quad	4 cyl.	Truck	1000	4000	9500
1919	684	6 cyl.	Sedan	1900	4500	10000
1925	161	6 cyl.	Phaeton	2300	7500	16750
1928		6 cyl.	Cabriolet	6000	12000	25000
1928	371	6 cyl.	Sport Phaeton	3200	9300	18500
1929	470	4 cyl.	Sedan	1900	5000	9250
1932	1060	6 cyl.	Sedan	1100	3250	8000
1934	1220	6 cyl.	Sedan	1000	2500	6000
1935	Ambassador	8 cyl.	Sedan	1700	3200	7000
1936	LaFayette	6 cyl.	2 Door Sedan	1100	2100	6000
1939	Ambassador	8 cyl.	Convertible	3500	8000	16000
1940	Ambassador	8 cyl.	Coupe	1500	3000	6500
1946	600	6 cyl.	Sedan	800	2500	5700
1947	Super	6 cyl.	Coupe	900	1700	5950
1948	Ambassador	8 cyl.	Convertible	2500	5500	11500
1948	Ambassador	6 cyl.	Sedan	800	2500	4750
1949	Statesman	6 cyl.	Sedan	800	2500	4750
1949	Ambassador	6 cyl.	Brougham	900	2800	4250
1949	Ambassador	6 cyl.	Sedan	700	2600	5000
1950	Statesman	6 cyl.	2 Door	800	2400	4600
1950	Ambassador	6 cyl.	Sedan	800	2600	5000
1950	Ambassador	6 cyl.	Brougham	900	2800	5200
1951	Ambassador	6 cyl.	Brougham	1100	2900	5500
1951	Ambassador	8 cyl.	Sedan	950	2600	5750
1952	Ambassador	8 cyl.	2 Door Hardtop	850	1650	4000
1954	Ambassador	8 cyl.	2 Door Hardtop	900	1750	4250
1955	Ambassador	(V) 8 cyl.	Sedan	800	1700	4000
1955	Ambassador Custom	(V) 8 cyl.	2 Door Hardtop	750	1500	3650
1956	Ambassador Custom	(V) 8 cyl.	Sedan	400	1100	3150

YEAR	MODEL	ENGINE	BODY	F	G	E
1957	Ambassador Custom (V) 8 cyl.		2 Door Hardtop	775	1500	3950
1957	Ambassador (V) 8 cyl.		Sedan	500	1200	4000
1957	Metropolitan	4 cyl.	Coupe	600	1500	3800
1960	Metropolitan	4 cyl.	Convertible	1000	2500	6000
1962	Metropolitan	4 cyl.	Coupe	700	1600	3900
1962	Metropolitan	4 cyl.	Convertible	1100	2600	6000

NASH HEALEY (United States/Great Britain, 1952–54)

YEAR	MODEL	ENGINE	BODY	F	G	E
1951		6 cyl.	Roadster	2500	8000	15000
1953		6 cyl.	Roadster	3200	9500	20000
1954		6 cyl.	Coupe	2800	5500	11000

O

YEAR	MODEL	ENGINE	BODY	F	G	E

OLDSMOBILE (United States, 1896-to-date)

YEAR	MODEL	ENGINE	BODY	F	G	E
1901	Curved Dash	1 cyl.	Roadster	5800	10300	26000
1902	Curved Dash	1 cyl.	Runabout	5800	8600	26000
1903	Curved Dash	1 cyl.	Roadster	4600	8100	24500
1904	Curved Dash	1 cyl.	Runabout	5000	8100	24500
1905	French Front	1 cyl.	Roadster	5000	7000	16000
1906	Model S	4 cyl.	Touring	7000	11200	22500
1907	AH	4 cyl.	Runabout	6100	14000	32000
1908	M-MR	4 cyl.	Roadster	4500	7600	20000
1909	D	4 cyl.	Touring	6300	10500	21500
1909	X	4 cyl.	Runabout	5000	9000	15500
1909	Z	6 cyl.	Touring	5600	13000	29000
1910	22–25	4 cyl.	Touring	6900	14000	31000
1911	Special	4 cyl.	Touring	3100	8700	21000
1911	Limited	6 cyl.	Touring	7000	21000	55000
1911	Limited	6 cyl.	Runabout	6000	19000	50000
1911	Autocrat	4 cyl.	Sedan	4600	6900	12000
1912	Limited	6 cyl.	Touring	20000	30000	76000

YEAR	MODEL	ENGINE	BODY	F	G	E
1912	Autocrat	4 cyl.	Touring	6300	10500	21500
1913	Olds Four	4 cyl.	Touring	3600	7900	19000
1913	Olds Six	6 cyl.	Touring	8200	16000	40000
1914	Baby Olds	4 cyl.	Sedan	3800	5800	11000
1914	54	6 cyl.	Touring	3800	9100	21000
1914	54	6 cyl.	Phaeton	4400	9700	23000
1915	55	6 cyl.	Touring	7000	9600	21500
1915	42	4 cyl.	Touring	3500	5400	10500
1915	42	4 cyl.	Roadster	3200	5000	9750
1916	42	6 cyl.	Sedan	3400	7000	13000
1917	45	(V)8 cyl.	Touring	4600	10400	30000
1918	45-A	(V)8 cyl.	Touring	5800	13000	34000
1918	37	6 cyl.	Touring	2400	6400	12500
1918	37	6 cyl.	Roadster	2200	6000	11750
1918	37	6 cyl.	Coupe	2000	5750	11250
1919	37-A	6 cyl.	Rumble Seat Roadster	3300	9000	20000
1920	46	(V)8 cyl.	Touring	4800	9300	26000
1921	47	(V)8 cyl.	Roadster	5600	9800	26000
1922	46	(V)8 cyl.	Touring	5400	9300	20000
1923	47	(V)8 cyl.	Sport Touring	5000	6600	14500
1924	30-B	6 cyl.	Touring	4000	8000	16000
1924	30-B	6 cyl.	Roadster	3500	7500	15000
1924	30-B	6 cyl.	Sport Touring	3500	7500	15000
1924	30-B	6 cyl.	Sedan	1600	2700	7100
1925	30-C	6 cyl.	Coupe	1700	3300	7100
1926	30-D	6 cyl.	Phaeton	5800	13000	32000
1927	30-E	6 cyl.	Touring	2900	6000	12500
1927	30-E	6 cyl.	Sedan	2000	4400	7750
1927	30-E	6 cyl.	Coupe	3000	5500	8500
1927	30-E	6 cyl.	Landau	2900	6000	12500
1927	30-E	6 cyl.	Sedan	1900	3100	7100
1928	F-28	6 cyl.	Rumble Seat Coupe	2400	6400	12000
1928	F-28	6 cyl.	Touring	2900	6000	12500
1928	F-28	6 cyl.	Roadster	2500	5500	12000
1928	F-28	6 cyl.	Sedan	2000	4500	8000
1928	F-28	6 cyl.	Landau	2900	6000	12500

YEAR	MODEL	ENGINE	BODY	F	G	E
1929	V-29 Viking	8 cyl.	Cabriolet	6400	13000	31000
1930	V-30 Viking	8 cyl.	Rumble Seat Sport Coupe	2600	6600	12000
1931	F-31	6 cyl.	Sport Coupe	3200	4700	10500
1931	F-31	6 cyl.	Sedan	1400	3400	10500
1931	F-31	6 cyl.	Convertible Roadster	2750	10000	22000
1931	F-31	6 cyl.	Coupe	4000	5600	11500
1932	F-32	6 cyl.	Rumble Seat Coupe	3200	6100	11000
1932	F-32	6 cyl.	Sedan	3400	5400	9000
1932	F-32	6 cyl.	Convertible	5000	10000	25000
1932	L-32	8 cyl.	Coupe	2400	6400	12000
1932	L-32	8 cyl.	Sedan	2300	5300	11000
1933	F-33	6 cyl.	Sedan	3400	5000	9000
1933	F-33	6 cyl.	Coupe	3200	6500	11000
1933	F-33	6 cyl.	Convertible	4000	8000	16000
1933	L-33	8 cyl.	Sedan	2200	4800	9000
1933	L-33	8 cyl.	Coupe	2500	5300	9500
1933	L-33	8 cyl.	Convertible	7000	11000	21500
1934	F-34	8 cyl.	Coupe	2000	5500	12000
1934	F-34	6 cyl.	Sedan	1750	4500	7500
1934	F-34	6 cyl.	Convertible	4000	8000	16000
1934	L-34	8 cyl.	Sedan	3000	7000	11000
1934	L-34	8 cyl.	Coupe	3400	7500	12000
1934	L-34	8 cyl.	Convertible	7000	11000	21500
1935	F-35	8 cyl.	Sedan	2000	3300	6300
1936	F-36	6 cyl.	Coupe	1400	2400	10600
1936	F-36	6 cyl.	Convertible	4400	9700	20000
1936	F-36	8 cyl.	Sedan	1400	4600	10000
1936	L-36	8 cyl.	Convertible	4700	13000	34000
1937	F-37	6 cyl.	Coupe	1400	3300	7700
1937	F-37	6 cyl.	Sedan	1400	3300	7500
1937	F-37	6 cyl.	Convertible	3100	8700	19000
1937	L-37	8 cyl.	Convertible	3900	11000	27000
1937	L-37	8 cyl.	Coupe	1500	3200	7700
1938	F-38	6 cyl.	Convertible	3100	8800	19000
1938	F-38	6 cyl.	Sedan	1500	3200	7500
1938	L-38	8 cyl.	Convertible	4100	11000	27500
1938	L-38	8 cyl.	Coupe	1400	3300	7500

YEAR	MODEL	ENGINE	BODY	F	G	E
1938	L-38	6 cyl.	Sedan	1400	3200	7500
1939	60	6 cyl.	Coupe	1400	2800	7000
1939	70	6 cyl.	Coupe	1400	3000	7300
1939	70	6 cyl.	Sedan	1400	2800	7000
1939	70	6 cyl.	Convertible	3200	7700	16000
1939	80	8 cyl.	Convertible	6700	9000	18000
1940	60	6 cyl.	Convertible	3200	7700	17000
1940	60	6 cyl.	Coupe	1400	3100	7500
1940	60	6 cyl.	Station Wagon	2300	5300	11000
1940	70	6 cyl.	Convertible	3600	7900	20000
1940	70	6 cyl.	Sedan	1400	3100	6000
1940	90	8 cyl.	Convertible	5200	12000	30000
1940	90	8 cyl.	Convertible Phaeton	5800	18000	39000
1940	90	8 cyl.	Club Coupe	1600	4700	8700
1940	90	8 cyl.	Sedan	1500	4400	7500
1941	66	6 cyl.	Convertible	3000	7200	14000
1941	66	6 cyl.	Town Sedan	1400	2800	6000
1941	66	6 cyl.	Station Wagon	1700	4200	9100
1941	68	8 cyl.	Station Wagon	1700	4300	9200
1941	76	6 cyl.	Club Sedan	1400	2900	7500
1941	98	8 cyl.	Convertible	3600	9100	21000
1941	98	8 cyl.	Convertible Sedan	5100	14000	33000
1941	98	8 cyl.	Club Coupe	1400	3000	7500
1942	66	6 cyl.	Convertible	2900	8000	16000
1942	66	6 cyl.	Station Wagon	1700	4300	9000
1942	78	8 cyl.	Sedan	1400	2700	6500
1942	98	8 cyl.	Convertible	3700	8900	21000
1942	98	8 cyl.	Fastback Coupe	1600	3000	7400
1946	66	6 cyl.	Convertible	2900	7900	16000
1946	66	6 cyl.	Coupe	1400	3000	6100
1946	66	6 cyl.	Station Wagon	1600	4300	8200
1946	78	8 cyl.	Club Sedan	1400	3000	7400
1946	98	8 cyl.	Convertible	2400	8100	16000

YEAR	MODEL	ENGINE	BODY	F	G	E
1946	98	8 cyl.	Sedan	1400	3200	6300
1947	66	6 cyl.	Club Sedan	1400	3000	6100
1947	66	6 cyl.	Convertible	2400	7900	16000
1947	66	6 cyl.	Station Wagon	1700	4300	8200
1947	78	8 cyl.	Sedan	1400	3000	6100
1947	98	8 cyl.	Convertible	2400	8100	16000
1947	98	8 cyl.	Fastback Coupe	1700	3000	8000
1948	Dynamic	6 cyl.	Convertible	2900	7700	14000
1948	Dynamic	8 cyl.	Sedan	1400	2700	6500
1948	Dynamic	8 cyl.	Station Wagon	1700	4300	8200
1948	98	8 cyl.	Convertible	2400	9200	20000
1949	Futuramic	6 cyl.	Convertible	2200	7900	14000
1949	Futuramic	6 cyl.	Club Coupe	1500	3200	6500
1949	Futuramic	(V)8 cyl.	Convertible	2600	8800	20000
1949	Futuramic	(V)8 cyl.	Station Wagon	1600	3600	7400
1949	Futuramic	(V)8 cyl.	Coupe	1400	2300	6000
1949	98	(V)8 cyl.	Convertible	2400	8100	15000
1949	98	(V)8 cyl.	Holiday Hardtop	1700	4100	7750
1950	76	6 cyl.	Sedan	1400	2300	5600
1950	76	6 cyl.	Coupe	1600	2700	6250
1950	76	6 cyl.	Station Wagon	2400	5800	11000
1950	88	(V)8 cyl.	Convertible	2600	7700	15000
1950	88	(V)8 cyl.	Holiday Hardtop	1700	4100	7000
1950	88	(V)8 cyl.	2 Door Sedan	1400	2400	6000
1950	98	(V)8 cyl.	Convertible	2200	7900	15000
1950	98	(V)8 cyl.	Holiday Hardtop	1700	3200	6500
1950	88	(V)8 cyl.	Station Wagon	1400	3000	5500
1950	98	8 cyl.	Sedan	2000	4000	8000
1950	98	8 cyl.	Hardtop	2500	5000	11000
1950	98	8 cyl.	Fastback	2000	4000	8000
1951	S-88	(V)8 cyl.	Club Coupe	1400	3100	5300

YEAR	MODEL	ENGINE	BODY	F	G	E
1951	S-88	(V) 8 cyl.	Convertible	2400	7200	16000
1951	88 Deluxe	8 cyl.	Sedan	1500	2000	6000
1951	98	(V) 8 cyl.	Convertible	2400	7200	16000
1951	98	(V) 8 cyl.	Holiday Coupe	1500	3200	6300
1951	98	(V) 8 cyl.	Sedan	1400	3000	5800
1952	S-88	(V) 8 cyl.	Convertible	2200	5600	14000
1952	S-88	(V) 8 cyl.	Coupe	1400	3200	6400
1952	98	(V) 8 cyl.	Convertible	2400	5600	14000
1953	S-88	(V) 8 cyl.	Convertible	2200	4800	14000
1953	S-88	(V) 8 cyl.	Holiday Coupe	1500	3100	6100
1953	S-88	(V) 8 cyl.	Sedan	1400	2600	5300
1953	88-Super	8 cyl.	Sedan	1800	3400	5400
1953	88-Super	8 cyl.	Coupe	2400	4000	6250
1953	98	(V) 8 cyl.	Convertible	2400	5300	15000
1953	98	(V) 8 cyl.	Holiday Coupe	1600	3200	6400
1953	Fiesta	(V) 8 cyl.	Convertible	5000	10000	35000
1954	S-88	(V) 8 cyl.	Convertible	2600	6000	13000
1954	S-88	(V) 8 cyl.	Holiday Coupe	1600	3000	5750
1954	98 Starfire	(V) 8 cyl.	Convertible	2600	5900	14000
1954	98	(V) 8 cyl.	Holiday Coupe	1400	3200	6100
1954	98	(V) 8 cyl.	Sedan	1400	2800	5300
1955	S-88	(V) 8 cyl.	Convertible	2600	5800	13000
1955	S-88	(V) 8 cyl.	Holiday Sedan	1500	2800	6500
1955	88-Super	8 cyl.	Sedan	1700	3500	5500
1955	88-Super	8 cyl.	Convertible	3600	6500	12000
1955	98	(V) 8 cyl.	Convertible	2600	5900	13000
1955	98	(V) 8 cyl.	Holiday Coupe	1500	3200	6000
1956	S-88	(V) 8 cyl.	Convertible	2600	6000	14000
1956	S-88	(V) 8 cyl.	Holiday Coupe	1500	2700	6500
1956	S-88	(V) 8 cyl.	Sedan	1400	2600	6300
1956	98 Starfire	(V) 8 cyl.	Convertible	2500	5800	13000
1956	98	(V) 8 cyl.	Holiday Coupe	1500	2600	7000

YEAR	MODEL	ENGINE	BODY	F	G	E
1956	98	8 cyl.	Sedan	1900	3900	7000
1957	S-88	(V) 8 cyl.	2 Door Sedan	2000	3500	5650
1957	S-88	(V) 8 cyl.	Holiday Coupe	1500	2600	5500
1957	S-88	(V) 8 cyl.	Convertible	2500	7200	13000
1957	S-88	(V) 8 cyl.	Fiesta Wagon	1700	3600	5600
1957	98	(V) 8 cyl.	Convertible	2600	6400	13000
1957	98	(V) 8 cyl.	Hardtop	1500	2400	6100
1957	98	8 cyl.	Sedan	1900	3900	7000
1958	S-88	(V) 8 cyl.	Convertible	2400	5800	11000
1958	98	(V) 8 cyl.	Convertible	2500	5000	11000
1958	98	(V) 8 cyl.	Holiday Sedan	1500	2400	5100
1959	S-88	(V) 8 cyl.	Holiday Coupe	1500	2400	5100
1959	S-88	(V) 8 cyl.	Holiday Sedan	1400	2400	5100
1960	S-88	(V) 8 cyl.	Convertible	1900	2800	8500
1960	98	(V) 8 cyl.	Convertible	2200	4300	9000
1960	98	8 cyl.	Sedan	900	2100	3750
1960	98	8 cyl.	Holiday Coupe	1500	3000	5000
1961	Starfire	(V) 8 cyl.	Convertible	2400	4500	9000
1961	98	(V) 8 cyl.	Convertible	2200	4300	8700
1962	Starfire	(V) 8 cyl.	Coupe	1400	2800	5600
1962	98	(V) 8 cyl.	Convertible	2200	4300	8700
1963	S-88	(V) 8 cyl.	Convertible	1900	4100	8200
1963	Starfire	(V) 8 cyl.	Coupe	1400	2700	5300
1963	Starfire	(V) 8 cyl.	Convertible	2200	4700	11000
1963	Jetfire	(V) 8 cyl.	Coupe	1400	3000	5400
1963	98	(V) 8 cyl.	Convertible	1900	3700	8000
1964	Starfire	(V) 8 cyl.	Convertible	2200	4700	11000
1964	Starfire	(V) 8 cyl.	Coupe	1600	2900	6400
1964	98	(V) 8 cyl.	Convertible	1900	3200	7900
1965	Starfire	(V) 8 cyl.	Convertible	2200	4500	9300
1965	Starfire	(V) 8 cyl.	Coupe	1500	2900	5900
1965	442	(V) 8 cyl.	Convertible	1900	3200	8000
1966	Starfire	(V) 8 cyl.	Coupe	1700	2900	6000
1966	Toronado	(V) 8 cyl.	Coupe	1700	3100	6700
1967	442	(V) 8 cyl.	Convertible	1900	3000	7700

YEAR	MODEL	ENGINE	BODY	F	G	E
1967	Toronado	(V) 8 cyl.	Coupe	1700	2900	5000
1969	Rallye Supreme	(V) 8 cyl.	Coupe	1500	2300	4700
1970	Cutlass	(V) 8 cyl.	Convertible	2000	2900	7400
1971	Cutlass	(V) 8 cyl.	Convertible	2000	2800	7300
1971	Delta 88	8 cyl.	Sedan	750	1500	3250
1971	Delta Royale	8 cyl.	Convertible	2500	5000	8500
1971	Vista Cruiser	8 cyl.	Station Wagon	850	1750	3500
1972	Cutlass	(V) 8 cyl.	Convertible	2000	3200	8500
1973	Cutlass S	8 cyl.	Coupe	800	1600	3250
1973	Cutlass Supreme	8 cyl.	Hardtop	2000	2500	5000
1973	Custom Cruiser	8 cyl.	Station Wagon	800	1600	3250
1973	Delta 88	8 cyl.	Coupe	800	1600	3250
1973	Delta Royale	8 cyl.	Convertible	1750	3500	7000
1973	Vista Cruiser	8 cyl.	Station Wagon	800	1600	3250
1974	Delta Royale	(V) 8 cyl.	Convertible	2400	3800	8400
1975	Delta Royale	(V) 8 cyl.	Convertible	2900	4600	9000

OPEL (Germany, 1898-to-date)

YEAR	MODEL	ENGINE	BODY	F	G	E
1898		1 cyl.	Touring	1500	3750	8500
1899		2 cyl.	Touring	1000	3000	8000
1902		2 cyl.	Runabout	1000	2750	7300
1903		4 cyl.	Touring	1000	2750	7300
1905		4 cyl.	Touring	1000	2750	7500
1911		2 cyl.	Roadster	1000	2100	7200
1913		2 cyl.	Touring	1100	3100	6250
1920		4 cyl.	Touring	1100	3250	6500
1924	4/12	4 cyl.	Coupe	1000	2250	4500
1926	Laubfrosch	4 cyl.	Sedan	1000	2100	4500
1928	4/20 hp	4 cyl.	Roadster	2800	4000	9500
1928		6 cyl.	Sedan	1000	2100	4200
1929	Regent	8 cyl.	Sedan	1100	2250	5500
1930		1 Litre	Coupe	1000	1900	4000
1933		1.2 Litre	Sedan	1000	2000	3000

YEAR	MODEL	ENGINE	BODY	F	G	E
1935		1.3 Litre	Sedan	1000	2000	3000
1937	Olympia	1.3 Litre	Sedan	1000	1900	3000
1938	Admiral	3.6 Litre	Drophead Coupe	1000	2000	.4000
1939	Kapitan	3.6 Litre	Coupe	1000	1900	4000
1947	Olympia	1.3 Litre	Sedan	1000	1500	3000
1948	Kapitan	3.6 Litre	Sedan	1000	2000	4000
1953	Rekord	1488cc	Coupe	1000	1700	3400
1959	Rekord	1897cc	Coupe	1000	1600	2900
1968	Ralley	4 cyl.	Coupe	1000	1700	3250
1970	GT	4 cyl.	Coupe	1000	1700	3250
1973	GT	4 cyl.	Coupe	1500	1800	4000

P

YEAR	MODEL	ENGINE	BODY	F	G	E
PACKARD (United States, 1899–1958)						
1899	A	1 cyl.	Buggy	23000	40000	82000
1900	B	1 cyl.	Buggy	22000	40000	71000
1901	C	1 cyl.	Runabout	17000	29000	51400
1902	F	1 cyl.	Runabout	11500	20000	40400
1903	K	4 cyl.	Touring	12500	24000	46000
1904	L	4 cyl.	Touring	11500	20000	46000
1905	N	4 cyl.	Touring	12500	22000	49000
1906	S	4 cyl.	Touring	11500	20000	46000
1907	U	4 cyl.	Touring	10200	13700	40000
1908	UA	4 cyl.	Touring	9800	17000	39000
1909	UB	4 cyl.	Touring	9900	17000	40000
1909	UBS	4 cyl.	Runabout	12000	19000	48000
1909	NA	4 cyl.	Touring	11000	18000	41000
1909	18	4 cyl.	Town Car	10200	17000	37000
1910	UD	4 cyl.	Touring	11000	19000	41000
1910	UDS	4 cyl.	Runabout	11500	21000	55000
1910	NC	4 cyl.	Touring	10700	15700	42000

YEAR	MODEL	ENGINE	BODY	F	G	E
1911	NE	4 cyl.	Coupe	9100	14000	29000
1911	NESQ	4 cyl.	Limousine	10300	19000	44000
1911	NESJ	4 cyl.	Runabout	9700	15000	42000
1911	NEFJ	4 cyl.	Touring	9100	14000	40000
1912	UEPQ	4 cyl.	Brougham	10000	16000	43000
1912	UESQ	4 cyl.	Coupe	8900	12000	30000
1912	UEFR	4 cyl.	Limousine	9300	16000	44000
1912	UEPJ	4 cyl.	Phaeton	9900	28000	50000
1912	UEST	4 cyl.	Runabout	10000	21000	47000
1912	UEC	4 cyl.	Touring	8900	15600	42000
1912	48	6 cyl.	Touring	10700	20000	55000
1912	PC	6 cyl.	Coupe	10100	14700	42000
1913	TE	6 cyl.	Touring	10200	15900	43000
1913	PB	6 cyl.	Brougham	9000	14000	40000
1913	RC	6 cyl.	Coupe	6800	11000	24000
1913	TG	6 cyl.	Landaulet	11000	19000	49000
1913	TR	6 cyl.	Limousine	8900	14900	41000
1913	PH	6 cyl.	Phaeton	9200	18000	49000
1914	37	6 cyl.	Brougham Saloon Sedan	10000	18000	41000
1914	38	6 cyl.	Coupe	8900	14000	30000
1914	42	6 cyl.	Limousine	9500	15900	42000
1914	51	6 cyl.	Phaeton	10100	18000	48000
1914	46	6 cyl.	Special Touring	10600	21000	55000
1915	79	6 cyl.	Brougham	9000	15000	31000
1915	76	6 cyl.	Landaulet	9600	19000	38000
1915	72	6 cyl.	Limousine	10900	16000	33000
1915	65	6 cyl.	Phaeton	9100	16000	46000
1915	67	6 cyl.	Runabout	15000	30000	60000
1915	63	6 cyl.	Touring	9900	17000	46000
1915	Twin Six	12 cyl. (Twin 6)	Roadster	16000	29000	71000
1916	111	12 cyl. (Twin 6)	Brougham	11500	19000	49000
1916	102	12 cyl. (Twin 6)	Landaulet	13900	20000	51000
1916	100	12 cyl. (Twin 6)	Limousine	13000	19000	49000
1916	90	12 cyl. (Twin 6)	Touring	13700	24000	60000
1917	151	12 cyl. (Twin 6)	Coupe	10800	18000	37000
1917	161	12 cyl. (Twin 6)	Limousine	11600	22000	42000
1917	156	12 cyl. (Twin 6)	Phaeton	15000	24000	62000
1917	154	12 cyl. (Twin 6)	Touring	14500	24000	60000
1918	172	12 cyl. (Twin 6)	Limousine	13000	20000	42000

YEAR	MODEL	ENGINE	BODY	F	G	E
1918	168	12 cyl. (Twin 6)	Touring	14000	23000	60000
1918	185	12 cyl. (Twin 6)	Brougham	11000	20000	40000
1918	181	12 cyl. (Twin 6)	Phaeton	12000	22000	56000
1919	177	12 cyl. (Twin 6)	Touring	10000	18000	48000
1919	171	12 cyl. (Twin 6)	Runabout	10200	22000	60000
1919	174	12 cyl. (Twin 6)	Coupe	6000	14000	28000
1920	116	6 cyl.	Runabout	4100	13000	28000
1920	116	6 cyl.	Touring	9200	14000	33000
1920	335	12 cyl. (Twin 6)	Limousine	9500	13000	32000
1921	116	6 cyl.	Touring	10100	15000	33000
1921	335	12 cyl. (Twin 6)	Coupe	8600	12000	28000
1921	335	12 cyl. (Twin 6)	Sedan	7700	10200	26000
1922	126	6 cyl.	Sport Touring	8300	17000	36000
1922	126	6 cyl.	Limousine	7400	11000	17000
1923	133	6 cyl.	Touring	7700	11700	32000
1923	136	8 cyl.	Coupe	6900	10700	18000
1924	136	8 cyl.	Limousine	7700	11000	22000
1924	143	8 cyl.	Touring	8200	14000	36000
1925	143	8 cyl.	Sedan	6100	7900	18000
1925	136	8 cyl.	Sport	7400	17000	38000
1926	226	6 cyl.	Touring	7700	18000	38000
1926	236	8 cyl.	Limousine	7200	10000	22000
1926	243	8 cyl.	Touring	8500	18000	39000
1927	336	8 cyl.	Phaeton	8700	20000	44000
1927	343	8 cyl.	Limousine	7700	11000	19000
1927	343	8 cyl.	Touring	7700	16000	38000
1928	426	6 cyl.	Roadster	9800	16000	39000
1928	443	8 cyl.	Convertible Sedan	14000	26000	50000
1928	443	8 cyl.	Roadster	13000	20000	50000
1928	526	6 cyl.	Phaeton	12000	19000	38000
1928	526	6 cyl.	Convertible Coupe	11000	16000	38000
1928	533	8 cyl.	Limousine	6900	9100	18000
1929	626	8 cyl.	Coupe	6500	10000	19000
1929	626	8 cyl.	Convertible Coupe	9100	14000	38000
1929	633	8 cyl.	Roadster	9500	16000	50000
1929	633	8 cyl.	Touring	9800	15000	34000
1929	626	8 cyl.	Roadster	10200	16000	39000
1929	626	8 cyl.	Speedster	12000	24000	48000

YEAR	MODEL	ENGINE	BODY	F	G	E
1929	640	8 cyl.	Roadster	10400	24000	50000
1929	645	8 cyl.	Roadster	11500	26000	45000
1930	733	8 cyl.	Roadster	12500	32000	57000
1930	733	8 cyl.	Convertible Coupe	12000	30000	62500
1930	734	8 cyl.	Boattail Roadster	20000	79300	160000
1930	734	8 cyl.	Roadster	14000	33000	71000
1930	740	8 cyl.	Roadster	12500	29000	79000
1930	740	8 cyl.	Limousine	5100	11000	22000
1930	740	8 cyl.	Convertible Coupe	14000	37000	72000
1930	745	8 cyl.	Roadster	18000	51000	106000
1931	826	8 cyl.	Convertible Coupe	14000	27000	44000
1931	833	8 cyl.	Dietrich Convertible	17000	33000	70000
1931	833	8 cyl.	Limousine	7500	10300	20000
1931	840	8 cyl.	Roadster	14900	26000	58000
1931	840	8 cyl.	Convertible Sedan	16000	25000	60000
1932	900	8 cyl.	Coupe	7400	8800	19000
1932	900	8 cyl.	Roadster	14000	25000	49000
1932	900	8 cyl.	Sedan	6900	9100	14500
1933	901	8 cyl.	Touring	9600	19000	41000
1933	902	8 cyl.	Limousine	6900	10100	18000
1933	903	8 cyl.	Coupe	6600	9100	14000
1933	904	8 cyl.	Roadster	14000	25000	58000
1933	904	8 cyl.	Limousine	6200	9800	19000
1934	1100	8 cyl.	Sedan	5900	9200	15000
1934	1101	8 cyl.	Touring	10400	19000	44000
1934	1101	8 cyl.	Roadster	11000	25000	48000
1934	1101	8 cyl.	Convertible Sedan	14900	22000	51000
1934	1102	8 cyl.	Limousine	6600	8500	20000
1934	1103	8 cyl.	Roadster	11000	24000	49000
1934	1103	8 cyl.	Victoria Convertible	13000	29000	68000
1935	120A	8 cyl.	Business Coupe	8000	14000	24000

Packard — 1933 "Roadster"

YEAR	MODEL	ENGINE	BODY	F	G	E
1935	120A	8 cyl.	Sedan	7000	21000	21000
1935	120A	8 cyl.	Touring Sedan	7000	21000	21000
1935	120A	8 cyl.	Convertible	9100	17000	40000
1935	120A	8 cyl.	Sport Coupe	6300	8700	14000
1935	1200	8 cyl.	Sedan	4600	6900	13000
1935	1201	8 cyl.	Club Sedan	7750	16000	32250
1935	1201	8 cyl.	Coupe	13750	25000	45000
1935	1201	8 cyl.	Phaeton	14500	26500	47500
1935	1201	8 cyl.	LeBaron Cabriolet	15000	27500	50000
1935	1201	8 cyl.	Victoria Convertible	12000	26000	46000
1935	1202	8 cyl.	LeBaron Town Car	17500	30000	55000
1935	1204	8 cyl.	Roadster	17500	30000	55000
1935	1204	8 cyl.	Sedan	7500	15000	30000
1935	1204	8 cyl.	Coupe	9000	19000	40000
1935	1204	8 cyl.	Phaeton	20000	40000	60000
1936	120B	8 cyl.	Touring Coupe	5900	9600	19000

YEAR	MODEL	ENGINE	BODY	F	G	E
1936	1400	8 cyl.	Victoria Convertible	16000	27000	65000
1936	1401	8 cyl.	Roadster	14500	26500	47500
1936	1401	8 cyl.	Sedan	8000	14000	24000
1936	1401	8 cyl.	Coupe	7750	16000	32500
1936	1402	8 cyl.	Touring	11500	19000	49000
1936	1403	8 cyl.	Convertible Sedan	13700	24000	45000
1936	1407	(V) 12 cyl.	Roadster	14800	28000	70000
1937	115C	6 cyl.	Convertible Coupe	7600	13000	30000
1937	115C	6 cyl.	Touring Sedan	2300	7100	14000
1937	120C	6 cyl.	Convertible Sedan	5700	16000	33000
1937	120D	6 cyl.	Touring Coupe	6200	8500	16000
1937	1501	8 cyl.	Formal Sedan	9000	14000	27500
1937	1501	8 cyl.	Club Sedan	9000	14000	27500
1937	1501	8 cyl.	LeBaron Cabriolet	17500	30000	55000
1937	1501	8 cyl.	Convertible	13750	25000	45000
1937	1502	8 cyl.	Limousine	6900	9800	17000
1937	1508	(V) 12 cyl.	Touring Limousine	8000	19000	42000
1938	1600	6 cyl.	Convertible Coupe	7400	12600	27000
1938	1601	8 cyl.	Convertible Sedan	8000	16000	32000
1938	1602	8 cyl.	Touring Sedan	7000	21000	21000
1938	1603	8 cyl.	Touring Sedan	2300	7100	13000
1938	1608	(V) 12 cyl.	Touring Limousine	8200	16000	43000
1939	1700	6 cyl.	Club Coupe	6200	7700	15000
1939	1701	6 cyl.	Convertible Sedan	8100	15000	32000
1939	1703	8 cyl.	Limousine	7700	9800	18000
1939	1707	(V) 12 cyl.	Convertible Coupe	8500	25000	50000

YEAR	MODEL	ENGINE	BODY	F	G	E
1939	1708	8 cyl.	Touring	8000	15000	30000
1940	1800	6 cyl.	Convertible			
			Sedan	8100	14000	31000
1940	1801	6 cyl.	Victoria			
			Convertible	8400	17000	36000
1940	1803	8 cyl.	Convertible			
			Sedan	17500	30000	55000
1940	1803	8 cyl.	Coupe	8000	14000	23000
1940	1803	8 cyl.	Convertible	15000	27500	50000
1940	1806	8 cyl.	Club Sedan	3200	10000	18000
1940	Darrin	8 cyl.	Convertible			
			Victoria	11000	31000	70000
1940	1807-Darrin	8 cyl.	Convertible			
			Sedan	10200	29000	58000
1940	1807-Darrin	8 cyl.	Sport Sedan	5100	15000	32000
1941	1900	6 cyl.	Club Coupe	4900	7400	19000
1941	1901	6 cyl.	Station			
			Wagon	5100	7700	15500
1941	1901	6 cyl.	Touring	5900	10600	24000
1941	1903	8 cyl.	Convertible			
			Coupe	7200	14000	30000
1941	1903	8 cyl.	Sedan	5900	7700	17000
1941	1905	8 cyl.	Touring			
			Sedan	8000	14000	24000
1941	1907	8 cyl.	LeBaron			
			Sport			
			Brougham	8500	15500	27000
1941	1908	8 cyl.	Town Car	15000	27500	50000
1942	1906	8 cyl.	Convertible			
			Sedan	7700	15000	30000
1942	1907	8 cyl.	Cabriolet	7400	15000	30000
1942	1908	8 cyl.	Town Car	5800	7700	17000
1946	2015	6 cyl.	Sedan	4700	7100	13000
1946	2016	8 cyl.	Coupe	4800	7200	14000
1947	2020	8 cyl.	Limousine	5000	8200	18000
1948	2023	8 cyl.	Sedan	1200	3200	6000
1949	2024	8 cyl.	Sedan	1200	3200	6000
1949	2024	6 cyl.	Sedan	1200	3000	5400
1950	Custom	8 cyl.	Formal			
			Sedan	2000	3900	8000
1950	Super	8 cyl.	Limousine	2300	4000	8900
1951	2467	8 cyl.	Coupe	1600	3200	6300

YEAR	MODEL	ENGINE	BODY	F	G	E
1952	250	8 cyl.	Convertible	2600	6200	15000
1952	300	8 cyl.	Sedan	1200	2400	5700
1953	200	8 cyl.	Formal Sedan	2050	4000	8500
1953	250	8 cyl.	Limousine	2000	4000	8000
1953	Carribean	8 cyl.	Convertible	3000	10000	19000
1954	Clipper Deluxe	8 cyl.	Club Sedan	2000	4000	8000
1954	200	8 cyl.	Custom Limousine	1500	4300	7000
1954	300	8 cyl.	Limousine	1600	4400	8000
1955	Clipper Custom	8 cyl.	Sedan	2000	4000	8000
1955	Clipper Deluxe	8 cyl.	Sedan	1200	3200	6000
1955	Patrician	(V)8 cyl.	Sedan	2200	4750	10000
1955	400	(V)8 cyl.	Hardtop	1400	1900	5000
1955	Carribean	(V)8 cyl.	Convertible	2900	9200	19000
1956	"400"	(V)8 cyl.	Hardtop	1300	2700	7200
1956	Patrician	(V)8 cyl.	Sedan	2200	4750	10000
1956	Carribean	(V)8 cyl.	Hardtop	1400	4000	8200
1956	Caribbean	(V)8 cyl.	Convertible	2900	8100	17000
1956	Clipper	(V)8 cyl.	Coupe	850	1700	4000
1956	Deluxe Clipper	8 cyl.	Sedan	1200	3200	6000
1956	400	8 cyl.	Hardtop	5100	7700	13000
1957	Panther	(V)8 cyl.	Convertible	4100	8900	20000
1957	Clipper	(V)8 cyl.	Sedan	850	1400	3500
1958	G. Hawk	(V)8 cyl. s.s.	Sport Coupe	2800	8800	20000
1958		(V)8 cyl.	Sedan	2000	4000	8000
1958	L	(V)8 cyl.	Station Wagon	1400	1900	5000
1958	S. Hawk	(V)8 cyl. s.s.	Sport Coupe	2800	3400	16000

PAIGE-PAIGE-DETROIT (United States, 1908–27)

YEAR	MODEL	ENGINE	BODY	F	G	E
1908		3 cyl.	Roadster	6250	13500	27000
1910	25	4 cyl.	Touring	4900	9800	18000
1914	Six-46	6 cyl.	7 Passenger Touring	5200	13400	26000
1915	36	6 cyl.	Touring	4250	8500	17000
1915	Model 46		Roadster	4100	8200	16400
1916	38	6 cyl.	Touring	4350	8750	17500
1918	51	6 cyl.	Touring	3750	7500	15000

YEAR	MODEL	ENGINE	BODY	F	G	E
1918	51	6 cyl.	Phaeton	4900	13800	25500
1919	Linwood	6 cyl.	Touring	4000	8000	16000
1919	Larchmont	6 cyl.	Touring	4200	8400	16500
1921	Daytona	6 cyl.	Roadster	7000	13000	28000
1921	6–42	6 cyl.	Sport Phaeton	7500	15500	30000
1922	6–44	6 cyl.	Touring	5500	11000	22000
1925	70	6 cyl.	Cabriolet	3800	7800	15000
1927	8-85	8 cyl.	Sedan	2450	4000	10000

PALMER-SINGER (United States, 1907–14)

YEAR	MODEL	ENGINE	BODY	F	G	E
1907		4 cyl.	Town	3750	7500	15000
1909	Skimabout	6 cyl.	Roadster	4200	8250	16500
1913	Brighton	6 cyl. (Magic)	Torpedo	5000	9000	18000
1913	50	6 cyl.	Touring	4000	7900	18000

PAN AMERICAN (United States, 1902–22)

YEAR	MODEL	ENGINE	BODY	F	G	E
1902		4 cyl.	Tonneau	7000	18000	35000
1917		6 cyl.	Coupe	4000	8000	16000
1920	American Beauty	6 cyl.	Sedan	2400	5200	10400

PARAMOUNT (Great Britain, 1950–56)

YEAR	MODEL	ENGINE	BODY	F	G	E
1950		Ford Ten 1508cc	Touring	1200	3200	6200
1955		Ford Consul	Sedan	1000	2000	4000

PARENTI (United States, 1920–22)

YEAR	MODEL	ENGINE	BODY	F	G	E
1920	35	(V)8 cyl.	Touring	4000	13000	26000
1922		6 cyl. (Falls)	Town Car	3500	8000	18000
1922		6 cyl. (Falls)	Limousine	2100	7250	12500

PARISIENNE (France, 1899–1903)

YEAR	MODEL	ENGINE	BODY	F	G	E
1899		1 cyl. (DeDion)	Victoria	2200	6200	12500
1899		1 cyl. (Aster)	Voiturette	2000	6000	12000
1900		2 cyl. (Aster)	Duc-Spider	1800	5500	11500
1900		2 cyl. (Aster)	Duc-Tonneau	1900	5900	11800

PEUGEOT (France, 1889-to-date)

YEAR	MODEL	ENGINE	BODY	F	G	E
1889		Steam	Phaeton	3250	8250	17000
1900		(V)2 cyl.	Phaeton	2250	5500	11000
1901		(V)2 cyl.	Town Brougham	2100	4250	9500
1902		(V)2 cyl.	Town Brougham	2100	4250	9500

YEAR	MODEL	ENGINE	BODY	F	G	E
1903		(V) 2 cyl.	Town			
			Brougham	2100	4200	9300
1904		(V) 2 cyl.	Phaeton	3200	6400	12800
1905		(V) 2 cyl.	Town			
			Brougham	2100	4250	9500
1906		3.3 Litre	Touring	1500	3900	9000
1907		3.6 Litre	Touring	1500	3900	9000
1908	Type 116	3.6 Litre	Touring	1500	3750	8500
1909		2.2 Litre	Sport	1000	2650	6250
1910		3 Litre	Sport	1100	2750	6500
1911		4.6 Litre	Sport	1300	2850	6750
1912		4.6 Litre	Racing	3100	7250	14500
1913	Bebe	4 cyl.	Runabout	1000	2750	6500
1914		7.6 Litre	Racing	3750	9250	26500
1915		3 Litre	Racing	2000	5000	12000
1916		3 Litre	Touring	1100	2250	6500
1917		3 Litre	Touring	1100	2250	6500
1918		2.5 Litre	Racing	1500	5000	10000
1919		4.5 Litre	Racing	1700	6100	13200
1920		4.5 Litre	Racing	1700	6100	13200
1921	Type 153	3 Litre	Sport			
			Touring	1200	3000	7000
1922		3 Litre	Touring	1000	2000	6000
1923		2.5 Litre	Touring	900	1750	5500
1924	Type 174	1.4 Litre	Touring	650	1250	3500
1925		6 Litre	Sport	1500	5000	10000
1926		950cc	Sedan	650	1250	3500
1927		2 Litre	Coupe	750	1500	4000
1928	Type 183	2 Litre	Sedan	700	1400	3800
1929	Type 201	1.1 Litre	Coupe	650	1250	2500
1930	Type 201	3.8 Litre	Touring	1800	3600	7200
1931		3.8 Litre	Touring	1800	3600	7200
1932		3.8 Litre	Sport			
			Touring	1900	3700	8000
1933	Type 201	1.1 Litre	Coupe	650	1300	2600
1934	Type 301	1.5 Litre	Sedan	600	1200	2400
1935	Type 601	1.5 Litre	Coupe	650	1250	2500
1936		1.5 Litre	Coupe	650	1250	2500
1937		1.5 Litre	Touring	750	1500	3000
1938	Type 402B	2.1 Litre	Sedan	650	1250	2500
1939	Darl mat	2.1 Litre	Coupe	700	1400	2800
1940		3 Litre	Open Sport	1000	2250	4500

YEAR	MODEL	ENGINE	BODY	F	G	E
1941		2.1 Litre	Cabriolet	750	1500	3000
1942		1.5 Litre	Coupe	550	1100	2200
1943		2.1 Litre	Cabriolet	750	1500	3000
1944		Electric	2 Passenger	850	1750	3500
1945		Electric	2 Passenger	850	1750	3500
1946	Type 202	1.1 Litre	Sedan	500	1000	2000
1947	Type 203	1.3 Litre	Sedan	550	1100	2200
1948	Type 203	1.3 Litre	Sedan	550	1100	2200
1949	Type 203	1.3 Litre	Sedan	600	1200	2400
1950	Type 203	1.3 Litre	Sedan	600	1200	2400
1951		1.3 Litre	Coupe	650	1300	2600
1952		1.3 Litre	Sedan	450	900	2200
1953		1.3 Litre	Sedan	450	900	2200
1954		1.3 Litre	Coupe	650	1250	2500
1955	Type 403	1.5 Litre	Sedan	350	750	2200
1956		1.5 Litre	Coupe	500	1000	2000
1957		1.5 Litre	Coupe	500	1000	2000
1958		1.5 Litre	Sedan	500	1000	2000
1959		1.5 Litre	Sedan	500	1000	2000
1964	505	1.5 Litre	Sedan	500	1000	2000

PIERCE; PIERCE-ARROW (United States, 1901–38)

YEAR	MODEL	ENGINE	BODY	F	G	E
1901	Motorette	1 cyl.	Tonneau	6600	13000	26000
1902	Motorette	1 cyl.	Touring	11000	23000	46000
1903	Motorette	2 cyl.	Touring	11900	24000	48000
1904	24-28N	4 cyl.	Roadster	13000	26000	39000
1906	Great Arrow	4 cyl.	Victoria Tonneau	16000	33000	80000
1907	Great Arrow	4 cyl.	Victoria Tonneau	16000	33000	80000
1909	36	4 cyl.	Roadster	13000	26000	66000
1910	66	6 cyl.	Touring	15000	30800	67000
1911	48	6 cyl.	Roadster	16000	33000	79000
1912	66	6 cyl.	Roadster	16000	33000	79000
1913	48	6 cyl.	Touring	15000	31000	72000
1914	38	6 cyl.	Touring	14000	28000	70000
1915	38	6 cyl.	Touring	13000	27000	68000
1916	48	6 cyl.	Touring	11000	23000	55000
1917	66	6 cyl.	Town	11000	23000	57000
1918	66	6 cyl.	Touring	13000	28000	70000
1919	38	6 cyl.	Brougham Limousine	11000	23000	59000

YEAR	MODEL	ENGINE	BODY	F	G	E
1920	48	6 cyl.	Limousine	11000	20000	55000
1921	32	6 cyl.	Touring	11000	23000	48000
1922	33	6 cyl.	Touring	11000	23000	48000
1923	33	6 cyl.	Sedan	7900	13000	24000
1924	80	6 cyl.	Sport Roadster	9200	15000	44000
1925	80	6 cyl.	Roadster	4400	9200	29000
1926	80	6 cyl.	Sedan	3300	6600	16000
1926	33	6 cyl.	Touring	4700	11000	36000
1926	80	6 cyl.	Roadster	4700	11000	36000
1927	80	6 cyl.	2 Door Sedan	3300	6600	15000
1927	36	6 cyl.	Cabriolet	6600	13000	33000
1927	36	6 cyl.	Sedan	3300	7200	13000
1927	36	6 cyl.	Roadster	7200	16000	37000
1927	36	6 cyl.	Limousine	5900	11000	24000
1928	80	6 cyl.	Cabriolet	4600	9200	20000
1928	80	6 cyl.	Club Sedan	3300	8000	15000
1929	143	8 cyl.	Club Brougham	6000	11000	22000
1929	143	8 cyl.	Dual Cowl Phaeton	22000	50000	110000
1929	143	8 cyl.	Sport Roadster	14000	33000	66000
1929	143	8 cyl.	Phaeton	14000	24000	59000
1929	143	8 cyl.	Sedan	4000	7900	16000
1929	143	8 cyl.	Cabriolet	7900	15000	30000
1930	A	8 cyl.	Convertible Coupe	4000	8000	35000
1930	143	8 cyl.	Sedan	3900	7900	15000
1930	143	8 cyl.	Club Sedan	4100	8000	15000
1930	143	8 cyl.	Dual Cowl Phaeton	19000	48000	99000
1930	143	8 cyl.	Convertible Sedan	11000	20000	64000
1930	143	8 cyl.	Rumble Seat Coupe	3900	10400	19000
1930	133	8 cyl.	Roadster	9200	20000	42000
1931	41	8 cyl.	Dual Cowl Phaeton	17000	50000	104000

YEAR	MODEL	ENGINE	BODY	F	G	E
1931	41	8 cyl.	Club Sedan	3900	7900	16000
1931	42	8 cyl.	Sport Roadster	11000	20000	63000
1931	42	8 cyl.	Cabriolet	8000	18000	37000
1931	42	8 cyl.	Rumble Seat Coupe	4600	9200	20000
1931	42	8 cyl.	Convertible Sedan	10400	20000	63000
1932	53	(V) 12 cyl.	Dual Cowl Phaeton	26000	57000	140000
1932	54	8 cyl.	Rumble Seat Coupe	4900	9200	20000
1932	53	(V) 12 cyl.	Rumble Seat Coupe	7200	16000	39000
1932	52	(V) 12 cyl.	Club Sedan	6600	16000	35000
1932	53	(V) 12 cyl.	Convertible Sedan	16000	37000	97000
1932	54	8 cyl.	Cabriolet	6600	13000	26000
1932	54	8 cyl.	Club Brougham	5900	11000	23000
1933	836	8 cyl.	Sedan	5900	9200	17000
1933	1236	(V) 12 cyl.	Sedan	6600	16000	33000
1933	1236	(V) 12 cyl.	Cabriolet	14000	22000	46000
1933	Silver Arrow	(V) 12 cyl.	Sedan	15000	33000	10400
1934	840A	8 cyl.	Sedan	3300	9200	20000
1934	1240 A	(V) 12 cyl.	Sedan	6100	16000	38000
1934	1248 A	(V) 12 cyl.	Limousine	6600	16000	39000
1935	836 A	8 cyl.	Sedan	3300	7900	16000
1935	1245	(V) 12 cyl.	Rumble Seat Coupe	5900	15000	37000
1935	845	8 cyl.	Cabriolet	4900	9300	22000
1935	1245	(V) 12 cyl.	Sedan	5800	16000	38000
1936	1601	8 cyl.	Convertible Roadster	6600	20000	44000
1936	1602	(V) 12 cyl.	Sedan	5200	15000	38000
1936	1601	8 cyl.	Sedan	3900	8000	18000
1936	1601	8 cyl.	Rumble Seat Coupe	6600	13000	26000
1937	1701	8 cyl.	Rumble Seat Coupe	4600	9200	17000

YEAR	MODEL	ENGINE	BODY	F	G	E
1937	1702	(V) 12 cyl.	Sedan	5900	15000	38000
1937	1701	8 cyl.	Convertible	7200	19000	39000
1937	1701	8 cyl.	Cabriolet	7200	14000	28000
1938	1802	(V) 12 cyl.	Formal Sedan	9200	19000	44000
1938	1800	8 cyl.	Rumble Seat Coupe	5900	9200	20000
1938	1801	8 cyl.	Convertible	7900	19000	40000

PLYMOUTH (United States, 1910, 1928-to-date)
(1910—Plymouth Motors Co., Plymouth, Ohio)

1910		40 hp	Touring	2600	8000	16000

(1928-to-date-Chrysler Corp., Detroit, Michigan)

1928	Q	4 cyl.	Sport Roadster	3500	9000	20000
1929	Q	4 cyl.	Sport Roadster	4000	12500	26000
1930	30U	4 cyl.	Cabriolet	3000	7500	18000
1931	PA	4 cyl.	Deluxe Roadster	3900	13400	26000

Plymouth — 1931 "Cabriolet"
Courtesy of ITT Kruse International

YEAR	MODEL	ENGINE	BODY	F	G	E
1932	PA	4 cyl.	Roadster	3900	13400	26000
1933	PC	6 cyl.	Convertible			
			Coupe	3000	12300	22500
1934	PE	6 cyl.	Convertible			
			Coupe	2500	12600	22000
1935	PJ	6 cyl.	Coupe	1800	5800	11500
1936	P1	6 cyl.	Business			
			Coupe	1600	5500	11000
1937	P3	6 cyl.	Coupe	1500	5300	11800
1938	P5	6 cyl.	Sedan	1200	4900	9900
1939	P7	6 cyl.	Convertible			
			Sedan	4500	13500	24000
1941	P12	6 cyl.	Cabriolet	1800	4800	10000
1942	P145	6 cyl.	Sedan	1200	2900	6900
1946	P15	6 cyl.	Convertible			
			Coupe	2500	5000	12200
1947	P155	6 cyl.	Club Coupe	1800	3700	7900
1948	P15	6 cyl.	Convertible			
			Coupe	1500	5000	12200
1949	P17	6 cyl.	Convertible			
			Coupe	1500	5200	12400
1950	P20	6 cyl.	Convertible			
			Coupe	1400	4900	12000
1951	P23	6 cyl.	Coupe	1200	2400	6500
1952	Cranbrook	6 cyl.	Sedan	1000	2100	5300
1953	Cranbrook	6 cyl.	Sedan	1000	1900	5100
1954	Belvedere	6 cyl.	Convertible			
			Coupe	1800	5600	12100
1955	2 Door	(V)8 cyl.	Hardtop	1400	2900	6300
1956	Fury	(V)8 cyl.	Hardtop	1500	2500	7500
1957	Fury	(V)8 cyl.	Coupe	1400	2500	7000
1957	Fury	(V)8 cyl.	Convertible	2000	5000	13000
1958	Belvedere	(V)8 cyl.	Sedan	1000	1900	5000
1959	Belvedere	(V)8 cyl.	Sedan	1000	1900	5000
1964½	Barracuda	(V)8 cyl. 273	Coupe	1000	1900	5000
1967	Barracuda	(V)8 cyl. 273	Convertible	1500	3800	9700
1970	Super Bird	(V)8 cyl. 440	2 Door			
			Hardtop	1700	4000	8500

PONTIAC (United States, 1907; 1926-to-date)

YEAR	MODEL	ENGINE	BODY	F	G	E
1907	High-wheel	2 cyl.	Buggy	2900	8400	17000
1926	6–26	6 cyl.	Landau			
			Coupe	3000	6000	13000

YEAR	MODEL	ENGINE	BODY	F	G	E
1926	6–26	6 cyl.	Sedan	3000	4500	12500
1927	6–27	6 cyl.	Rumble Seat Coupe	2200	5750	12000
1928	6–28	6 cyl.	Sport Roadster	3300	12000	22000
1929	6–29	6 cyl.	Sport Roadster	3400	12000	23000
1930	6–30	6 cyl.	Roadster	3300	11000	22000
1931	401	6 cyl.	Roadster	3500	12000	22000
1932	302	(V) 8 cyl.	Cabriolet	4100	8800	20000
1933	601	8 cyl.	2 Door Sedan	1600	4900	11000
1934	603	8 cyl.	Convertible Coupe	2700	12000	23000
1935	Deluxe	8 cyl.	Sedan	2000	5500	11000
1936	Deluxe	6 cyl.	Sedan	1500	4400	11000
1937	Deluxe	8 cyl.	Convertible Sedan	4100	10400	19000
1938	Deluxe	8 cyl.	Rumble Seat Convertible Coupe	3000	7900	17000
1939	Deluxe 8	8 cyl.	Sedan	1800	4200	8000
1940	Model 29	8 cyl.	Sedan	1800	4200	8000
1941	Torpedo Streamliner	8 cyl.	Fastback	1900	5200	10100
1942	25KA	8 cyl.	Convertible Coupe	2600	8400	17000
1946	28LB	8 cyl.	Coupe	1300	2800	7400
1947	28MB	8 cyl.	Sedan	1200	2500	6100
1948	28PB	8 cyl.	Convertible Coupe	2300	7200	14000
1949	Silver Streak	8 cyl.	Convertible Coupe	2200	7100	14000
1950	Silver Streak	8 cyl.	Convertible Coupe	2200	7100	14000
1951	Silver Streak	8 cyl.	Convertible Coupe	2200	7100	14000
1952	Silver Streak	8 cyl.	Coupe	1500	3800	7500
1953	Catalina	8 cyl.	2 Door Hardtop	1400	2900	7000

YEAR	MODEL	ENGINE	BODY	F	G	E
1954	Star Chief	(V) 8 cyl.	2 Door			
			Hardtop	1500	2900	7000
1955	Star Chief	(V) 8 cyl.	Hardtop	1500	2800	6800
1956	Star Chief		Station			
	Safari	(V) 8 cyl.	Wagon	1600	4600	9500
1957	Star Chief		Station			
	Safari	(V) 8 cyl.	Wagon	1600	4900	10100
1957	Star Chief	(V) 8 cyl.	Convertible			
			Coupe	2000	5200	12000
1957	Bonneville	(V) 8 cyl. FI	Convertible	3300	6600	15000
1958	Bonneville	(V) 8 cyl.	2 Door			
			Hardtop	1300	3100	7100
1959	Bonneville	(V) 8 cyl.	Sedan	1100	2200	6800
1960	Bonneville	(V) 8 cyl.	Convertible	1900	2900	14000
1961	Ventura	(V) 8 cyl. 389	2 Door			
			Hardtop	1300	2600	7000
1962	Grand Prix	(V) 8 cyl. 389	2 Door			
			Hardtop	1300	3000	7250
1963	Grand Prix	(V) 8 cyl. 389	2 Door			
			Hardtop	1300	2900	7000
1964	GTO	(V) 8 cyl. 389	Convertible	1700	4900	10400
1966	GTO	(V) 8 cyl. 389	Convertible	1700	5400	10500
1966	Catalina					
	2 + 2	(V) 8 cyl. 421	Convertible	1800	5500	10600
1968	Catalina	(V) 8 cyl.	Hardtop	1000	2400	4500
1968	Executive	(V) 8 cyl.	Sedan	900	2200	4250
1968	Executive	(V) 8 cyl.	Hardtop	1100	2600	4800
1968	Executive	(V) 8 cyl.	Station			
			Wagon	900	2200	4250
1968	Tempest	6 cyl.	Hardtop	1100	2600	4800
1968	Tempest	6 cyl.	Sport Coupe	1000	2400	4500
1968	Tempest	6 cyl.	Lemans			
			Convertible	1500	3250	5000
1968	Firebird	(V) 8 cyl. 389	Convertible	1800	3800	9500
1969	Firebird					
	Trans AM	(V) 8 cyl. 400	Coupe	1800	3800	9500
1969	Bonneville	(V) 8 cyl.	Hardtop	700	1750	3750
1969	Bonneville	(V) 8 cyl.	Convertible	1500	3250	5000
1969	Bonneville	(V) 8 cyl.	Station			
			Wagon	700	1750	3750
1969	Catalina	(V) 8 cyl.	Sedan	700	1750	3750
1969	Catalina	(V) 8 cyl.	Hardtop	700	1750	3750

YEAR	MODEL	ENGINE	BODY	F	G	E
1969	Catalina	(V) 8 cyl.	Convertible	1500	3250	5000
1969	GTO	(V) 8 cyl.	Hardtop	1300	3000	7250
1969	GTO	(V) 8 cyl.	Convertible	1800	4200	8000
1970	Firebird Trans AM	(V) 8 cyl. 400	Coupe	1600	3800	9500
1970	Bonneville	(V) 8 cyl.	Sedan	700	1750	3750
1970	Bonneville	(V) 8 cyl.	Hardtop	800	2000	4000
1970	Bonneville	(V) 8 cyl.	Convertible	1250	2500	4500
1970	Catalina	(V) 8 cyl.	Sedan	700	1750	3750
1970	Catalina	(V) 8 cyl.	Hardtop 2 or 4 Door	700	1750	3750
1970	Catalina	(V) 8 cyl.	Station Wagon	700	1750	3750
1970	Executive	(V) 8 cyl.	Sedan	700	1750	3750
1970	Executive	(V) 8 cyl.	Hardtop 2 or 4 Door	700	1750	3750
1970	Executive	(V) 8 cyl.	Station Wagon	700	1750	3750
1970	Grand Prix	(V) 8 cyl.	Hardtop "SST"	1300	3000	7250
1970	GTO	(V) 8 cyl.	Convertible	1800	4200	8000
1970	LeMans	6 cyl.	Sedan	700	1750	3750
1970	LeMans	6 cyl.	Hardtop	800	2000	4000
1970	LeMans	6 cyl.	Coupe	700	1750	4000
1970	Tempest	6 cyl.	Sedan	700	1750	3750
1970	Tempest	6 cyl.	Coupe	700	1750	3750
1971	Grandville	(V) 8 cyl.	Hardtop 2 or 4 Door	700	1750	3750
1971	Grandville	(V) 8 cyl.	Convertible	1300	3000	7250
1971	LeMans GT	(V) 8 cyl.	Hardtop	1800	4200	8000
1971	LeMans Sport	(V) 8 cyl.	Hardtop 2 or 4 Door	1250	2500	4500
1971	LeMans Sport	(V) 8 cyl.	Convertible	1300	3000	7250
1971	Ventura	6 cyl.	Sedan	700	1750	3750
1971	Ventura	6 cyl.	Coupe	700	1750	3750
1972	Bonneville	(V) 8 cyl.	Sedan	700	1750	3750
1972	Bonneville	(V) 8 cyl.	Hardtop 2 or 4 Door	800	2000	4000
1972	Catalina Brougham	(V) 8 cyl.	Sedan	700	1750	3750

YEAR	MODEL	ENGINE	BODY	F	G	E
1972	Catalina Brougham	(V)8 cyl.	Hardtop 2 or 4 Door	700	1750	3750
1972	Safari	(V)8 cyl.	Station Wagon	700	1750	3750
1973	Grand Prix	(V)8 cyl.	Hardtop "SJ"	1000	2250	4250
1973	Grandville	(V)8 cyl.	Convertible	1300	3000	7250
1973	Grand AM	(V)8 cyl.	Hardtop 2 or 4 Door	1500	3250	5000
1973	LeMans	(V)8 cyl.	Sedan	700	1750	3750
1973	LeMans Luxury	(V)8 cyl.	Coupe	700	1750	3750
1973	LeMans Luxury	(V)8 cyl.	Station Wagon	700	1750	3750
1973	Ventura	6 cyl.	Coupe	600	1500	3500
1974	Grand Prix	6 cyl.	Coupe "SJ"	1000	2250	4250
1974	Grand Prix	(V)8 cyl.	Hardtop	700	1750	3750
1974	Grand AM	(V)8 cyl.	Hardtop 2 or 4 Door	1300	3000	7250
1974	LeMans Sport	(V)8 cyl.	Coupe	700	1750	3750

PORSCHE (Austria; Germany, 1948-to-date)

YEAR	MODEL	ENGINE	BODY	F	G	E
1948	Type 356	4 cyl.	Roadster	5000	9000	17000
1949	Type 356	4 cyl.	Coupe	3750	7500	15000
1950	Type 356-S	1500cc	Coupe	3000	6500	13000
1951	Type 356	1100cc	Coupe	3400	4500	16500
1952	Type 356	4 cyl.	Cabriolet	3600	5100	18500
1953	Type 356 (Continental)	4 cyl.	Coupe	2500	5000	12000
1954	Type 356	1086cc	Coupe	3400	5000	16500
1955	Type 356	1100cc	Speedster	4000	6400	22500
1956	Type 356	4 cyl.	Cabriolet	2500	5500	17000
1957	Type 356	4 cyl.	Speedster	4500	9000	17000
1958	Type 356-A	4 cyl.	Speedster	4500	9000	17000
1959	Type 356-A	4 cyl.	Convertible	3000	6500	17000
1960	Type 356-A	4 cyl.	Convertible	3000	6500	17000
1963	Type 356-C	4 cyl.		2500	7000	15000
1969	911 T	4 cyl.	Coupe	2500	7000	16000
1972	911 T	4 cyl.		3000	9000	17000
1975	911 S	4 cyl.		3250	9750	17500
1978	911 SC Targa	4 cyl.		3500	10000	19000
1982	911 SC Targa	4 cyl.		4000	12000	25000
1983	911 Targa	4 cyl.		4575	14000	33000

YEAR	MODEL	ENGINE	BODY	F	G	E
PREMIER (United States, 1903–25)						
1903		4 cyl. (Weidely)	Roadster	3750	7500	17000
1907	24/28	6 cyl.	Touring	4000	9000	20000
1911	Model 440	6 cyl.	5 Passenger Touring	4500	9000	20500
1913	Model 48	6 cyl.	Touring	4600	10200	21000
1914		6 cyl.	7 Passenger Touring	5000	10500	22000
1915		6 cyl.	7 Passenger Touring	4000	9000	20000
1920		6 cyl.	7 Passenger Touring	3500	7000	18000
PRIMO (United States, 1910–12)						
1910		4 cyl.	Roadster	2600	7500	16000
1912		4 cyl.	Touring	2500	6800	15500
PUCH (Austria, 1906–25)						
1906		(V) 2 cyl.	Voiturette	1500	2750	6500
1908		4 cyl. (Daimler-Knight)	Sport	1600	2900	7000
1913	Type VIII Alpenwagen	3560cc	Touring	2800	6500	13000
PULLMAN (United States, 1903–17)						
1903	Six-Wheel	4 cyl.	Touring	8000	19000	40000
1910	Model K	6 cyl.	Touring	5000	14000	30000
1912	Model 6–60	6 cyl.	Touring	6000	13000	32000
1915	Model 6–46A	6 cyl.	Touring	7000	16000	34000
1915	24 Junior	6 cyl.	Roadster	5000	14000	30000
PUNGS-FINCH (United States, 1904–10)						
1904		4 cyl.	Touring	9000	13000	22000
1906		4 cyl.	Speedster	20000	45000	60000
1910	Model H	4 cyl.	Roadster	14000	18000	28000
PURITAN (United States, 1902–14)						
1902		Steam		3000	9500	20000
1913		DeLuxe	Roadster	2500	7500	16000

R

YEAR	MODEL	ENGINE	BODY	F	G	E
RAMBLER (United States, 1900–70)						
1902		1 cyl.	Runabout	4000	10000	21000
1905		2 cyl.	Touring	2500	7000	16000
1906		4 cyl.	Touring	3000	8000	18000
1908		4 cyl.	Touring	2750	7500	17000
1910		4 cyl.	Touring	3500	8000	19000
1911		4 cyl.	Roadster	3000	8000	18000
1913		4 cyl.	7 Passenger Touring	3750	12500	25000
1950		6 cyl.	Convertible	1900	4000	9900
1957	A.M.C. Rebel	(V)8 cyl. (Fuel Injection)	4 Door Hardtop	1200	2750	5500
1965	A.M.C. Marlin	(V)8 cyl. 327	Coupe	1100	2200	5000
1966	A.M.C. Scrambler	(V)8 cyl. 390	Coupe	1100	2400	4750
1970	A.M.C. The Machine	(V)8 cyl. 390	2 Door Hardtop	1000	2250	4250
1970	A.M.C. AMX	(V)8 cyl. 390	2 Passenger Coupe	1500	2900	5400
RANGER (United States, 1908–22)						
1908		2 cyl.	Runabout	1200	6300	13200
1920		4 cyl.	Touring	1400	6700	14500
1921		4 cyl.	Sport Roadster	1500	6900	14800
1921		4 cyl.	Roadster	1400	6700	14500
1922		6 cyl.	Touring	1500	8000	16000
RELIABLE DAYTON (United States, 1906–09)						
1906	High-wheel	2 cyl.	Buggy	1900	6500	13500
1909	High-wheel	2 cyl.	Surrey	2000	7000	14000
REMINGTON (United States, 1900–15)						
1900		4 cyl.	Tonneau	2800	7500	16500
1910		2 cyl.	Runabout	1750	5500	11500
1914		4 cyl.	Cycle	2750	4000	8000
1915		(V)8 cyl.	Cycle	2800	6500	12500

YEAR	MODEL	ENGINE	BODY	F	G	E
RENAULT (France, 1898-to-date)						
1898		1 cyl.	Voiturette	3000	6000	14000
1899		1 cyl.	Voiturette	3000	6000	14000
1900		500cc	Voiturette	2500	5000	12000
1902		1 cyl.	Runabout	2500	5000	12000
1903		2 cyl.	Touring	2800	5600	13000
1904		4 cyl.	Touring	4000	9000	20000
1905		2 cyl.	Touring	3000	6000	17000
1906	20 hp	4 cyl.	Limousine	3250	7000	19000
1907		2 cyl.	Runabout	3000	6000	16000
1908		4 cyl.	Touring	5000	13000	26000
1909		2 cyl.	Roadster	3800	7500	16000
1910		2 cyl.	Town	4000	8000	17000
1911		4 cyl.	Limousine	6500	14000	38000
1912		4 cyl.	Roadster	5000	13000	35000
1913		4 cyl.	Roadster	5000	13000	35000
1914		4 cyl.	Torpedo Touring	5500	14000	37000
1915		4 cyl.	Town Car	5500	14000	37000
1916		4 cyl.	Roadster	4500	11000	32000
1917		4 cyl.	Roadster	4500	11000	32000
1918		4 cyl.	Limousine	5000	14000	35000
1919	FI	6 cyl.	Touring	8000	19000	41000
1920		4 cyl.	Roadster	3500	9500	25000
1921		4 cyl.	Touring	3000	8000	22000
1922		4 cyl.	Touring	3000	8000	22000
1923	KJ	951cc	Touring	1000	4000	9000
1924		4 cyl.	Limousine	7000	16500	35000
1925	45	4 cyl.	Sport Touring	5000	13000	30000
1926	45	4 cyl.	Sport Phaeton	4000	8000	26000
1927	JY	6 cyl.	Touring	4500	9000	28000
1928		3.2 Litre	Sport	4000	8000	26000
1929		6 cyl.	Sport	4500	9000	27500
1930	Reinasetta	8 cyl.	Sport	5000	10000	30000
1931	Monasix	4 cyl.	Sedan	1200	2250	5500
1932	Nerva	8 cyl.	Sedan	1000	2900	6000
1933	Primastella	8 cyl.	Sedan	900	2400	5750
1934		6 cyl.	Sport Sedan	1000	2000	4900
1935		6 cyl.	Sedan	1000	1900	4750
1936		4 cyl.	Sport	650	1250	4500

YEAR	MODEL	ENGINE	BODY	F	G	E
1937		8 cyl.	Sedan	1000	2000	5000
1938	Viva Grand Sport	6 cyl.	Sport Sedan	1250	2500	6000
1939		6 cyl.	Sport	900	1750	5500
1940		6 cyl.	Sport Sedan	700	1400	5000
1941		8 cyl.	Sport Sedan	900	1750	5700
1942		6 cyl.	Sedan	650	1250	4500
1946		8 cyl.	Sedan	650	2250	4500
1947		8 cyl.	Sedan	650	2250	4400
1948	Juraquatre	1 Litre	Coupe	500	1000	3000
1949	4 CV	760cc	Coupe	500	1000	3000
1950		750cc	Sedan	450	1900	3000
1951		2.1 Litre	Sport Sedan	550	1100	3200
1952		2 Litre	Sedan	450	900	2750
1953		2 Litre	Sedan	450	900	3000
1954		2.1 Litre	Sedan	450	900	2800
1955	Fregate	2 Litre	Convertible	1000	2250	4500
1956	Dauphine	845cc	Sedan	300	900	2100
1957	Etoile Filante	6 cyl.	Sedan	500	1000	3000
1958		6 cyl.	Sedan	500	1000	3000
1959	Floride	845cc	Sport Coupe	350	950	2500
1962	Dauphine Deluxe	4 cyl.	Sedan	300	900	2100
1966	R-8 Gordini	4 cyl.	Sedan	450	1000	3000

REO (United States, 1904–36)

YEAR	MODEL	ENGINE	BODY	F	G	E
1904	A	1 cyl.	Runabout	3000	6000	16000
1905	D	1 cyl.	Runabout	3600	6600	17000
1906	B	1 cyl.	Roadster	3500	6500	16000
1907	A	2 cyl.	Roadster	3500	6500	16000
1908	A	2 cyl.	Roadster	3800	7000	17000
1909	G	1 cyl.	Runabout	3500	6500	14500
1910	RS	4 cyl.	Touring	3500	7000	16500
1912	R5	4 cyl.	Roadster	3000	6000	13500
1912	Reo the 5th	4 cyl.	Touring	4000	9500	19250
1913	R5	4 cyl.	Roadster	2800	5800	13000
1915	R5	6 cyl.	Touring	3200	7500	17000
1917	R5	6 cyl.	Touring	3500	7800	17500
1918	U	6 cyl.	Roadster	3000	7000	14000
1919	M	6 cyl.	Roadster	3200	7500	15500
1920	T6	6 cyl.	Touring	2500	7000	14000
1923	T6	6 cyl.	Sport Touring	3500	11000	24000

Reo — 1905 "Runabout"

YEAR	MODEL	ENGINE	BODY	F	G	E
1924	T6	6 cyl.	Touring	2700	8400	19500
1924	T6	6 cyl.	Sport Touring	3300	11400	22000
1924	T6	6 cyl.	Brougham	2800	6000	14000
1925	T6	6 cyl.	Sport Roadster	3200	9200	21500
1925	T6	6 cyl.	Touring	3500	9500	22000
1925	T6	6 cyl.	Sedan	1900	5400	10800

YEAR	MODEL	ENGINE	BODY	F	G	E
1926	T6	6 cyl.	Coupe	2000	5600	11200
1927	A	6 cyl.	Sport Roadster	3500	13700	28000
1927	Flying Cloud	6 cyl.	Sedan	1900	5800	10400
1927	Flying Cloud	6 cyl.	Coupe	2000	5900	10900
1928	Opera	6 cyl.	Coupe	2000	5900	10900
1928	Flying Cloud	6 cyl.	Sedan	1800	4600	10000
1928	B	6 cyl.	Cabriolet	3000	8500	18000
1928	B	6 cyl.	Coupe	2100	5400	10000
1930	15	6 cyl.	Sedan	1600	4800	10000
1930	25	6 cyl.	Sedan	1600	4000	10400
1930	6-25	6 cyl.	Roadster	3500	11500	24000
1931	6-6-25	6 cyl.	Sedan	1800	5000	10400
1931	6-6-25	6 cyl.	Sport Coupe	2000	5500	11200
1931	Custom 8	8 cyl.	Cabriolet	3000	12500	25000
1931	Royale 8	8 cyl.	Coupe	3000	10000	21500
1931	Royale 8	8 cyl.	Sedan	2800	7500	18000
1931	Elite 8	8 cyl.	Coupe	1600	5400	12200
1931	Elite 8	8 cyl.	Sedan	1400	5000	11900
1932	Elite 8	8 cyl.	Victoria	1800	6400	13000
1932	32	8 cyl.	Sedan	1700	4500	10000
1933	65	8 cyl.	Sedan	1700	4500	10000
1933	Royale 8	8 cyl.	Cabriolet	6000	14000	28000
1934	52	8 cyl.	Convertible	7500	15000	30000
1935	Flying Cloud	6 cyl.	Sedan	2500	4500	10200

RILEY (Great Britain, 1898–1969)

YEAR	MODEL	ENGINE	BODY	F	G	E
1898		1 cyl.	Voiturette	1600	3250	9000
1899	3-Wheel	1 cyl.		1100	2250	6500
1900		1 cyl.	Voiturette	1500	3000	8000
1901	3-Wheel	1 cyl.		1000	2000	6000
1902		2 cyl.	Touring	1100	2250	6500
1903		2 cyl.	Touring	1100	2250	6500
1904		2 cyl.	Touring	1100	2250	6500
1905	3-Wheel	2 cyl.		1000	2000	6000
1906		2 cyl.	Touring	1100	2250	6500
1907	3-Wheel	(V) 2 cyl.	Cycle	900	1750	5000
1908		(V) 2 cyl.	Touring	1000	2100	6200
1909	12/18	(V) 2 cyl.	Torpedo Touring	1100	3250	7500
1910		(V) 2 cyl.	Touring	1100	2100	6200
1911		(V) 2 cyl.	Touring	1000	2000	6100

YEAR	MODEL	ENGINE	BODY	F	G	E
1912		(V) 2 cyl.	Touring	1000	2000	6000
1913		(V) 2 cyl.	Touring	1000	2000	6000
1914	2.9	4 cyl.	Touring	1100	2250	6500
1915		4 cyl.	Sport	1200	2300	6500
1916		4 cyl.	Sport	1200	2300	6500
1917		4 cyl.	Touring	1100	2200	6400
1918		4 cyl.	Touring	1100	2150	6500
1919		1.5 Litre	Sport	1100	3250	7500
1920	Eleven	1.5 Litre	Touring	1000	2000	6000
1921		4 cyl.	Touring	1000	3000	7000
1922		4 cyl.	Touring	1000	3000	7000
1923	Redwinger	1.5 Litre	Sport	1200	2400	7000
1924	Twelve	1.5 Litre	Touring	1100	2250	6500
1925		1.5 Litre	Touring	1100	2250	6500
1926	Redwinger	1.5 Litre	Sport	1250	3500	7000
1927		1.5 Litre	Touring	1100	2250	6500
1928	Monaco	1.5 Litre	Fabric Sport			
			Saloon			
			Sedan	1000	3500	7000
1929	Brooklands	1.5 Litre	Sport	1400	3750	7950
1930	Fourteen	6 cyl.	Touring	1100	4250	8500
1931	Brooklands	6 cyl.	Sport	1500	5000	9000
1932		1.5 Litre	Sport	2000	3750	8500
1933		1.5 Litre	Sport	1750	3300	9000
1934		1.5 Litre	Convertible	2000	5000	10500
1935		1.5 Litre	Sport			
			Roadster	2250	6500	14000
1936	Lynx	1.5 Litre	Sport Sedan	1000	3000	6000
1937		1.5 Litre	Sport			
			Touring	2000	6000	12000
1938		1.5 Litre	Sport	2000	5000	10000
1939		1.5 Litre	Sedan	1000	2000	6000
1940		(V) 8 cyl.	Sedan	900	1750	6500
1941		(V) 8 cyl.	Sedan	900	1750	6500
1942		1.5 Litre	Sedan	750	1500	5000
1946		1.5 Litre	Sedan	750	1500	5000
1947		1.5 Litre	Sedan	750	1500	5000
1948		1.5 Litre	Roadster	2000	5250	10500
1949		1.5 Litre	Roadster	2000	5250	10500
1950		1.5 Litre	Club Sedan	1200	2400	6800
1951		1.5 Litre	Drop Head			
			Coupe	1600	4250	8500

YEAR	MODEL	ENGINE	BODY	F	G	E
1952		1.5 Litre	Sedan	1100	2250	5500
1953		1.5 Litre	Coupe	1250	2500	6000
1954	Pathfinder	2.5 Litre	Sedan	1100	2250	5500
1955		2.5 Litre	Sedan	1100	2250	5500
1956		2.5 Litre	Coupe	1200	2400	6000
1957		2.5 Litre	Coupe	1200	2400	6000
1958		2.6 Litre	Sedan	900	1800	4500
1959		2.6 Litre	Sedan	900	1800	4500
1960		2.6 Litre	Sedan	900	1800	4500
1961		1.5 Litre	Sedan	750	1500	4000
1962		1.5 Litre	Sedan	750	1500	4000
1963		1.5 Litre	Sedan	750	1500	4000
1964		848cc	Sedan	500	900	3000
1965		848cc	Sedan	500	900	3000
1966	Elf Mark	998cc	Sedan	550	1100	3250
1967	Elf	998cc	Sedan	650	1250	3500
1968	Elf	998cc	Sedan	650	1250	3500
1969	Elf	998cc	Sedan	650	1250	3500

ROLLS-ROYCE (United States, 1921–31)

YEAR	MODEL	ENGINE	BODY	F	G	E
1921	Silver Ghost	6 cyl.	Phaeton	26000	55000	120000
1926	P I	6 cyl.	Speedster			
			Phaeton	28000	57000	130000
1931	P I	6 cyl.	Speedster			
			Phaeton	29000	72000	160000

S

YEAR	MODEL	ENGINE	BODY	F	G	E
SAAB (Sweden, 1950-to-date)						
1950	92	2 cyl. (D.K.W.)	Sedan	500	1300	3200
1956		3 cyl.	Gran Turismo Sedan	800	1700	4000
1971	Sonnett	(V) 6 cyl.	Coupe	1000	2400	4750

YEAR	MODEL	ENGINE	BODY	F	G	E
SCOUT (Great Britain, 1904–1923)						
1904	14/17	4 cyl.	Touring	2000	4000	8000
1906	17/20	6 cyl.	Touring	2200	5400	12000
1910		2 cyl.	Racing	1800	3500	8000
1917		6 cyl.	Racing	2500	8000	16000
1920		4 cyl.	Racing	2200	7250	14500
1923		2 cyl.	Coupe	1200	3700	6250
SCRIPPS-BOOTH (United States, 1913–1922)						
1913	Rocket Tandem	(V) 2 cyl.	Cycle	1000	3000	8000
1914	C Staggered	4 cyl. (Sterling)	Roadster	3500	11500	22500
1916	D	(Ferro)	Town Car	2500	6000	13000
1917	G	(V) 8 cyl. (Chevrolet)	Roadster	3700	12000	23000
1917		6 cyl.	Touring	3250	11500	22500
1918		6 cyl.	Touring	3250	11500	22500
1921		6 cyl.	Touring	3250	11500	22500
SEARCHMONT (United States, 1900–1903)						
1900		1 cyl.	Runabout	2500	6500	14000
1902		2 cyl.	Tonneau	2600	6800	14800
1903		4 cyl.	Tonneau	3200	7500	18000
S.E.A.T. (Spain, 1953-to-date)						
1953	1400	4 cyl.	Sedan	850	1700	4400
1957	600	6 cyl.	Sedan	900	1800	4600
1959	1800	6 cyl.	Sedan	950	1900	5000
SHARP-ARROW (United States, 1909–10)						
1909		4 cyl. (Beaver)	Roadster	3000	7500	18000
1909		4 cyl. (Beaver)	Touring	3000	7500	18000
1910		4 cyl. (Beaver)	Speedabout	3500	8500	19000
SHAW (United States, 1920–30)						
1920		4 cyl. (Rochester-Duesenberg)	Phaeton	14000	19000	36000
1923		4 cyl.	Roadster	4500	9000	17000
1925		6 cyl.	Sport Phaeton	7250	15000	30000
1926		(V) 12 cyl. (Weidely)	Coupe	6000	17000	35000

YEAR	MODEL	ENGINE	BODY	F	G	E
1928		6 cyl.	Limousine	3750	9500	18000
1930		4 cyl.	Sport Speedster	4500	8500	17000

SHOEMAKER (United States, 1906–08)

| 1906 | 35/40 | 4 cyl. | Tonneau | 2300 | 7750 | 14900 |
| 1908 | 35/40 | 4 cyl. | Touring | 2500 | 8000 | 16000 |

SIATA (Italy, 1949–70)

1949		750cc	Sport	1000	2900	7000
1950	1400	6 cyl.	Touring	2150	4350	9750
1951		6 cyl.	Sport	2200	4400	8800
1952	202	(V) 8 cyl.	Coupe	1400	3750	6500
1957		(V) 8 cyl.	Coupe	1350	3700	6400
1959		(V) 8 cyl.	Coupe	1250	3500	6000

SIMPLEX (United States, 1907–17)

1907	50	4 cyl. 10 Litre	Racing	14000	32000	70000
1911	38	7 Litre	Racing	12500	27500	55000
1915	75	10 Litre	Roadster	13500	29000	60000
1917	50	6 cyl.	Roadster	11000	22000	46000

SIMPLICITY (United States, 1906–11)

1906		4 cyl.	Touring	3250	7500	16500
1909		4 cyl.	Limousine	2350	6750	14000
1911		4 cyl.	Roadster	3400	7800	16750

SINGER (Great Britain, 1905–70)

1905		2 cyl.	Touring	2000	4100	9200
1906		2 cyl.	Touring	2100	4500	9900
1908		4 cyl.	Doctor Coupe	1850	3650	6350
1910		3 cyl.	Coupe	900	2750	4500
1911		2 cyl.	Touring	950	2800	4950
1913		4 cyl.	Touring	1900	3800	7000
1917	Ten	4 cyl.	Coupe	850	2500	4000
1920	20 hp	6 cyl.	Sport	1900	3700	7400
1922		6 cyl.	Sport	1800	3600	7250
1924		6 cyl.	Fabric Sedan	1700	2400	4850
1927	Senior	1.3 Litre	Sedan	1100	2200	4400
1929	Junior	848cc	Coupe	950	1800	4000
1932		6 cyl.	Convertible Sedan	2100	6250	13500

YEAR	MODEL	ENGINE	BODY	F	G	E
1933	Kaye Don	6 cyl.	Coupe	1700	2400	5800
1935	Ten	4 cyl.	Coupe	900	1800	4750
1937		6 cyl.	Sedan	850	1500	3250
1940		6 cyl.	Sedan	850	1500	3250
1940		6 cyl.	Sport	900	1750	4500
1948		6 cyl.	Sedan	600	1200	3000
1951		6 cyl.	Roadster	1250	2600	5250
1953		6 cyl.	Roadster	1200	2500	5000
1954	Hunter	6 cyl.	Sedan	800	1600	3250
1959		6 cyl.	Sedan	850	1700	3400

SINGER (United States, 1915–20)

1915		6 cyl.	Touring	3700	8400	16850
1917		12 cyl.	Touring	5800	13600	27500
1920		6 cyl.	Touring	3500	8000	16000

SPOERER (United States, 1907–14)

1907	30	4 cyl.	7 Passenger Sedan	2500	5700	11200
1909	50/60	4 cyl.	Limousine	2800	6800	12600
1911		4 cyl.	Touring	3400	7800	15600
1914		4 cyl.	Coupe	1750	3500	9500

SPRINGER (United States, 1904–06)

1904	12	2 cyl.	Runabout	2300	6600	14000
1906	40	4 cyl.	Tonneau	2800	7800	15500

SPRINGFIELD (United States, 1904–11)

1904		1 cyl.	Runabout	2250	7500	15000
1907		4 cyl.	Tonneau	2300	8600	16500
1908		4 cyl.	Torpedo	3800	11200	21000
1911		4 cyl.	Touring	2400	7800	15600

STUDEBAKER (United States/Canada, 1902–66)

1904	A	2 cyl.	Touring	4500	8000	16500
1904	B	2 cyl.	Wagon	4000	7500	15500
1904	C	2 cyl.	Touring	4800	9600	18000
1906	E	2 cyl.	Touring	4800	9600	18000
1906	F	2 cyl.	Touring	5300	10000	19500
1906	G	2 cyl.	Touring	6000	11000	21500
1908	H	4 cyl.	Touring	3000	9000	22000
1908	A	4 cyl.	Touring	3000	9000	22000
1908	B	4 cyl.	Touring	4000	10000	23000
1908	B	4 cyl.	Runabout	4000	10000	23000
1909	A	4 cyl.	Touring	3000	9000	22000

YEAR	MODEL	ENGINE	BODY	F	G	E
1909	B	4 cyl.	Touring	3750	9750	22500
1910	H	4 cyl.	Touring	3000	9000	22000
1910	M	4 cyl.	Touring	3000	9000	22000
1910	M	4 cyl.	Limousine	2750	8500	20500
1911	G-8	4 cyl.	Touring	4500	11000	24500
1911	G-10	4 cyl.	Touring	4500	11000	24500
1913	25	6 cyl.	Touring	5400	10400	25000
1913	35	4 cyl.	Touring	2200	3750	12000
1913	35	4 cyl.	Sedan	2750	4500	13250
1913	35	4 cyl.	Coupe	2750	4500	13250
1914	SC	4 cyl.	Touring	2500	7850	18000
1914	EB	6 cyl.	Touring	2200	3750	12000
1914	EB	6 cyl.	Roadster	2400	4500	12500
1915	EC	6 cyl.	Touring	2900	8800	22000
1915	SD	4 cyl.	Touring	2600	8700	16000
1916	SF	4 cyl.	Touring	2200	3750	12000
1916	SF	4 cyl.	Roadster	2000	3500	11500
1917	ED	6 cyl.	Touring	2700	9800	22000
1917	ED	6 cyl.	Roadster	3000	10200	24000
1918	EG	6 cyl.	Touring	3700	7500	15000
1918	EH	6 cyl.	Roadster	3700	7500	15000
1921	EJ	6 cyl.	Touring	2700	6000	12000
1922	Special Six	6 cyl.	Touring	3300	9000	23000
1922	Special Six	6 cyl.	Roadster	3500	10500	22000
1922	Big Six	6 cyl.	Touring	3000	14000	24000
1922	Light Six	6 cyl.	Touring	2200	3750	12000
1922	Light Six	6 cyl.	Roadster	2000	3500	11000
1923	Big Six	6 cyl.	Roadster	3500	14000	24000
1923	Light Six	6 cyl.	Roadster	2700	10500	19000
1923	Special Six	6 cyl.	Sedan	2000	4200	12000
1923	Special Six	6 cyl.	Touring	2200	3750	12000
1923	Special Six	6 cyl.	Roadster	2600	4500	13250
1923	Special Six	6 cyl.	Coupe	1800	4200	7200
1923	Big Six	6 cyl.	Touring	3200	12000	24000
1924	Special Six	6 cyl.	Roadster	2400	4500	12500
1924	Special Six	6 cyl.	Coupe	1900	4400	10000
1924	Big Six	6 cyl.	Touring	3000	7500	14500
1924	Big Six	6 cyl.	Sedan	2000	4200	10500
1924	Big Six	6 cyl.	Coupe	1700	4000	9250
1924	Light Six	6 cyl.	Touring	2200	3750	12000
1924	Light Six	6 cyl.	Sedan	1700	4000	9250
1925	Big Six	6 cyl.	Phaeton	3700	13800	26000

YEAR	MODEL	ENGINE	BODY	F	G	E
1925	Light Six	6 cyl.	Touring	4000	10500	12000
1926	EP	6 cyl.	Sedan	1800	4200	9500
1926	Big Six	6 cyl.	Roadster	3600	13000	26000
1928	Light Six	6 cyl.	Roadster	6900	12000	24000
1927	Commander	6 cyl.	Roadster	5000	10000	22000
1927	Commander	6 cyl.	Coupe	2000	4200	10500
1927	Commander	6 cyl.	Phaeton	5000	10000	22000
1927	Dictator	6 cyl.	Touring	4000	9000	19000
1927	Dictator	6 cyl.	Sport Roadster	5000	10000	20000
1927	Dictator	6 cyl.	Coupe	1500	3700	8000
1927	President	6 cyl.	Sedan	1750	3900	9000
1927	President	6 cyl.	Phaeton	3750	7500	17500
1927	Special	6 cyl.	Sport Roadster	4000	9000	19000
1927	Special	6 cyl.	Brougham	1500	3700	8000
1927	Special	6 cyl.	Phaeton	3750	7500	17500
1928	Dictator	6 cyl.	Sedan	2200	3650	12000
1928	Dictator	6 cyl.	Touring	4000	9000	19000
1928	Dictator	6 cyl.	Coupe	1750	3900	9000
1928	President 8	8 cyl.	Sedan	2700	7700	15000
1928	Commander	8 cyl.	Sedan	3000	5900	10000
1929	President	8 cyl.	Roadster	5500	16000	33000
1929	President	8 cyl.	Cabriolet	5600	15000	30000
1929	Dictator	8 cyl.	Roadster	5600	15000	30000
1929	Commander	8 cyl.	Cabriolet	4100	13000	26000
1930	Dictator-Regal	6 cyl.	Sedan	2900	6000	10000
1930	President	8 cyl.	Sedan	3300	6000	12000
1930	President 8	8 cyl.	Touring	4100	14000	26000
1931	President 8	8 cyl.	Roadster	5500	20000	32000
1931	Commander	8 cyl.	Sedan	3000	5900	10000
1931	Dictator	6 cyl.	Roadster	4400	18000	30000
1931	President	8 cyl.	Sedan	3800	7500	14000
1931	Dictator	6 cyl.	Coupe	3000	5000	10500
1932	President 91	8 cyl.	Sedan	3600	8000	20000
1932	Commander	8 cyl.	Convertible	7200	18000	40000
1932	President	8 cyl.	Roadster	4800	22000	36000
1932	Dictator	6 cyl.	Coupe	2200	4200	10000
1933	President	8 cyl.	Convertible	5500	16000	30000

YEAR	MODEL	ENGINE	BODY	F	G	E
1933	Commander	8 cyl.	Victoria	2600	7200	14000
1934	President	8 cyl.	Convertible Coupe	7200	19000	36000
1934	Dictator	6 cyl.	Sedan	1200	3900	9200
1935	Commander	8 cyl.	Sedan	2000	4200	9750
1938	Commander	8 cyl.	Sedan	1800	4000	9000
1939	Commander	8 cyl.	Sedan	1800	4000	9000
1940	Champion	6 cyl.	Coupe	1600	4000	8400
1940	President	8 cyl.	Sedan	2000	5000	9000
1940	Commander	8 cyl.	2 Door Sedan	1500	3000	7750
1941	President	8 cyl.	Sedan	2000	4000	9300
1941	Champion	6 cyl.	Sedan	1400	3000	7000
1942	President	8 cyl.	Sedan	2000	4000	9750
1948	Commander	8 cyl.	Convertible Coupe	2400	7200	16000
1948	Commander	8 cyl.	Club Coupe	1000	3200	6600
1949	Champion	6 cyl.	Convertible	2200	7200	14000
1949	Champion	6 cyl.	4 Door	920	2400	5750
1949		6 cyl.	Pickup Truck	814	2400	6000
1950	Champion	6 cyl.	Light Coupe	960	3000	7000
1951	Champion	6 cyl.	3 Window Coupe	960	3000	7000
1952	Land Cruiser	(V)8 cyl.	Sedan	960	3000	7200
1953		(V)8 cyl.	Hardtop	1300	4000	8000
1954	Commander	(V)8 cyl.	Coupe	1100	3000	7000
1955	President	(V)8 cyl. 259	Coupe	1400	3500	7200
1956	Golden Hawk	(V)8 cyl.	Coupe	2600	7200	14000
1956	Power Hawk	(V)8 cyl.	Coupe	1500	6000	12000
1957	Golden Hawk	(V)8 cyl. (Super-charged)	Coupe	2900	7700	15000
1958	Golden Hawk	(V)8 cyl. 289	Coupe	2800	7800	12000
1960	Lark Regal	(V)8 cyl. 289	Convertible	1800	4000	7250
1960	Lark VIII	(V)8 cyl.	Convertible	1800	4200	7250
1961	Silver Hawk	(V)8 cyl.	Coupe	2500	4700	10000

YEAR	MODEL	ENGINE	BODY	F	G	E
1962	Champ	(V) 8 cyl.	Pickup Truck	720	1400	3250
1962	Daytona	(V) 8 cyl.	Convertible	1200	5200	10000
1962	Gran Turismo	(V) 8 cyl.	Coupe	2400	6700	14000
1963	Lark Regal	(V) 8 cyl.	Station Wagon	480	2000	4200
1963	Avanti	(V) 8 cyl.	Coupe	3200	7900	17000
1964	Daytona	(V) 8 cyl.	Hardtop	870	2600	5200
1964	Avanti	(V) 8 cyl.	Coupe	3200	8800	17000
1965	Cruiser	(V) 8 cyl.	Sedan	610	1800	3200

STUTZ (United States, 1911–35, 1973–79)

YEAR	MODEL	ENGINE	BODY	F	G	E
1911		6 cyl.	Torpedo	13000	42000	87500
1911		4 cyl.	Torpedo	12000	26000	61000
1912		6 cyl.	Roadster	13000	26000	61000
1912		6 cyl.	Coupe	72000	14000	26000
1912		6 cyl.	Touring	9000	18000	41000
1913		6 cyl.	Roadster	14000	29000	64000
1913	Bearcat	6 cyl.	Speedster	29000	79000	14000
1914	Bearcat	6 cyl.	Roadster	26000	69000	13000
1914		4 cyl.	Coupe	9600	16000	26000
1914		6 cyl.	Touring	9600	18000	38000
1914		4 cyl.	Roadster	13000	24000	36000
1915	HCS	6 cyl.	Roadster	13000	23000	50000
1916		6 cyl.	Roadster	14000	28000	72000
1916		6 cyl.	Speedster	16000	41000	84000
1917	Bull Dog	6 cyl.	Touring	10400	18000	40000
1917		6 cyl.	Roadster	10400	18000	40000
1917	Bearcat	6 cyl.	Speedster	15000	33000	92000
1918		6 cyl.	Roadster	10400	17000	38000
1918	Bearcat	6 cyl.	Speedster	15000	33000	79000
1919		6 cyl.	Roadster	13000	26000	52000
1919	Bearcat	6 cyl.	Speedster	14000	20000	77000
1920		6 cyl.	Speedster	13000	27000	60000
1920		4 cyl.	Roadster	9800	18000	40000
1920			Touring	9000	17000	38000
1921		6 cyl.	Roadster	10000	19000	40000
1921		6 cyl.	Touring	9600	17000	40000
1921		6 cyl.	Speedster	9600	18000	40000
1922		6 cyl.	Touring	9000	17000	40000
1922		6 cyl.	Speedster	9600	18000	40000

YEAR	MODEL	ENGINE	BODY	F	G	E
1923		6 cyl.	Sport Roadster	11000	20000	45000
1923		6 cyl.	Touring	9000	17000	38000
1923		6 cyl.	Roadster	9500	18000	38000
1924		6 cyl.	Roadster	9000	17000	38000
1924		6 cyl.	Sedan	5000	11000	25000
1924		6 cyl.	Touring	9000	17000	38000
1924	Speedway Six	6 cyl.	Speedster	13000	20000	46000
1925		6 cyl.	Sedan	6000	11000	21000
1925		6 cyl.	Sport Touring	13000	20000	52000
1925		6 cyl.	Sport Roadster	14000	24000	52000
1925		6 cyl.	Speedster	15000	26000	52000
1926		8 cyl.	Sport Roadster	13000	20000	56000
1926	AA	8 cyl.	Touring	13000	19000	45000
1926	AA	8 cyl.	Roadster	13000	22000	45000
1927	AA	8 cyl.	7 Passenger Sedan	5500	10400	29000
1927		8 cyl.	Rumble Seat Coupe	6000	13000	28000
1927	5 Ps	8 cyl.	Sedan	5200	9600	28500
1927	Black Hawk	8 cyl.	Speedster	1000	15000	40000
1928		8 cyl.	Cabriolet	1100	22000	54000
1928		8 cyl.	Dual Cowl Phaeton	17000	36000	90500
1928		8 cyl.	Victoria Coupe	52000	96000	28500
1928		8 cyl.	Touring	9600	19000	48000
1928	Weymann	8 cyl.	Fabric Coupe	11000	22000	41000
1928	BB	8 cyl.	Boattail Speedster	16000	40400	98000
1929		8 cyl.	Dual Cowl Phaeton	29000	54000	104000
1929	Black Hawk	8 cyl.	Speedster	14000	24000	48000
1929		8 cyl.	Sedan	8600	13000	22000
1929	M	8 cyl.	Roadster	13000	26000	52000
1929	Black Hawk	6 cyl.	Sedan	8600	13000	19000

YEAR	MODEL	ENGINE	BODY	F	G	E
1930	Black Hawk	6 cyl.	Speedster	14000	24000	40000
1930		8 cyl.	Boattail Speedster	19000	42000	82000
1930		8 cyl.	Cabriolet	13000	20000	36000
1931	Super Bearcat	8 cyl.	Speedster	20000	48000	110000
1932	DV-32	8 cyl.	Convertible	26000	67000	130000
1932	DV-32	8 cyl.	Victoria	19000	57000	130000
1932	SV-16	8 cyl.	Convertible Roadster	15000	47000	120000
1932	SV-16	8 cyl.	Convertible Coupe	12000	43000	86000
1933	DV-16	8 cyl.	Sedan	7200	14000	34000
1933	DV-16	8 cyl.	Cabriolet	12000	24000	58000
1933	DV-32	8 cyl.	Club Sedan	12000	20000	41000
1933	DV-32	8 cyl.	Drop Head Coupe	17000	38000	72000
1933	SV-16	8 cyl.	Convertible Coupe	14000	34000	69000
1973	Black Hawk	8 cyl.	Coupe	10400	16000	30000

SUNBEAM (Great Britain, 1899-to-date)

YEAR	MODEL	ENGINE	BODY	F	G	E
1899		1 cyl.	Voiturette	3000	6500	14000
1901		2 cyl.	Voiturette	2700	6000	13000
1903		2 cyl.	Tonneau	2500	5500	12000
1904		4 cyl.	Coupe	2500	5500	10000
1908		6 cyl.	Touring	4500	7500	15000
1913	12/16	4 cyl.	Drop Head Coupe	3500	6500	12000
1919		4 cyl.	Touring	1200	3400	9000
1919		6 cyl.	Racing	2600	6100	13250
1920		8 cyl.	Limousine	2000	6000	12000
1922		8 cyl.	Sport	2100	6250	12500
1924		(V) 12 cyl.	Sprint	6000	16000	32000
1924	24-70	(V) 12 cyl.	Sport Touring	6200	15400	30000
1930		23.8 hp	Sedan	1100	2250	6500
1933	Speed Model	2.9 Litre	Sport	1850	3750	7500
1934	Dawn	4 cyl.	Sedan	1500	3000	4800
1935		21 hp	Sedan	900	1750	3500
1937		8 cyl.	Sport	2000	4000	9000
1938		4 cyl.	Sedan	750	1500	3850

YEAR	MODEL	ENGINE	BODY	F	G	E
1956	Rapier	4 cyl.	Sport Sedan	400	1400	3600
1958	Alpine	4 cyl.	Sport	1500	3000	6000

T

YEAR	MODEL	ENGINE	BODY	F	G	E
TALBOT (Great Britain, 1903–40)						
1903		1 cyl.	Touring	2500	4500	12000
1904		2 cyl.	Touring	3000	5500	14000
1904		4 cyl.	Coupe	3000	5500	14000
1906		4 cyl.	Touring	3500	6500	15000
1907		4 cyl.	Limousine	3000	6000	15000
1908		4 cyl.	Coupe	2500	5500	14000
1913	15/20	2.6 Litre	Touring	2500	5500	14000
1919	25/50	6 cyl.	Limousine	3500	8000	16000
1923	10/20	6 cyl.	Coupe	1800	4000	11000
1924	23	6 cyl.	Touring	3400	8000	16000
1929	14/45		Sedan	2000	5000	12000
1930		4 Litre	Coupe	2200	5700	13500
1930		6 cyl.	Sport Sedan	3200	6400	14000
1930	75	6 cyl.	Touring	3500	7500	18000
1930	90	6 cyl.	Sport	3700	7800	20000
1931	105	3 Litre	Sport Touring	3500	7500	18000
1931		3 Litre	Sedan	1800	3500	7000
1931		3 Litre	Sport	2300	5000	9500
1932	65	14/45 hp	Coupe	2200	4450	8900
1933	95	3 Litre	Touring	3500	6500	13000
1935	110	3 Litre	Sport	4500	8500	16000
1938	"Lago"	4 Litre	Coupe	8500	16000	32000
1938		6 cyl.	Sedan	2500	5000	95000
1939	"Lago"	6 cyl.	Cabriolet	6000	12000	25000
1939		6 cyl.	Sport Sedan	2500	4500	9500
TASCO (United States, 1948)						
1948			Speedster	4500	18000	37500

YEAR	MODEL	ENGINE	BODY	F	G	E
TEMPLAR (United States, 1917–24)						
1917		4 cyl.	Roadster	4000	8500	16000
1922		4 cyl.	Touring	3000	6500	14000
1923		4 cyl.	Touring	3000	6500	14000
1923		4 cyl.	Roadster	4000	8500	16000
1924		6 cyl.	Touring	4200	8800	17000
TERRAPLANE (United States, 1932–37)						
1933		6 cyl.	Sedan	1400	3700	9000
1933		8 cyl.	Sedan	1500	3900	9500
1933		8 cyl.	Cabriolet	2800	7800	16000
1934		6 cyl.	Cabriolet	2500	6200	13000
1935		6 cyl.	Convertible Roadster	5500	14200	31000
1936		6 cyl.	2 Door Sedan	1000	3200	6200
1937		6 cyl.	2 Door Sedan	1000	32000	6200
THOMAS (United States, 1902–19)						
1902	24	3 cyl.	Touring	4500	12500	25000
1906	60	6 cyl.	Racing	15000	37000	85000
1907		6 cyl.	Speedster	12000	28000	66000
1909		6 cyl.	Roadster	9000	22000	56000
1910	Flyer	6 cyl.	Touring	20000	45000	96000
1912		6 cyl.	Limousine	7000	12500	29000
1915		6 cyl.	Landau	6000	11000	28000
1917		6 cyl.	Town Car	5000	10000	27000
THOMAS-DETROIT (United States, 1906–08)						
1906		4 cyl.	Open	3000	7000	15000
1908		4 cyl.	Open	3200	7400	15500
THOMPSON (United States, 1901–06)						
1901		Electric	Runabout	2500	8000	16000
1906		4 cyl.	Brake	1200	3400	6850
TINCHER (United States, 1903–08)						
1903	20	4 cyl.	Touring	2100	6250	13500
1908	50	4 cyl.	Touring	2200	7400	16000
TINY (Great Britain, 1913–15)						
1913		(V) 2 cyl.	Cycle	1000	1900	4000
1915		4 cyl.	2 Passenger	1200	2800	6650

YEAR	MODEL	ENGINE	BODY	F	G	E
TOYOTA (Japan, 1936-to-date)						
1936	AA	6 cyl.	Sedan	800	2500	6000
1937	AB	6 cyl.	Sedan	700	2400	5700
1938	AC	6 cyl.	Touring	2200	6500	13000
1939	AE	2258cc	Sedan	1500	3100	7200
1943	BA	4 cyl.	Sedan	300	1600	3200
1945	B	6 cyl.	Sedan	1350	2700	5400
1949	SA	4 cyl.	Sedan	300	1600	3200
1955	Crown	4 cyl.	Sedan	350	1650	3250
1958	Corona	1 Litre	Sedan	250	1500	3000
1968	2000 GT	6 cyl.	Sport Coupe	2000	6000	12000
TRAVELER (United States, 1906–15)						
1906	30	4 cyl.	Runabout	3150	6300	13600
1908	36	4 cyl.	Runabout	3200	7400	14800
1910	36	4 cyl.	Touring	3250	7500	15000
1914	36	4 cyl.	Roadster	3300	7600	15250
1915		4 cyl.	Roadster	3100	6800	14600
TRIBET (France, 1909–14)						
1909	8/10	4 cyl.	Sport	1900	3800	76000
1914	4/16	6 cyl.	Racing	2800	6650	13700
TRICOLET (United States, 1904–06)						
1904	3–Wheel	2 cyl.	Cycle	1600	3900	7000
1906	3–Wheel	2 cyl.	Cycle	2000	4000	7200
TRIUMPH (United States, 1900–09)						
1900		Electric	Stanhope	3000	7000	14000
1906		4 cyl.	Tonneau	2200	6000	13500
1909		4 cyl.	Touring	2500	6500	13750
TRIUMPH (Great Britain, 1923-to-date)						
1923	10/20	4 cyl.	Touring	1150	2250	7500
1925		1.9 Litre	Touring	1100	2250	7500
1927	15	6 cyl.	Sedan	1000	1900	4800
1928	Super Seven	832cc (Super charged)	Sport	2450	6300	13650
1930		6 cyl.	Sport	1800	4400	9000
1933	Super Nine	6 cyl.	Sedan	1150	2300	4600
1934		6 cyl.	Touring	2250	5200	11000
1937	Gloria	6 cyl.	Sport	1500	2900	5600
1938	Gloria	4 cyl.	Sport	1500	2900	5600
1939	Dolomite	2 Litre	Roadster	1650	3250	7500

YEAR	MODEL	ENGINE	BODY	F	G	E
1940		2 Litre	Roadster	1600	3200	7400
1946		6 cyl.	Roadster	2250	6000	14600
1946	1800	6 cyl.	Sedan	1250	3500	8000
1948	Mayflower	4 cyl.	Sedan	1250	3500	8000
1948		2 Litre	Roadster	2200	7000	14500
1949		6 cyl.	Sedan	1250	3500	8000
1949	2000	2 Litre	Roadster	2200	6575	12500
1949		2.1 Litre	Sedan	1250	3400	8500
1950	TR-2	2 Litre	Roadster	1250	5400	11500
1953	TR-2	2 Litre	Roadster	2000	5000	11500
1955		6 cyl.	Sedan	600	2000	6000
1956	TR-2	6 cyl.	Roadster	1100	3750	7850
1956	TR-3	6 cyl.	Roadster	1250	3900	8750
1959		6 cyl.	Sedan	1400	2850	5800
1960	TR-3	4 cyl.	Roadster	900	2750	6000

TRUMBULL (United States, 1913–15)

1913		4 cyl.	Runabout	2500	6500	13500
1915		4 cyl.	Runabout	2500	6500	13500

U

YEAR	MODEL	ENGINE	BODY	F	G	E

UNION (United States, 1902–14)

1902		4 cyl.	Roadster	2400	7800	15500
1903		2 cyl.	Runabout	2200	6200	12400
1904		2 cyl.	Tonneau	2200	6200	12400
1911		4 cyl.	Touring	2350	7600	14500

UNIT (Great Britain, 1920–23)

1920		2 cyl.	2 Passenger	700	2400	7000
1923		2 cyl.	2 Passenger	800	2600	7250

UPTON (United States, 1900–07)

1900		1 cyl.	Runabout	2250	6500	13000
1901		4 cyl.	Touring	3000	7600	16200
1905		4 cyl.	Tonneau	2600	6900	14500

YEAR	MODEL	ENGINE	BODY	F	G	E
U.S. LONG DISTANCE (United States, 1901–03)						
1901		1 cyl.	Runabout	2200	6500	13000
1903		2 cyl.	Tonneau	2400	6700	14400
UTILITY (United States, 1921–22)						
1921		4 cyl.	Roadster	2850	6800	13000
1922		4 cyl.	Touring	2900	6900	13500
1922		4 cyl.	Station Wagon	2000	4000	8500

V

YEAR	MODEL	ENGINE	BODY	F	G	E
VALE (Great Britain, 1932–36)						
1932		832cc	Sport	1800	3600	8250
1933		4 cyl.	Roadster	2000	4000	9000
1933	Tourette	4 cyl.	Touring	1875	3750	8500
1935		4 cyl.	Sport	1900	3800	8750
1936		4 cyl.	Racing	4950	11900	23800
VAUXHALL (Great Britain, 1903-to-date)						
1903		1 cyl.	Runabout	2500	3700	8500
1905	7/9	3 cyl.	Runabout	2800	4000	9000
1907		4 cyl.	Sport	3000	4800	11000
1910		4 Litre	Sport	2800	4500	10500
1912	30/98	6 cyl.	Touring	3500	6800	14500
1914	Type D	4 Litre	Touring	2500	4500	11000
1916	Type B	6 cyl.	Touring	3500	6500	14000
1917		3 Litre	Racing	4200	10000	20000
1919	Type E	6 cyl.	Sport	2700	4400	11500
1922	Type M	6 cyl.	Touring	3500	6500	14000
1925	Princeton	6 cyl.	Touring	3500	6500	14000
1928	20/60	6 cyl.	Coupe	2200	4000	10000
1930		6 cyl.	Roadster	3500	7500	15000
1930	Cadat	3 Litre	Sedan Saloon	2800	3600	9000

YEAR	MODEL	ENGINE	BODY	F	G	E
1932	T-80	3.3 Litre	Sport	2600	3800	9000
1933	Cadet	2.4 Litre	Sedan	1400	2800	7000
1935		6 cyl.	Speedster	6500	17000	34000
1935	Big Six	6 cyl.	Landaulet	2900	4800	9000
1938		1.2 Litre	Coupe	800	1500	3200
1940	Ten	4 cyl.	Coupe	900	1700	3400
1948	Velox	6 cyl.	Sedan	1200	2500	7200
1953	Wyvern	1.4 Litre	Coupe	900	1900	3000
1955	Cresta	6 cyl.	Sedan	1100	2100	6900
1957	Victor	1.5 Litre	Sedan	500	850	2600
1959		6 cyl.	Sedan	1000	2000	6750

VELIE (United States, 1909–28)

YEAR	MODEL	ENGINE	BODY	F	G	E
1909	30/35	4 cyl.	Touring	2500	6000	13000
1914	25	4 cyl.	Touring	2800	6300	13500
1915	34	6 cyl.	Touring	3200	7000	15000
1916		6 cyl.	Touring	3300	7200	15500
1917	38	6 cyl.	Touring	3500	7300	16000
1918		6 cyl.	Touring	3500	7000	16000
1923	585	6 cyl.	Touring	3800	7500	17000
1925	60	6 cyl.	Touring	4000	8500	16000
1926		6 cyl.	Sedan	1900	4200	8500
1928	Standard 50	8 cyl.	Coupe	2500	5500	9500

VOISIN (France, 1919–39)

YEAR	MODEL	ENGINE	BODY	F	G	E
1919	Type C-1	4 cyl.	Coupe	4290	13000	18000
1921	Type C-4	1.25 Litre	Coupe	3900	10000	14000
1923			Coupe de Ville	3000	8000	12000
1927		6 cyl.	Sedan	1500	3800	6800
1930	Type C-18	4.8 Litre	Sedan	1500	3800	6800
1931		6 cyl.	Coupe	2250	4500	9000
1933	Sirocco	(V) 12 cyl.	Coupe	8000	16000	30000
1934	Chamant	6 cyl.	Sedan	3000	6000	12000
1936		12 cyl.	Sport	10000	32000	50000
1938		6 cyl.	Drop Head Coupe	4250	8500	15000

VOLKSWAGEN (Germany, 1936-to-date)

YEAR	MODEL	ENGINE	BODY	F	G	E
1936	VW3		Touring	1500	3550	7500
1937	VW 30	704cc	Touring	1500	3550	7500
1938	VW 38	784cc	Touring	1600	3600	7750

YEAR	MODEL	ENGINE	BODY	F	G	E
1940		1131cc	Sedan	1400	2600	6250
1949		1131cc	2 Passenger			
			Convertible	2400	6200	13000
1953	Micro Bus	4 cyl.	Station			
			Wagon	1000	2500	6000
1954		1192cc	Sedan	1000	3700	7750
1957		1192cc	Sedan	1000	3700	8000
1959		1192cc	Sedan	700	3100	7900
1963	Karmann					
	Ghia	4 cyl.	Coupe	800	3500	9750
1967	Karmann					
	Ghia	1500cc	Convertible	1200	5200	11200
1972	Super Beetle		Convertible	1900	5000	7000
1972	Thing		Convertible	1000	3000	5000
1974	Karmann					
	Ghia		Coupe	2000	7000	20000
1977	Beetle			1000	4000	10000
1979	Beetle		Convertible	1000	4000	9000

VOLVO (Sweden, 1927-to-date)

YEAR	MODEL	ENGINE	BODY	F	G	E
1927	P4	1 cyl.	Sedan	750	2500	5000
1929	PV 651	6 cyl.	Sedan	750	2500	5950
1936	PV 36	3.7	Sedan	700	2350	4700
1939	60	3.6	Sedan	650	2250	4500
1944	PV 444	1.4	Sedan	750	1100	2500
1957	444	4 cyl.	2 Door			
			Sedan	500	800	2000
1965	544	4 cyl.	2 Door			
			Sedan	700	1200	2700
1970	1800	4 cyl.	Coupe	1750	2550	4000
1971	p-1800	4 cyl.	Coupe	1200	2000	3000
1973	18005	4 cyl.	Station			
			Wagon	800	2000	4500

VULCAN (United States, 1913–14)

YEAR	MODEL	ENGINE	BODY	F	G	E
1913	27 hp	4 cyl.	Speedster	2900	6800	15000
1914		4 cyl.	Touring	2600	5200	13500

W

YEAR	MODEL	ENGINE	BODY	F	G	E
WALTER (United States, 1904–09)						
1904	40	4 cyl.	Touring	2400	6900	14000
1904	50	4 cyl.	Limousine	2800	5500	12000
WALTHAM (United States, 1898–1922)						
1898		2 cyl.	Runabout	2400	7800	16500
1900		Electric	Runabout	3500	10000	20000
1903	Orient	4 cyl.	Buckboard	1600	3200	6500
1905	Side					
	Entrance	4 cyl.	Tonneau	2800	6800	13500
1922		6 cyl.	Touring	2000	6000	13000
WARD (United States, 1914–16)						
1914		Electric	4 Passenger	2400	6750	15500
1915		2 cyl.	2 Passenger	1200	4400	9750
1916		4 cyl.	2 Passenger	2200	5400	11000
WARREN (WARREN-DETROIT) (United States, 1909–14)						
1909	Pilgrim	4 cyl.	Touring	3500	8000	16000
1911	Resolute	6 cyl.	Touring	4800	10600	21500
1914	Wolverine	6 cyl.	Touring	4900	10800	22000
WASHINGTON (United States, 1909–24)						
1909		4 cyl.	Touring	2400	6800	13500
1910		4.6 Litre	Limousine	2400	6000	13000
1912		6 cyl.	Touring	2800	7600	15500
1921		3.2 Litre	Touring	2400	6800	13700
1924		6 cyl.	Sedan	1800	3900	9200
W.F.S. (United States, 1911–13)						
1911		4 cyl.	Coupe	1800	4000	8500
1911		4 cyl.	Runabout	2100	6000	13500
1912		6 cyl.	Touring	2400	6800	13750
1913		4 cyl.	Limousine	2000	5800	11900
WHARTON (United States, 1921–22)						
1921		8 cyl.	Touring	3500	8800	19500
1921		6 cyl.	Coupe	1900	3700	9500
1922		4 cyl.	Sedan	1700	3500	7200
WHITE (United States, 1900–18)						
1900		Steam	Surrey	8100	18250	36500

YEAR	MODEL	ENGINE	BODY	F	G	E
1905		4 cyl.	Tonneau	4400	7000	16000
1908	L	20 hp	Runabout	4500	7500	18000
1909	K	4 cyl.	Touring	4800	7800	18000
1910	GA	4 cyl.	Touring	4800	7800	18000
1910	MM	Steam	Touring	9000	20500	40000
1911	Cloverleaf	4 cyl.	Roadster	7000	16000	36000
1916		1.5 Litre	Touring	3000	5000	15000

WHITING (United States, 1910–12)

1910	20	4 cyl.	Roadster	2300	6600	14500
1912	40	4 cyl.	Touring	2500	6800	14000

WHITNEY (United States, 1897–1905)

1897		1 cyl.	Runabout	3400	6500	14700
1900		2 cyl.	Runabout	3200	7300	16750
1905		2 cyl.	Surrey	2200	6300	13000

WICHITA (United States, 1914)

1914		2 cyl.	Cycle	1600	2500	5800
1914	Tandem	2 cyl.	Cycle	1600	2500	5800

WILLS SAINTE CLAIRE (United States, 1921–27)

1921		(V)8 cyl.	Sedan	3000	6000	12000
1922		(V)8 cyl.	Roadster	6000	14000	29000
1923		(V)8 cyl.	Brougham	2900	5750	11000
1925		(V)8 cyl.	Sport Roadster	7000	16000	34000
1926		(V)8 cyl.	Roadster	6000	14500	32000

WILLYS (United States, 1909–63)

1909		2 cyl.	Runabout	2800	6000	13000
1915		4 cyl.	Touring	3000	6500	14500
1917		4 cyl.	Touring	2800	6000	14000
1918		4 cyl.	3 Door Touring	2500	5800	13500
1921		4 cyl.	Touring	2500	5800	13500
1923	92	4 cyl.	Touring	2500	5800	13500
1924		4 cyl.	Touring	2500	5800	13500
1925		6 cyl.	3 Door Sedan	1400	3200	8200
1926	56	4 cyl.	2 Door Sedan	1300	3000	7750
1926		4 cyl.	Sedan	1200	2800	6500
1927		4 cyl.	Sedan	1300	2000	6800

YEAR	MODEL	ENGINE	BODY	F	G	E
1927	70	4 cyl.	Roadster	2600	7300	16600
1927	70	6 cyl.	Cabriolet	2500	6100	14400
1928	70	6 cyl.	Sedan	1600	3800	8000
1929	Great Six	6 cyl.	Roadster	3500	12500	24000
1929	Great Six	6 cyl.	Phaeton	4000	13000	26000
1929	70 B	6 cyl.	Sedan	1600	3800	8000
1930	6-87	6 cyl.	Phaeton	4000	13000	26000
1930	6-87	6 cyl.	Roadster	3500	12000	24000
1930	6-66 B	6 cyl.	Roadster	3500	13000	26000
1931	6-87	6 cyl.	Sedan	1200	3500	8200
1931	6-66 D	6 cyl.	Victoria	1800	3900	9000
1931	6-98 B	6 cyl.	Touring	4000	13000	28500
1931	6-97	6 cyl.	Roadster	4000	13000	28500
1932	6-97	6 cyl.	Phaeton	5500	14000	31500
1932	8-88	8 cyl.	Roadster	5500	15000	34000
1932	8-88	8 cyl.	Cabriolet	5300	14000	33000
1932	6-66 D	6 cyl.	Victoria	1800	3800	8300
1933	6-690 A	6 cyl.	Roadster	4000	13000	28500
1933	4-77	2.2 Litre	Coupe	1000	2800	7500
1934	4-77	2.2 Litre	Coupe	1000	2800	7500
1935	4-77	2.2 Litre	Roadster	2500	4800	11500
1936	4-77	4 cyl.	Sedan	1300	2600	7200
1939		4 cyl.	Coupe	1400	2500	7000
1941	Americar	4 cyl.	Sedan	1200	3200	6000
1942	Americar	2.2 Litre	Coupe	1400	2400	6000
1947	Jeepster	6 cyl.	Convertible	1500	3500	6200
1949	Jeepster	6 cyl.	Convertible	1500	3700	6400
1952	Ace	6 cyl.	Sedan	900	2500	4400
1954			2 Door Hardtop	900	2500	4400
1955	Bermuda	6 cyl.	Hardtop	1400	2500	4900
1960	Maverick Special	4 cyl.	Station Wagon	1250	2200	5000

WINDSOR (United States, 1906; 1929–30)

YEAR	MODEL	ENGINE	BODY	F	G	E
1906	5 S	6 cyl.	Touring	4000	12750	25000
1929	White Prince	8 cyl.	Roadster	5000	16000	32000
1930	6-69	6 cyl.	Roadster	4400	13000	27500

WINTON (United States, 1897–1924)

YEAR	MODEL	ENGINE	BODY	F	G	E
1897		2 cyl.	Phaeton	4500	16250	35000
1905		2 cyl.	Touring	4000	15750	34000
1911	30	4 cyl.	Roadster	4000	13000	27000

YEAR	MODEL	ENGINE	BODY	F	G	E
1917	22	6 cyl.	Touring	6000	17000	37000
1918	22 A	6 cyl.	3 Door Sedan	6500	7000	16000
1919	25	6 cyl.	Touring	6500	17000	37000
1922	40	6 cyl.	Touring	6900	18000	39000
1923	40	6 cyl.	Touring	7400	23000	42000

WISCO (United States, 1910)

1910		4 cyl.	Tonneau	2800	5900	13400
1910		4 cyl.	Touring	2900	6200	14000

WOLVERINE (WOLVERINE SPECIAL) (United States, 1904–28)

1904		2 cyl.	Runabout	2500	6000	14000
1906		2 cyl.	Tonneau	2400	5800	13600
1917		4 cyl.	Speedster	2400	8000	16000
1927		6 cyl.	Sedan	1200	2800	8200
1927		6 cyl.	Coupe	1200	2800	8300
1928		6 cyl.	Sedan	1200	2800	8300
1928		6 cyl.	Rumble Seat Coupe	1200	2800	8300
1928		6 cyl.	Cabriolet	2300	4500	9000

WOODILL (United States, 1952–58)

1952		(V) 8 cyl.	Sport Roadster	1800	8000	17000

WOODS (United States, 1899–1919)

1899		Electric	Tonneau	4000	14500	31000
1903		4 cyl.	Coupe	3000	6500	14000
1907	13/34 Dual	Electric	Brougham	4000	13500	30000
1913		4 cyl.	Roadster	3500	8000	17500
1914		4 cyl.	Roadster	3800	8500	17800
1915		4 cyl.	Roadster	3800	8700	17000

WOODS MOBILETTE (United States, 1914–16)

1914	10/12	4 cyl.	Cycle	1800	3600	7750
1916	Tandem	4 cyl.	Cycle	1800	3600	8000

WORTHINGTON BOLLEE (United States, 1904)

1904	24/32	4 cyl.	Tonneau	3400	7800	15500

Y

YEAR	MODEL	ENGINE	BODY	F	G	E
YALE (United States, 1903–18)						
1903		1 cyl.	Touring	2800	6600	14500
1904		2 cyl.	Touring	3200	7500	16000
1905		4 cyl.	Roadster	3600	8000	17000
1916		(V) 8 cyl.	Touring	4500	11000	24500
YANKEE (United States, 1910)						
1910	High-Wheel	2 cyl.	Buggy	2500	6000	13500
1910		2 cyl.	Roadster	2400	5800	13300

Z

YEAR	MODEL	ENGINE	BODY	F	G	E
ZIMMERMAN (United States, 1908–14)						
1908		2 cyl.	High-Wheel	2200	8800	16500
1910		4 cyl.	Touring	3100	9500	18500
1914		6 cyl.	Touring	5800	15000	30500

INTRODUCTION TO TRUCKS

The U.S. trucking industry dates to the early twentieth century when trucks were tested in New York for capacity, speed and economy. They proved worthy of replacing the horse and wagon. Five years later more than 4,000 trucks were in use, and within a decade there were more than 100,000 trucks. One million trucks were on the road in 1920, and by 1978 close to four million trucks were sold and more than thirty million trucks were registered.

Two of the oldest trucking companies in America are the Morris Wheeler Steel Company, based in Philadelphia and founded in 1828; and B. vonParis and Sons, founded in 1892 and based in Timonium, Maryland. Between the years 1900 and 1970, metropolitan Chicago was the home for more than 140 truck manufacturers and competition was stiff. The first National Truck Show opened in Madison Square Garden in 1911.

During these early years winter played an important role in the evolution of the truck. Horses were better in the snow, so trucks weren't used during bad weather. In fact, trucks weren't expected to be used in the winter, and some manuals suggested removing the fan belt. Later advice cited alcohol as the best antifreeze.

Trucks had to be designed for winter, with more protection for the driver. The cab evolved and included a windshield, top, side curtains, doors, heater, and fan defrosters. The wheel and tire tread designs developed; radiators were fitted with covers to heat faster; and trucks were fitted with snow plows.

1890–1900

In 1890, W.H. Christie began his company in Kane, Pennsylvania hauling goods by horse and wagon across the Allegheny Mountains. William Walter arrived from Switzerland in 1898 and developed the Walter Car. He didn't like using a lever or crank, so he made a fifth wheel for steering.

1900–1909

Mack introduced a 20-passenger, gasoline-powered bus in 1900. Eight years later it was converted to a truck. The White brothers introduced a steam-powered light delivery truck in 1900. In 1901, they produced a five-ton steam truck.

In 1900 two brothers, Max and Morris Grabowsky, designed a truck with a horizontal gas engine. Selling their first truck in 1902, they began the Rapid Motor Vehicle Company of Detroit. The Rapid operation along with The Reliance Motor Company were soon acquired by General Motors.

In 1904, Walter introduced the first American car with select instead of progressive gears. The Detroit Auto Company developed a gasoline-powered delivery wagon in 1900 while in 1901 Heil began developing vehicle bodies in Milwaukee.

International Harvester organized in 1902 through a merger of McCormick Company, Deering, Plano, Milwaukee, and Warder, Bushnell and Glessner. The high model truck was introduced in 1905 and in 1907 the plant moved to Akron, Ohio where the first automotive vehicle was built.

The Diamond T Motor Car Company of Chicago was formed in 1905 by C.A. Tilt. Other motor trucks were introduced by Packard, Oldsmobile, Maxwell, and Mitchell. Atlas Trucks were introduced in 1906 by the Knox Motor Truck Company. C.G.

Strang, of Brooklyn, established a household moving van service in 1907 and the Sternberg Manufacturing Company was formed in West Allis, Wisconsin.

The FWD truck, made in 1908, became the first four-wheel drive vehicle. And 1908 also produced a front-drive motor truck by the International Motor Car Company. The Hackett Motor Car Company, based in New York, began in 1907 with one truck. By 1910 the company had ten trucks—all Mack-Manhattans.

1910–1919

The Rapid Company and Reliance Company changed to GMC in 1911, and manufacturing operations moved to Pontiac, Michigan in 1913. The General Motors Truck Company was then organized as the manufacturing and sales subsidiary of GM.

Warwick Saunders and his sons established the Ford Livery in 1916. Known today as the Saunders System, this was the first company to rent and lease cars and trucks. They rented Model-T Fords and some trucks.

In 1911 Richard Corbitt found the competition too stiff for automobiles and turned to trucks. By 1916 he had developed an extensive line of trucks that were used by the U.S. Army as well as in many foreign countries. Magnus Hendrickson and his two sons founded the Hendrickson Motor Truck Company in 1913. Very early they established a reputation for specially equipped trucks.

The Walter Motor Truck Company, best known for snow removal equipment, was formed in 1911. The same year International Motors was formed by consolidating Mack, Sauer, and Hewitt. Marmon introduced a 1,500 pound delivery truck in 1912.

The Mack AC "Bulldog" model was introduced in 1914. Gerlinger Manufacturing Company formed in 1915 in Portland, Oregon, and in 1917 the name changed to Gersix.

In 1918, Nash was the largest producer of trucks with an army contract for more than 11,000 vehicles.

1920–1929

The Ford Livery Company became the Saunders Drive It Yourself System in 1923. By 1926 Saunders had 86 branches in 56 cities. Other rental agencies followed their lead, including Hertz and GM.

In 1925 General Motors Truck Company merged with the Yellow Cab Manufacturing Company to become the Yellow Truck and Coach Manufacturing Company.

By 1920, standard features on the Mack trucks included high-door cabs to protect drivers during cold weather. In 1922 Mack Trucks, Inc. was founded and took over International Motor Company.

Based on the patents of William Besserdich, The Wisconsin Auto Company was formed to produce a four-wheel drive truck. Later the company became the OshKosh Truck Corporation. The Gersix Truck company became Kenworth.

Chrysler Corporation emerged in 1925, developing from Maxwell-Chalmers. Dodge purchased the majority interest in Graham Brothers in 1925, and in 1928 Chrysler bought Dodge.

1930–1939

Typical of western trucks in the 1930s was the Fageol with side-mounted spare tires, cable from radiator to cab, and shutters to moderate cooling the engine.

In 1932, E. Ward King saw the possibility of a two-way haul between Kingsport, Tennessee and New York City, and he began a company with three rigs. In 1933 his company officially became Mason and Dixon Lines, Inc., and by 1935 Mason and Dixon was allowed to operate as a regulated carrier between Atlanta and New York City.

Saunders did well until the stock market crash and the death of the president, Warwick Saunders. Then the company was forced into bankruptcy. The Saunders brothers bought some of the branches and the Saunders System continued on a small scale as they tried to rebuild the company.

1940–1949

This decade saw Powel Crosley, Jr. introducing small, economical trucks to go with his small, economical cars. He presented a station wagon and a Parkway Delivery truck in 1940.

In 1943, GM acquired the Yellow Truck and Coach Company and GMC Truck and Coach Division was established. Corbett trucks were doing well—the 30s and 40s were the best years for the Corbetts. The up-to-date, well-equipped, high-speed models all had the same look. For many years they also built school buses, trailers and farm tractors.

With World War II, the Hendrickson Company became involved in high-tech components such as split shaft power take-offs and axle power dividers. Kenworth also produced for the military. They made vehicles, wreckers and bomber nose assemblies.

Since then Kenworth has been noted for meeting the trucking industry's needs through engineering, testing and quality control.

1950–1959

By 1953 The Saunders System had been rebuilt. In 1954 the company moved to Birmingham, Alabama where it is successful today.

Corbett trucks did well until 1952 and the death of Mr. Corbett. The company was left with an unprepared management and a low inventory.

The 50s saw major changes for Mason and Dixon. A Civil War mansion in Virginia became a relay station for north/south runs. Mason and Dixon Tank Lines, Inc. emerged in 1957—the result of buying Robinson Transfer Motor Lines.

1960–1969

The 1963 purchase of Silver Fleet Motor Express added more than 5,000 miles and service between Chicago and Birmingham for Mason and Dixon.

W.H. Christie & Sons was carried on by the sons and moved to Kane, Pennsylvania.

1970–PRESENT

Scot Trucks formed in Eastern Canada in 1972 as a specialty truck to carry fuel oil. High costs and the devaluation of the Canadian dollar caused the end of Scot in 1980.

In 1981, GM established the worldwide Truck and Bus Group in a regrouping of the corporation's truck and bus operations. In 1982 GMC Truck and Coach merged with several GM assembly divisions and Chevrolet motor divisions to become the GM Truck and Bus Manufacturing Division.

PRICING. Condition plays the most important role in antique truck pricing. The prices in the following listing are the average condition price for the stated year. For a truck in mint condition add as much as one hundred percent to the listed price. For a truck in good condition add forty to fifty percent. For a vehicle that is missing several parts and needs considerable restoration subtract forty to fifty percent from the listed price.

Collectors must study manufacturers, prices and types of trucks, before visualizing the finished restoration. Obviously, there are numerous truck collector makers.

DODGE

Formed by John and Horace Dodge in November 1914, Dodge's first full production vehicle—the 4-cylinder touring car—became America's third best selling model. Chrysler Corporation of Detroit, Michigan bought the company in 1928. By 1930, Dodge produced America's fourth best selling truck. By 1941, truck buyers had a wide selection to choose from including six engines, seventeen axle ratios, twenty-three frames, four clutches, six types of brakes and eight rear axles. In 1975, Dodge discontinued its entire heavy truck line, opting instead to produce lightweight trucks with new features: servo front disc brakes, 4-litre, 6-cylinder diesel, and fancy color and trim packages.

YEAR	MODEL	ENGINE	BODY	F	G	E
1930	Stake Truck	(V)8 cyl. Flathead	1½ Ton	2100	2450	2700
1936	Dump		Garwood	2000	2300	2500
1936	Humpback	(V)8 cyl. 318	Deluxe Package	3500	4000	4500
1937	Pickup	Slant 6	¾ Ton	1950	2200	2600
1938	Humpback	(V)8 cyl. 350	½ Ton	3000	3200	3500
1947	WC Pickup	Slant 6	½ Ton	2000	2400	2700
1948	Tow	6 cyl., 5-Speed		1700	2000	2300

YEAR	MODEL	ENGINE	BODY	F	G	E
1950	Pickup	(V) 8 cyl.	Long Bed	2500	2750	3000
1950	Pickup	6 cyl.	½ Ton, Slant Bed	2250	2500	3000
1953	Pickup	3-Speed	½ Ton, Short Bed	2200	2500	2750
1953	Pickup	4-Speed	½ Ton	2300	2500	3000
1953	Tow	6 cyl., 4-Speed	½ Ton Winch	2000	2300	2600
1953	Pickup	6 cyl., Flathead	½ Ton	2100	2350	2650
1953	Van	6 cyl., Flathead		3000	3500	3900
1954	Pickup	(V) 8 cyl.	½ Ton	2400	2600	2900
1956	Pickup	Flathead 6	½ Ton, Oak Bed & Running Boards	2300	2500	2900
1956	Pickup	(V) 8 cyl.	4-Speed	2550	2700	3000
1957	Sweptside	(V) 8 cyl.	½ Ton	500	1000	1500
1958	Cameo Pickup	Slant 6	Stepside	2350	2500	2900
1962	M-37 Weapons Carrier	6 cyl., 4-Speed 2-Speed Transfer	¾ Ton	2600	3000	3500
1962		6 cyl.	½ Ton	950	1600	4100
1962	Sweptline	6 cyl.	½ Ton	1100	1900	4750
1963		6 cyl.	½ Ton	900	1300	3100
1963	Sweptline	6 cyl.	½ Ton	950	1600	4100
1964		6 cyl.	½ Ton	900	1300	3100
1964	Sweptline	6 cyl.	½ Ton	1000	1600	4100
1965		6 cyl.	½ Ton	900	1200	2900
1965	Sweptline	6 cyl.	½ Ton	900	1400	3500
1966		6 cyl.	½ Ton	900	1200	3000
1966	Sweptline	6 cyl.	½ Ton	875	1400	3750
1967		6 cyl.	½ Ton	850	1200	3000
1967	Sweptline	6 cyl.	½ Ton	900	1400	3750
1968		6 cyl.	½ Ton	900	1200	3000
1968	Sweptline	6 cyl.	½ Ton	950	1400	3750
1969		6 cyl.	½ Ton	850	1150	2900
1969		(V) 8 cyl.	½ Ton	860	1200	3000
1969	Sweptline	6 cyl.	½ Ton	900	1400	3500
1969	Sweptline	(V) 8 cyl.	½ Ton	1000	1500	3750

YEAR	MODEL	ENGINE	BODY	F	G	E
1970		6 cyl.	½ Ton	1000	1200	3000
1970		(V)8 cyl.	½ Ton	1100	1300	3100
1970	Sweptline	6 cyl.	½ Ton	900	1400	3500
1970	Sweptline	(V)8 cyl.	½ Ton	1000	1500	3500
1971		6 cyl.	½ Ton	900	1200	3000
1971		(V)8 cyl.	½ Ton	1000	1300	3100
1972		6 cyl.	½ Ton	900	1200	3000
1972		(V)8 cyl.	½ Ton	1000	1300	3100
1972	Sweptline	6 cyl.	½ Ton	900	1200	3000
1972	Sweptline	(V)8 cyl.	½ Ton	1000	1300	3100

FORD

The company began in 1905 in Detroit, Michigan, by Henry Ford. Three years later, Ford produced the Model T, a 4-cylinder, L-head engine, with 2-speed-and-reverse transmission truck. In 1917, Ford built the first 1-ton truck, named the Model TT. More than a million of this model were sold in ten years. Because of its popularity, Ford pulled in 51 percent of the U.S. truck market by 1926, contrasting Chevrolet's 1-ton truck which held only two percent of the market. Production ceased on the Model T in 1927. Its replacement was the Model A. In 1936, the three millionth Ford truck was produced and two years later Ford added two more lines. By 1948 Ford had a major restyling—the first step in the process of range-widening which characterized all U.S. volume producers. Ten years later more than 300 models were available with an automobile-inspired pickup design styling, new grilles, dual headlights, customized interiors and two-tone color combinations. By 1978, Ford had sold almost 22 million trucks. There is no doubt; Ford's pioneering achievements played an important role in the U.S. trucking industry.

1920	Model A	4 cyl.	C. Cab	4500	4900	5300
1923	Model T	4 cyl.	Short Back	4200	4500	4900

Model T — 1920 "Ford Depot Hack"
Courtesy of White Post Restorations, White Post, Virginia

YEAR	MODEL	ENGINE	BODY	F	G	E
1925	Model TT	2-Speed	1 Ton	3500	3800	4200
1925	Stake	4 cyl.	1 Ton	3200	3500	3900
1928	Tow	2-Speed	Shortbed	1950	2450	2800
1930	Flatbed	4 cyl.	1½ Ton	1200	1500	1800
1931	Model A		½ Ton	4000	4300	4750
1931	Model AA	4-Speed		3800	4100	4400
1931	Model AA	(V) 8 cyl.	Short Box	4000	4200	4500
1932	Flatbed	4 cyl.	1½ Ton	2000	2200	2400
1932	Model B	4 cyl.		2650	2900	3100
1932	Stake	4 cyl.	1½ Ton	2100	2250	2400
1933	Dump	(V) 8 cyl.	1½ Ton	1200	1750	2000
1933	Model B	6 cyl.	Stepside	2650	3000	3300

YEAR	MODEL	ENGINE	BODY	F	G	E
1933	Model C	4 cyl.		2750	3000	3000
1933	Stake Truck	AB Motor	Grainbed	2000	2450	2700
1934	Pickup	(V) 8 cyl.	Sidemount	2800	3000	3300
1935	Panel	(V) 8 cyl., Automatic		3000	3400	3900
1935	Pickup	283		2400	3000	3300
1935	Pickup	(V) 8 cyl.	½ Ton	2450	3100	3400
1935	Pickup	(V) 8 cyl. 302	½ Ton	2300	2900	3200
1936	Dump		Garwood Bed, 1½ Ton	2200	2750	3000
1937	Series	(V) 8 cyl. Flathead	Flatbed	1750	2100	2400
1937	Pickup	4-Speed	¾ Ton	2050	2500	2900
1937	Stake	(V) 8 cyl.	½ Ton	2000	2400	2800
1938	Pickup	(V) 6 cyl.	4-Speed	1700	2100	2400
1938	Pickup	(V) 8 cyl.	½ Ton	2150	2400	2700
1938	Pickup	(V) 8 cyl. 85	1½ Ton	2000	2300	2500
1938	Pickup	(V) 8 cyl. Flathead		1950	2300	2500
1938	Pickup	(V) 8 cyl. Flathead	Wood Bed	2100	2500	2900
1938	Wrecker	(V) 8 cyl.	4-Speed	2500	2750	2900
1939	Pickup	(V) 8 cyl., 4-Speed	¾ Ton	1500	1950	2300
1939	Stake	(V) 8 cyl.	1½ Ton, Oak body	2300	2600	2900
1940	Pickup	(V) 6 cyl.	¼ Ton	1950	2200	3750
1940	Pickup	(V) 8 cyl. Flathead	½ Ton	2000	2350	2600
1940		(V) 8 cyl. Flathead	2 Ton	800	1500	2000
1941	Pickup	(V) 8 cyl.	½ Ton	2000	2400	2700
1941	Pickup	(V) 8 cyl. Flathead	1½ Ton, Winch	2200	2600	2900
1941	Pickup	(V) 8 cyl., 3-Speed		2100	2400	2700
1941	Pickup	4 cyl.	½ Ton	2100	2350	2600
1941	F-1 Stake	(V) 8 cyl. Lemi	8-Foot Bed	2500	2750	3000
1942	Pickup	(V) 6 cyl.	¾ Ton	1650	1900	2200
1942	Pickup	(V) 8 cyl., 3-Speed	½ Ton	1550	1700	1900
1942	Pickup	(V) 8 cyl. Flathead	¾ Ton	2000	2350	2500
1946	Panel	(V) 8 cyl.	1 Ton	2500	3000	3300
1946	Panel	(V) 8 cyl., 3-Speed	½ Ton	2000	2400	2700
1946	Pickup	4-Speed	½ Ton	2450	2600	2900
1946	Pickup	6 cyl.	Flatbed Rear	1850	2100	2500
1946	Pickup	(V) 6 cyl.	½ Ton	1900	2150	2500
1946	Pickup	(V) 8 cyl.	Low Body	2200	2500	2500

YEAR	MODEL	ENGINE	BODY	F	G	E
1946	Pickup	(V)8 cyl. Flathead, 2-Speed, Rear Axle	1½ Ton	1950	2300	2750
1946	Pickup	(V)8 cyl. Flathead, 4-Speed	½ Ton	2250	2500	2900
1946	Stake	(V)8 cyl., 4-Speed		2100	2400	3000
1947	Flatbed	(V)8 cyl., 3-Speed	½ Ton	1450	1600	1900
1947	Flatbed	(V)8 cyl., 4-Speed	½ Ton	1400	1750	2000
1947	Panel	6 cyl., 3-Speed	½ Ton	995	1300	1500
1947	Pickup	6 cyl., 4-Speed	1 Ton	900	1250	1400
1947	Pickup	4-Speed	½ Ton	1300	1550	1800
1947	Pickup	(V)8 cyl.	1½ Ton	1350	1700	1900
1947	Pickup	(V)8 cyl., 3-Speed	½ Ton	1350	1500	2000
1948	Pickup	6 cyl.	½ Ton	1200	1550	2000
1948	F-1 Pickup	6 cyl., 3-Speed		1500	2500	3000
1948	Pickup	(V)8 cyl. 239		1500	1850	2000
1948	Pickup	(V)8 cyl. Flathead	Short Bed	1600	1975	2100
1948	Stake	(V)8 cyl., 4-Speed	1 Ton, Flatbed	1600	1850	2000
1949	F-1	289, C-4 Transmission		1350	1500	2000
1949	F-1	(V)8 cyl.		1550	1900	2200
1949	F-1	(V)8 cyl. Flathead, 4-Speed		1450	1700	2000
1949	Panel	(V)8 cyl.	½ Ton	1500	1850	2100
1949	Pickup	6 cyl., 3-Speed	½ Ton	1200	1400	1750
1949	Pickup	(V)8 cyl.	½ Ton	1300	1450	1700
1949	Pickup	4-Speed	1 Ton, 8-Ft. Box	2250	2500	2900
1950	F-1	(V)8 cyl., 4-Speed		1350	1550	2000
1950	F-1	(V)8 cyl. Flathead		1300	1600	1900
1950	Model F4 Delivery	(V)8 cyl.	1 Ton	1350	1550	1900
1950	Model F4 Delivery	(V)8 cyl. Flathead	1 Ton	1300	1650	1900
1950	Pickup	(V)8 cyl.	½ Ton	1150	1350	1500
1950	Pickup	(V)8 cyl. Flathead, 3-Speed	½ Ton	1250	1500	2000
1950	Pickup	(V)8 cyl. Flathead, 4-Speed	½ Ton	1275	1400	1700
1951	F-1	(V)8 cyl. Flathead, 3-Speed		1800	2050	2300

YEAR	MODEL	ENGINE	BODY	F	G	E
1951	Flatbed	(V) 8 cyl., 4-Speed	1½ Ton	1700	1950	2400
1951	Pickup	6 cyl.		1400	1550	1800
1951	Pickup	6 cyl.	½ Ton	1395	1500	2000
1951	Pickup	(V) 8 cyl.	½ Ton	1600	1850	2000
1951	Pickup	(V) 8 cyl.	Stepside	2000	2250	2500
1951	Pickup	(V) 8 cyl., 3-Speed		1850	2100	2400
1951	Pickup	(V) 8 cyl. Flathead, 3-Speed	½ Ton	1650	1800	2100
1951	Pickup	(V) 8 cyl.	¾ Ton	1500	3000	3500
1952	F-1	6 cyl.	½ Ton	1950	2200	2500
1952	F-1	(V) 8 cyl. 327	Stepside	2300	2500	2800
1952	F-100	350, 3-Speed		1750	2000	2200
1952	F-250	(V) 8 cyl. Flathead, 3-Speed	Stepside	2250	2400	3000
1952	Pickup	(V) 8 cyl.	½ Ton	2800	2250	2500
1952	Pickup	(V) 8 cyl. Flathead	½ Ton	1950	2275	2500
1952	Pickup	(V) 8 cyl. Flathead	½ Ton, Oak Bed	2500	2750	3000
1952	Pickup	(V) 8 cyl. Flathead	Stepside	2150	2400	2700
1953	F-100	(V) 8 cyl., 4-Speed		1550	1750	2000
1953	F-100	6 cyl.	Deluxe Package	3250	3500	3800
1953	F-100	6 cyl.	3-Speed	1550	1800	2100
1953	Pickup	6 cyl., 4-Speed	¾ Ton	1495	1750	2000
1953	Pickup	6 cyl., 3-Speed		1450	1600	1900
1953	Pickup	6 cyl.	1½ Ton	1500	1700	2100
1953	Pickup	6 cyl., 3-Speed	½ Ton	1500	1750	2000
1953	Pickup	(V) 8 cyl.	½ Ton	1750	1900	2200
1954	F-100	(V) 6 cyl. 292	Rack Side	1600	1850	2100
1954	Pickup	(V) 8 cyl.	Standard Shift	1650	1950	2200
1954	Pickup	6 cyl.		1500	1750	1900
1954	Pickup	6 cyl., 3-Speed	½ Ton, Stepside	1550	1700	1900
1954	Pickup	6 cyl., 4-Speed	Cedar Flatbed	1750	1900	2200
1955	F-100	6 cyl., 4-Speed		2000	2300	2750
1955	F-100	(V) 8 cyl. 239, 3-Speed	Deluxe Package	3850	4000	4200
1955	F-100	4-Speed	Deluxe Package	3900	4200	4500

YEAR	MODEL	ENGINE	BODY	F	G	E
1955	F-100	(V)8 cyl.	1½ Ton, Stake Bed	2350	2500	2900
1955	Pickup	(V)8 cyl., 4-Speed	½ Ton	2150	2300	2500
1956	F-100	3-Speed	Custom Cab	2500	2750	3000
1956	F-100	(V)8 cyl.	Custom Cab	2550	2700	3000
1956	F-100	(V)8 cyl., 4-Speed		2250	2500	2900
1956	F-100	6 cyl., 3-Speed		2000	2250	2750
1956	F-100	292		2250	2450	2700
1956	F-100	350	Deluxe Package	4500	4800	5200
1956	F-250	(V)8 cyl.	Long Bed	2250	2400	2700
1956	Flatbed		1 Ton	2350	2500	2900
1956	Pickup	6 cyl.	½ Ton	1950	2150	2300
1956	Pickup	6 cyl., 3-Speed	Stepside	2000	2300	2750
1956	Pickup	(V)8 cyl.	½ Ton	2150	2400	2700
1956	Pickup	(V)8 cyl.	½ Ton, Custom Cab	2600	2800	3200
1956	Pickup	(V)8 cyl.	½ Ton, Long Bed	2200	2500	2900
1956	Pickup	(V)8 cyl., 3-Speed		2100	2450	2700
1956	Pickup	(V)8 cyl., 3-Speed		2200	2600	2900
1956	Pickup	(V)8 cyl. 272	½ Ton	2100	2350	2750
1956	Pickup	(V)8 cyl. 302	½ Ton, Deluxe Package	4550	4900	5300
1957	F-100	(V)6 cyl.	Stepside	2450	2650	2900
1957	F-100	(V)8 cyl. 272, 4-Speed	Insulated Panelled Topper	2450	2700	3000
1957	Pickup	(V)8 cyl.	Shortbed	2400	2600	2900
1959	F-100	(V)8 cyl. 292		2400	2500	2750
1959	Pickup	6 cyl., 3-Speed		2300	2450	2700
1959	Pickup	(V)8 cyl.	Deluxe Package	2700	3000	3300
1959	F-100	(V)8 cyl.	½ Ton	2375	2550	2900
1959	F-100	(V)8 cyl., 3-Speed	6 ft. Bed	2500	2700	3000
1960	F-100	Fleetside Bed		2400	2750	3000
1961	Pickup	6 cyl., 3-Speed		2300	2500	3000

Ford — 1956 "Pickup"

YEAR	MODEL	ENGINE	BODY	F	G	E
1961	F-100 Pickup	(V)8 cyl. 292, 3-Speed	Custom Cab	1000	2000	3000
1962	Pickup	(V)8 cyl. 292, 4-Speed	4 x 4	2450	2700	3000
1962	Van	(V)8 cyl., 4-Speed	1 Ton	2100	2450	2700
1963	F-100	6 cyl.	6 ft. Bed	2450	2600	2900
1963	Tow	(V)8 cyl., 4-Speed	Manual Winch	2850	3100	3500
1964	Pickup	6 cyl., 3-Speed	½ Ton	2300	2600	2900
1965	Van	6 cyl., Automatic	Deluxe Package	4000	4500	5000
1966	Pickup	6 cyl., 3-Speed		2450	2600	2900
1966	Pickup	(V)8 cyl. 352, 4-Speed		2400	2700	3000
1966	Pickup	(V)8 cyl. 352	Deluxe Package	2650	2900	3200
1966	Pickup	(V)8 cyl. 352	High Side	2400	2650	2900
1966	Pickup	(V)8 cyl. 352	Short Bed	2450	2750	3000
1966	Pickup	(V)8 cyl. 352	Short Bed, Custom Cab	2600	2800	3200

YEAR	MODEL	ENGINE	BODY	F	G	E
1966	Pickup	(V) 8 cyl. 352	Short Bed, Deluxe Package	2500	2850	3300
1967	Pickup	(V) 8 cyl., 4-Speed	Flatbed	2450	2600	2900
1970	Pickup	6 cyl.	½ Ton	2400	2650	2900
1971	Flareside	6 cyl.		900	1300	3200
1971	Flareside	(V) 8 cyl.		1000	1400	3300
1971	Styleside	6 cyl.		900	1400	3500
1971	Styleside	(V) 8 cyl.		1000	1500	3600
1971	Ranchero	6 cyl.		900	1400	3700
1971	Ranchero	(V) 8 cyl.		1000	1500	3800
1972	Flareside	6 cyl.		900	1300	3200
1972	Styleside	(V) 8 cyl.		900	1400	3500
1972	Styleside	6 cyl.		850	1350	3450
1972	Ranchero	6 cyl.		900	1400	3500
1972	Ranchero	(V) 8 cyl.		1000	1500	3600

GENERAL MOTORS CORPORATION

General Motors began production in 1911 by merging Rapid and Reliance Truck Companies. In 1918, GMC began a new division called Chevrolet. The first Chevy was a Series T, 1-ton, 4-cylinder, 3-speed truck. Enclosed cabs were featured with the 1926 R-series and the ½-ton range was extended to include a roadster pickup which became a favorite style of the company. In 1930, Chevrolet sold 118,253 trucks but could not catch Ford until 1933, only to lose the truck market wars again in 1935 and 1937. As with other truck companies, Chevrolet had its share of innovations including a new heavy duty engine option covering fifteen basic models in the one-half to two-ton range offered in 1942. Early 1950s improvements included a powerglide, automatic option on light models, full-pressure lubrication and a bigger six-cylinder engine. Today, Chevrolet is very competitive in the light and heavy truck market.

CHEVROLET

YEAR	MODEL	ENGINE	BODY	F	G	E
1926	C Cab, Series X Pickup		1 Ton, 8 ft. Bed	2000	2350	2750
1928	Pickup	(V) 8 cyl.	1 Ton	2100	2450	2700
1929	Pickup	6 cyl.	½ Ton	2700	3000	3300
1931	Flatbed	(V) 8 cyl.	2 Ton	3250	3500	4000
1931	Pickup	(V) 6 cyl.	1½ Ton	2500	2750	3000
1933	Stake	(V) 8 cyl.	1½ Ton, Red Oak Bed	2880	3250	3500
1935	Pickup	(V) 8 cyl.	1½ Ton, 12 Bed	2600	2850	3200
1936	Pickup	(V) 6 cyl.	Express	2600	2750	2900
1937	Pickup	6 cyl., 4-Speed	½ Ton	2200	2450	2700
1938	Pickup	(V) 6 cyl.	Stepside	1750	2800	3200
1939	Pickup	(V) 6 cyl.	1 Ton	2180	2350	2750
1939	Pickup	(V) 8 cyl.	1 Ton	2350	2500	2600
1940	Carryall	(V) 6 cyl.	Closed Back	2500	2750	3000
1940	Pickup	6 cyl., 3-Speed		2300	3000	3300
1941	Panel		¾ Ton	2500	2700	3000
1941	Pickup	6 cyl.	1 Ton	2200	2450	3000
1941	Pickup	Straight 6, 4-Speed		2150	2300	2750
1941	Pickup	4-Speed		2400	2650	2900
1941	Pickup	4-Speed	¾ Ton	2450	2600	2900
1941	Pickup	216, 4-Speed	½ Ton	2500	2650	2900
1942	Dump	Diesel, 2-Speed		1750	1900	2100
1942	Pickup	(V) 6 cyl.	½ Ton	1800	2800	3500
1942	Pickup	(V) 8 cyl.	½ Ton	1950	2100	2500
1945	Stake	(V) 6 cyl.	Highside	2500	2700	3000
1946	Pickup		½ Ton, Oak Bed	2750	2950	3100
1946	Pickup	4-Speed	½ Ton	2100	2300	2500
1946	Pickup	4-Speed	½ Ton, Campertop	2000	2350	2500
1946	Pickup	6 cyl.	½ Ton	2000	2150	2400
1946	Pickup	6 cyl.	¾ Ton	2100	2200	2500

YEAR	MODEL	ENGINE	BODY	F	G	E
1946	Pickup	6 cyl., 3-Speed	¾ Ton	2000	2200	2500
1946	Pickup	6 cyl., 235		1000	2200	2750
1946	Pickup	(V) 8 cyl., 4 cyl.	½ Ton	2200	2450	2700
1947	Thrift-master	(V) 6 cyl.	Closed Box	2500	2750	3000
1948	Loadmaster		1½ Ton, Flatbed	2400	2650	2900
1948	Pickup	(V) 8 cyl.	½ Ton, Deluxe Package	2750	3200	3500
1948	Wrecker		1½ Ton	2300	2600	2900
1950	Panel	(V) 8 cyl.	1 Ton	2100	2350	2750
1950	Pickup		¾ Ton	2000	2250	2500
1950	Pickup	4-Speed	¾ Ton	2150	2300	2500
1950	Pickup	6 cyl., 3-Speed	½ Ton, Maplewood Bed	2200	2450	2700
1950	Suburban Carryall	(V) 6 cyl.	½ Ton	1900	2150	2500
1951	Pickup	4-Speed	¾ Ton	1650	1800	2100
1951	Pickup	(V) 8 cyl.	½ Ton	1600	1850	2100
1951 –	Suburban Carryall	(V) 8 cyl.	Closed Body	2000	2350	2500
1952	Panel	6 cyl.	1 Ton	2200	2450	2750
1952	Pickup	4-Speed	2 ft. Steel Bed	2400	2750	3000
1953	Pickup	6 cyl.	¾ Ton	1950	2100	2500
1953	Pickup	6 cyl., 4-Speed	½ Ton	1900	2000	2400
1953	Pickup	235, 6 cyl., 4-Speed	½ Ton	2000	2200	2500
1954	Pickup	4-Speed	½ Ton	2000	2250	2600
1954	Pickup	6 cyl., 4-Speed		2100	2300	2700
1954	Pickup	6 cyl., 4-Speed	½ Ton	2000	2200	2600
1954	Pickup	235, 6 cyl., 4-Speed	½ Ton	2050	2250	2500
1954	Pickup	(V) 6 cyl., 4-Speed	½ Ton	1950	2250	2750
1955	3100 Pickup	6 cyl., 13-Speed, Over-drive	Short Bed	2600	2950	3200

YEAR	MODEL	ENGINE	BODY	F	G	E
1955	Pickup	6 cyl., 3-Speed		2450	2600	2900
1955	Pickup	6 cyl., 3-Speed	½ Ton	2350	2500	3000
1955	Pickup	6 cyl., 4-Speed	½ Ton	2400	2550	2750
1956	Pickup	6 cyl.	½ Ton	2700	2850	3200
1956	Pickup	6 cyl., 3-Speed		2700	2800	3200
1956	Pickup	(V) 8 cyl.	Short Bed, Deluxe Package	2800	3000	3300
1956	Pickup	(V) 8 cyl., 4-Speed	½ Ton	2750	2900	3400
1956	Stake	(V) 8 cyl.	1½ Ton, Oakwood Sides	2850	3000	3300
1957	Pickup	4-Speed	1½ Ton	2500	2750	3000
1957	Pickup	6 cyl.	Stepside	2350	2500	2900
1957	Pickup	6 cyl., 4-Speed		2400	2550	2900
1957	Pickup	6 cyl., 4-Speed	½ Ton	2300	2500	2900
1957	Pickup	6 cyl., 4-Speed	¾ Ton	2450	2600	3000
1957	Pickup	6 cyl., 4-Speed	¾ Ton, 4 x 4	2450	2650	3000
1957	Pickup	(V) 6 cyl.	½ Ton, Short Bed	2300	2450	2700
1957	Pickup	(V) 8 cyl., 4-Speed		2700	2850	3100
1957	Stepside	(V) 8 cyl.	Deluxe Package	2750	3100	3400
1957	Pickup	(V) 8 cyl. 265, 4-Speed	Cameo Carrier	2750	2900	3200
1957	Pickup	(V) 8 cyl. 283		2650	2800	3100
1957	Pickup	(V) 8 cyl. 350, 4-Speed		2650	2850	3200
1957	Pickup	(V) 8 cyl. 350, 4-Speed	½ Ton Deluxe Package	2750	3000	3300
1958	Pickup	(V) 6 cyl.	Fleetside, Big Window	2850	3100	3400
1958	Pickup	4-Speed	½ Ton, Stepside	2500	2750	3050
1958	Pickup	6 cyl., Standard Transmission	Fleetside Deluxe Cab	2850	3200	3500
1958	Pickup	6 cyl., 3-Speed	½ Ton	2000	2500	3000

YEAR	MODEL	ENGINE	BODY	F	G	E
1959	Apache 31	6 cyl., 4-Speed		2300	2450	2700
1959	Pickup	6 cyl.	½ Ton	2350	2500	3000
1959	Pickup	(V) 8 cyl.	½ Ton	2450	2650	3000
1959	Pickup	(V) 8 cyl.	Short Stepside, Deluxe Package	2650	2800	3200
1961	Corvair	6 cyl.	Rampside	2150	2400	2700
1961	Pickup	6 cyl., 3-Speed	½ Ton, Stepside	2250	2500	2750
1962	Pickup	6 cyl.	½ Ton	2100	2450	2700
1964	Pickup	6 cyl., 4-Speed	½ Ton, 4 x 4, Stepside	2500	2750	3100
1965	Pickup	(V) 8 cyl., 3-Speed	Custom Wide Short Bed	2000	3500	5400
1965	Pickup	(V) 8 cyl., Automatic		2500	2800	3200
1966	Pickup	(V) 8 cyl. 238	Fleetside, Long Bed	2750	3000	3300
1966	Pickup	(V) 8 cyl. 327	½ Ton, 8 ft. Bed	2800	3100	3400
1967	Pickup	6 cyl., Automatic		2400	2600	2900
1968	Pickup	327 Automatic	½ Ton	2000	2350	2700
1968	Pickup	6 cyl., 3-Speed	½ Ton	2100	2400	3000
1969	K10	(V) 8 cyl. 350	Stepside, 4 x 4	3000	3480	3700
1969	Pickup	(V) 8 cyl. 396, 3-Speed	Deluxe Package	3100	3500	4000
1969	Garwood Series 50	350, 5-Speed	Diamond Plate Rollback Platform	2000	4000	4750
1970	Ultra Van	(V) 8 cyl.	Windowed	8000	10000	12500
1971	Cheyenne Pickup		Short Bed	2500	4000	5500
1982	Silverado Pickup	454 Automatic	5th Wheel Trailer	5950	18000	27000

YEAR	MODEL	ENGINE	BODY	F	G	E
G.M.C.						
1942	Stake	(V)8 cyl.	1½ Ton	1500	1750	2000
1943	Military		1½ Ton, 4 x 4	1550	1700	2000
1949	Pickup	6 cyl., 4-Speed	¾ Ton	1850	2000	2200
1950	Pickup	(V)6 cyl. 228	Canopy Top	2200	2450	2700
1950	Refrigerator Truck	6 cyl., 4-Speed	1½ Ton	1100	1575	3000
1954	Tow	4-Speed	1½ Ton, Winch Operable	1600	1850	2100
1954	Van	6 cyl.	1½ Ton	1500	1750	2000
1955	Pickup	6 cyl.	½ Ton	1800	2000	2200
1955	Pickup	6 cyl., Hydramatic	¾ Ton	1500	1750	2000
1956	Panel	6 cyl., 3-Speed	Deluxe Package	2500	2800	3200
1956	Pickup	(V)8 cyl.	½ Ton	1750	1900	2300
1956	Pickup	(V)8 cyl., Automatic		1850	2000	2400

GMC — 1948 "Pickup, FC–100"
Courtesy of General Motors Corporation, Pontiac, Michigan

YEAR	MODEL	ENGINE	BODY	F	G	E
1956	Pickup	(V) 8 cyl., 3-Speed	Fiberglass Bed	1800	2000	2400

INTERNATIONAL HARVESTER

Although the company officially began in 1907 in Chicago, Illinois, its predecessor companies have roots dating back to 1840 when Cyrus McCormick sold two grain reapers. In the early days, IHC's main goal was to manufacture agricultural vehicles, but they also produced motor vehicles for farms. In 1907, the company manufactured 100 IHC "auto buggies." In 1914, the name "International" first appeared, replacing the "IHC" logo.

International Harvester — 1914, two cylinder
Courtesy of White Post Restorations, White Post, Virginia

By 1915, the company had new mechanical and styling changes including four-cylinder engines, three-speed transmissions and shaft drives to internal gear axles. Internationals were good sellers in the early teens, capturing four percent of the truck market. In 1924, the company made another dramatic style change on the one- to five-ton models. The radiator was placed in front and the engine covered with a butterfly hood. By 1940, the company had become the third ranking truck producer in the U.S. and it was believed that it sold more trucks of two tons and over than any three companies combined. The current International logo—red **I** over black **H**—first appeared in 1945. Since 1961, International offers 12 truck lines, is the fifth ranking U.S. truck dealer and its lifetime production is one of the largest attained in the world.

YEAR	MODEL	ENGINE	BODY	F	G	E
1917	G			3000	3500	4000
1925	S	4 cyl., 2-Speed Rear		2700	3000	3300
1927	Pickup	4 cyl., 3-Speed	1 Ton, Grain Bed	1000	2300	4000
1928	A	4 cyl.	1½ Ton	2800	3100	3400
1928	Pickup	4 cyl.	1½ Ton	2600	2800	3200
1935	C-1, Pickup	(V) 6 cyl.	Straight Side	2600	2800	3200
1935	C-1, Pickup	(V) 8 cyl.	½ Ton	2500	2750	3150
1936	Pickup	6 cyl.	½ Ton	2550	2750	3150
1941	Pickup	4-Speed		1900	2200	2500
1955	Pickup	6 cyl., 3-Speed	½ Ton	2000	2250	2500
1966	Pickup	(V) 8 cyl. 266, 4-Speed		1900	2200	2500
1967	Pickup	4 cyl.	½ Ton	1850	2100	2400

STUDEBAKER

YEAR	MODEL	ENGINE	BODY	F	G	E
1945	Pickup	(V) 8 cyl.	1 Ton	1500	1750	2000
1947	Pickup	(V) 6 cyl.	½ Ton	1400	1700	2000

YEAR	MODEL	ENGINE	BODY	F	G	E
1949	Pickup	(V) 8 cyl., 4-Speed	½ Ton	1450	1700	2000
1950	Pickup	3-Speed		1300	1500	1750
1950	Pickup		½ Ton	1350	1550	2000
1951	Pickup	170 ci	½ Ton, Sidestep	1450	1700	2000
1952	Pickup	(V) 8 cyl.	¾ Ton	1600	1850	2100
1953	Pickup	6 cyl., 4-Speed	1½ Ton	1850	2000	2250
1960	Champ	(V) 8 cyl. 64	Short Bed	1600	1850	2100
1961	Pickup	(V) 8 cyl., 3-Speed	¾ Ton	1500	1750	2000
1962	Pickup	453 Diesel, 5-Speed		1800	2000	2200
1963	Pickup	(V) 8 cyl.	½ Ton	1500	1800	2100
1964		6 cyl.	½ Ton	1200	2300	4300
1964		(V) 8 cyl.	½ Ton	1300	2400	4400

MISCELLANEOUS

YEAR	MODEL	ENGINE	BODY	F	G	E
1930	Brockway Stake	(V) 8 cyl.	1½ Ton	1800	2000	2200
1916	Cadillac Tow	(V) 8 cyl.	Original "C" Cab	4000	4500	4900
1928	White #15 Pickup	4 cyl., 22.5 hp	1½ Ton Flatbed	2000	5200	6000
1941	Stuart Dump	6 cyl. Wauksheau		3000	4000	5000
1946	Reo Speed-wagon	6 cyl., 4-Speed	Flatbed	900	1200	2000
1957	Cameo Pickup	(V) 8 cyl., 3-Speed		2000	2500	2900
1963	Corvair Pickup	110, 4-Speed		2200	2400	2700
1922	Defiance Pickup	4 cyl., 3-Speed	¾ Ton	2100	2400	2700

Diamond T — 1941, 1½ ton, model 509, commercial chassis
Courtesy of White Post Restorations, White Post, Virginia

Plymouth Pickup — 1940
Courtesy of White Post Restorations, White Post, Virginia

DIRECTORY OF COLLECTORS, DEALERS, RESTORERS, AND OTHER SERVICES

The following comprises a sampling of vintage car specialists nationwide. Most are specialists who operate shops as well as mail-order businesses. These sources are listed alphabetically by state.

ARIZONA

Pete Ciadella Chevs 'N' Vettes, Inc.
3414 S. 48th St. #5
Phoenix, AZ 85040

Classic Carriage House
5552 E. Washington
Phoenix, AZ 85034
Rolls-Royces

Dr. Larry Quirk
2508 N. Alvernon
Tucson, AZ 85712
Specializing in unusual cars and parts

CALIFORNIA

Austin-Healey Enterprises
8278 Vanalden St.
Northridge, CA 91324

Brent & Bush Motor Co.
1903 Main St.
Ventura, CA 93001
Rolls-Royces

Corvette Mike
1616 S. Clementine
Anaheim, CA 92802
Specializing in 1958–84 Corvettes

O'Connor Classic Autos
2569 Scott Blvd.
Santa Clara, CA 95050

Ok Manufacturing
Restorer/Parts Supplier
31320 Via Colinas, No. 116
Westlake Village, CA 91362
818–889–2277
Auto and motorcycle restorations and sales, parts for turbo-hydramatic transmissions

Rolls-Royce Action Buyers, Inc.
P.O. Box 4213
Glendale, CA 91202

Steve Studebaker-Packard
2287 Second St.
Napa, CA 94559

West Coast Classics, Inc.
355 W. Holt
Pomona, CA 91678

COLORADO

Bruce Huey
Restorer
615 East Bijou
Ft. Morgan, CO 80701
1958 Chevrolet enthusiast

House of Imports, Inc.
2540 Kipling St.
Lakewood, CO 80215

FLORIDA

B & G Auto Storage
5703 Pinkney Ave.
Sarasota, FL 33583
Buys, sells, stores, consigns

Ostman Foreign Car
116 Lemon St.
Cocoa, FL 32922
Specializing in British cars, parts and service

Packards of Florida
9501 Forest City Rd.
Altamonte Springs, FL 32714
Specializing in 1948–56 Packards

GEORGIA

Atlanta Auto Classics
P.O. Box 52892
Atlanta, GA 30355

F.A.F. Motorcars
3862 Stephens Ct.
Tucker, GA 30084
Maseratis and Ferraris

ILLINOIS

Excalibur Motorcars, Ltd.
3200 Skokie Valley Rd.
Highland Park, IL 60035

Mustang of Chicago
227 James, Unit #6
Bensenville, IL 60106

INDIANA

James C. Lott
5002 Brandywine Drive, #416
Indianapolis, IN 46241
317-248-8754
Car magazines for sale, 1950s to present, mint condition

KANSAS

Francis Evans, Jr.
Parts Supplier
Route 2
Fort Scott, KS 66701
316–223–3479
*Buy, sell, and trade antique
auto parts, private
collector/restorer*

KENTUCKY

European Connection
Rt. 5, Box 362
Falmouth, KY 41040
Mercedes

LOUISIANA

Jerry's Used Cars
Rt. 2, Box 203
Bastrop, LA 71221
Corvettes

MASSACHUSETTS

**Dick Garbitt Investment
Autos**
167 Airport Rd.
Hyannis, MA 02601
Buick sales and parts

Independent Truck Brokers
Fran Parady
P.O. Box 46, Turnpike
Station
Shrewsbury, MA 01545

MICHIGAN

Dr. Jack Down
Restorer
2510 Haslett Road
East Lansing, MI 48823
517–351–6757
*Interested in low-production
Lansing Michigan autos,
photos, information and
actual vehicles*

NEW JERSEY

Antique Cars & Parts
Second & Broad Streets
Millville, NJ 08332

Classic Car, Inc.
Maple Terrace
Hibernia, NJ 07842

Thoroughbred Automobiles
111 Greenleigh Ct.
Merchantville, NJ 08109
*Specializing in prewar Alfa
Romeos*

NEW YORK

Grand Prix S.S.R. Co.
36 Route 25A
E. Setauket, NY 11733
European sports and racing cars

J. Morrison Better Cars, Inc.
117 Third St.
Garden City, NY 11530
Specializing in Packards

Vintage Car Store
95 South Broadway
Nyack, NY 10960

OHIO

Bale's Auto Sales
Route 3
Mt. Gilead, OH 43338
Model As

1st Paint & Body Shop
Restorer
209 First Street
Toledo, OH 43605
419–691–3202
Quality classic, custom, or collision work, cars, vans, trucks, and bikes

Special Interest Cars of Claremore
1631 Valley Pkwy.
Claremore, OK 74017
Specializing in 1955–57 Chevrolets

Stoddard Imported Cars, Inc.
38845–VAA Mentor Ave.
Willoughby, OH 44094
Porsches

PENNSYLVANIA

Barry McMillan BMW 507 Shop
Hilltown Pike
Hilltown, PA 18927

Bill White
Parts Supplier
2443 Mount Carmel Avenue
Glenside, PA 19038
215–887–4791
NOS and used Packard parts bought and sold

Blough's Automotive Antiques
13881 Molly Pitcher Hwy.
Route 11, Exit 81
Greencastle, PA 17225

Cars & Parts of Yesterday
Groveland Road, Box 151
Pipersville, PA 18947
*Specializing in LaSalle and
1941 Cadillacs*

Modern Classics, Inc.
253 W. Erie Ave.
Philadelphia, PA 19140

Philpenn Distributors Co.
635 Lancaster Ave.
Bryn Mawr, PA 19010
*Specializing in Jaguar sales,
restorations, etc.*

TEXAS

**Michael Chance Vintage
Cars**
1101 El Camino Real
#205W
Euless, TX 76040
Broker, locator

Amors Minter
Thunderbirds 55–57
6214 Baymar Ln.
Dallas, TX 75252

Royal Metal Finishers
Services
2744 South East Loop 820
Ft. Worth, TX 76140
817–293–9212

*Custom plating and repairs of
classic and antique auto parts*

Specialty Autos
11444 Stemmons Freeway
Dallas, TX 75229

Dave Du Brul
Restorer/Parts Supplier
500 Pine Street
Burlington, VT 05401
802–658–3800
*Information wanted on OSCA
and other Italian sports
racers*

VIRGINIA

Don Robertson
Rt. 1, Box 500
Elliston, VA 24087
Hudsons

WISCONSIN

Stauffer Classics, Ltd.
10967 Division St.
Blue Mounds, WI 53517

**Uptown Lincoln-Mercury
Rolls-Royce**
2111 N. Mayfair Rd.
Wauwatosa, WI 53226

REFERENCE PUBLICATIONS

The following are excellent sources of information on cars, parts and services:

Monthly magazine, heavy West Coast interest, but national in scope. $7.00 per year:

> *Antique Motor News*
> 919 South Street
> Long Beach, CA 90805

Monthly magazine, full color cover, reports on cars from the post-war era. $12 per year:

> *Car Exchange*
> 700 E. State Street
> Iola, WI 54990

Monthly magazine, full-color cover, well established. $7.50 per year:

> *Cars & Parts Magazine*
> P. O. Box 452
> Sidney, OH 45367

Monthly color newspaper, professionally produced, totally West Coast oriented. $7.00 per year:

> *Coast Car Collector*
> 5800 Shellmound St.
> Emeryville, CA 94608

Monthly newsprint magazine, no editorial matter, all ads for cars, parts and services; largest publication of its type in the world, over 158,000 subscribers. $25.00 per year first class mail,

$6.75 third class mail (third class may be too slow to make good buys):

> *Hemmings Motor News*
> P. O. Box 380
> Bennington, VT 05201

Monthly color magazine for car collectors and investors, written with a tilt toward investment, and the financial end of the car collecting hobby. $55.50 per year:

> *The Robb Report*
> 5025 Roswell Rd.
> Atlanta, GA

The only weekly newspaper in the hobby, almost 100,000 readers, many ads with good editorial matter. $8.50 per year:

> *Old Cars Weekly*
> Iola, WI 54990

Monthly magazine. Journal of car restoration. $10 per year:

> *Skinned Knuckles*
> 175 May Avenue
> Monrovia, CA 91016

A color magazine published by Hemmings Motor News, excellent articles under the editorship of Mike Lamm. $8.50 per year (bi-monthly):

> *Special Interest Autos*
> P. O. Box 186
> Bennington, VT 05201

For trucks. Monthly magazine, full-color cover. Published six times a year by American Truck Historical Society. Membership in the ATHS includes magazine subscription and is open to anyone interested in trucking. $15, general; $100, association; $200, company; $200, endowing, converting to life; $1,000, life.

Wheels of Time
201 Office Park Drive
Birmingham, AL 35223

The HOUSE OF COLLECTIBLES Series

☐ Please send me the following price guides—
☐ I would like the most current edition of the books listed below.

THE OFFICIAL PRICE GUIDES TO:

☐ 199-3	American Silver & Silver Plate 5th Ed.	$11.95
☐ 513-1	Antique Clocks 3rd Ed.	10.95
☐ 283-3	Antique & Modern Dolls 3rd Ed.	10.95
☐ 287-6	Antique & Modern Firearms 6th Ed.	11.95
☐ 738-X	Antiques & Collectibles 8th Ed.	10.95
☐ 289-2	Antique Jewelry 5th Ed.	11.95
☐ 539-5	Beer Cans & Collectibles 4th Ed.	7.95
☐ 521-2	Bottles Old & New 10th Ed.	10.95
☐ 532-8	Carnival Glass 2nd Ed.	10.95
☐ 295-7	Collectible Cameras 2nd Ed.	10.95
☐ 548-4	Collectibles of the '50s & '60s 1st Ed.	9.95
☐ 740-1	Collectible Toys 4th Ed.	10.95
☐ 531-X	Collector Cars 7th Ed.	12.95
☐ 538-7	Collector Handguns 4th Ed.	14.95
☐ 748-7	Collector Knives 9th Ed.	12.95
☐ 361-9	Collector Plates 5th Ed.	11.95
☐ 296-5	Collector Prints 7th Ed.	12.95
☐ 001-6	Depression Glass 2nd Ed.	9.95
☐ 589-1	Fine Art 1st Ed.	19.95
☐ 311-2	Glassware 3rd Ed.	10.95
☐ 243-4	Hummel Figurines & Plates 6th Ed.	10.95
☐ 523-9	Kitchen Collectibles 2nd Ed.	10.95
☐ 291-4	Military Collectibles 5th Ed.	11.95
☐ 525-5	Music Collectibles 6th Ed.	11.95
☐ 313-9	Old Books & Autographs 7th Ed.	11.95
☐ 298-1	Oriental Collectibles 3rd Ed.	11.95
☐ 746-0	Overstreet Comic Book 17th Ed.	11.95
☐ 522-0	Paperbacks & Magazines 1st Ed.	10.95
☐ 297-3	Paper Collectibles 5th Ed.	10.95
☐ 744-4	Political Memorabilia 1st Ed.	10.95
☐ 529-8	Pottery & Porcelain 6th Ed.	11.95
☐ 524-7	Radio, TV & Movie Memorabilia 3rd Ed.	11.95
☐ 288-4	Records 7th Ed.	10.95
☐ 247-7	Royal Doulton 5th Ed.	11.95
☐ 280-9	Science Fiction & Fantasy Collectibles 2nd Ed.	10.95
☐ 747-9	Sewing Collectibles 1st Ed.	8.95
☐ 358-9	Star Trek/Star Wars Collectibles 2nd Ed.	8.95
☐ 086-5	Watches 8th Ed.	12.95
☐ 248-5	Wicker 3rd Ed.	10.95

THE OFFICIAL:

☐ 445-3	Collector's Journal 1st Ed.	4.95
☐ 549-2	Directory to U.S. Flea Markets 1st Ed.	4.95
☐ 365-1	Encyclopedia of Antiques 1st Ed.	9.95

☐ 369-4	**Guide to Buying and Selling Antiques** 1st Ed.		$9.95
☐ 414-3	**Identification Guide to Early American Furniture** 1st Ed.		9.95
☐ 413-5	**Identification Guide to Glassware** 1st Ed.		9.95
☐ 448-8	**Identification Guide to Gunmarks** 2nd Ed.		9.95
☐ 412-7	**Identification Guide to Pottery & Porcelain** 1st Ed.		9.95
☐ 415-1	**Identification Guide to Victorian Furniture** 1st Ed.		9.95

THE OFFICIAL (SMALL SIZE) PRICE GUIDES TO:

☐ 309-0	**Antiques & Flea Markets** 4th Ed.	4.95
☐ 269-8	**Antique Jewelry** 3rd Ed.	4.95
☐ 085-7	**Baseball Cards** 8th Ed.	4.95
☐ 647-2	**Bottles** 3rd Ed.	4.95
☐ 544-1	**Cars & Trucks** 3rd Ed.	5.95
☐ 519-0	**Collectible Americana** 2nd Ed.	4.95
☐ 294-9	**Collectible Records** 3rd Ed.	4.95
☐ 306-6	**Dolls** 4th Ed.	4.95
☐ 359-7	**Football Cards** 7th Ed.	4.95
☐ 540-9	**Glassware** 3rd Ed.	4.95
☐ 526-3	**Hummels** 4th Ed.	4.95
☐ 279-5	**Military Collectibles** 3rd Ed.	4.95
☐ 745-2	**Overstreet Comic Book Companion** 1st Ed.	4.95
☐ 278-7	**Pocket Knives** 3rd Ed.	4.95
☐ 527-1	**Scouting Collectibles** 4th Ed.	4.95
☐ 494-1	**Star Trek/Star Wars Collectibles** 3rd Ed.	3.95
☐ 307-4	**Toys** 4th Ed.	4.95

THE OFFICIAL BLACKBOOK PRICE GUIDES OF:

☐ 743-6	**U.S. Coins** 26th Ed.	3.95
☐ 742-8	**U.S. Paper Money** 20th Ed.	3.95
☐ 741-X	**U.S. Postage Stamps** 10th Ed.	3.95

THE OFFICIAL INVESTORS GUIDE TO BUYING & SELLING:

☐ 534-4	**Gold, Silver & Diamonds** 2nd Ed.	12.95
☐ 535-2	**Gold Coins** 2nd Ed.	12.95
☐ 536-0	**Silver Coins** 2nd Ed.	12.95
☐ 537-9	**Silver Dollars** 2nd Ed.	12.95

THE OFFICIAL NUMISMATIC GUIDE SERIES:

☐ 254-X	**The Official Guide to Detecting Counterfeit Money** 2nd Ed.	7.95
☐ 257-4	**The Official Guide to Mint Errors** 4th Ed.	7.95

SPECIAL INTEREST SERIES:

☐ 506-9	**From Hearth to Cookstove** 3rd Ed.	17.95
☐ 530-1	**Lucky Number Lottery Guide** 1st Ed.	4.95
☐ 504-2	**On Method Acting** 8th Printing	6.95

		TOTAL	

SEE REVERSE SIDE FOR ORDERING INSTRUCTIONS

═══════ **FOR IMMEDIATE DELIVERY** ═══════

VISA & MASTER CARD CUSTOMERS
ORDER TOLL FREE!
1-800-638-6460

This number is for orders only; it is not tied into the customer service or business office. Customers not using charge cards must use mail for ordering since payment is required with the order—sorry, no C.O.D.'s.

OR SEND ORDERS TO

THE HOUSE OF COLLECTIBLES
201 East 50th Street
New York, New York 10022

—————— POSTAGE & HANDLING RATES ——————

First Book	$1.00
Each Additional Copy or Title	$0.50

Total from columns on order form. Quantity_____ $_____

☐ Check or money order enclosed $_____ (include postage and handling)

☐ Please charge $_____to my: ☐ MASTERCARD ☐ VISA

Charge Card Customers Not Using Our Toll Free Number
Please Fill Out The Information Below

Account No. _____Expiration Date_____
(All Digits)
Signature_____

NAME (please print)_____PHONE_____

ADDRESS_____APT. #_____

CITY_____STATE_____ZIP_____